LE

MARÉCHAL CANROBERT

LE MARÉCHAL

CANROBERT

Par Louis MARTIN
Rédacteur au Ministère de la Guerre

« Dans une armée, il y a un chef et des soldats ; qu'ils s'appellent maréchal ou tambour, ce sont les soldats du général en chef. »

CANROBERT.

PARIS || **LIMOGES**

11, Place Saint-André-des-Arts. || 46, Nouvelle Route d'Aixe, 46.

Henri CHARLES-LAVAUZELLE
Éditeur militaire.

1895

PRÉFACE

Le tombeau de Canrobert vient à peine de se fermer qu'en attendant le jugement définitif de la postérité sur le dernier des maréchaux, ses contemporains songent à perpétuer, par un monument public, son illustre mémoire.

Ces pages ont pour but d'aider à cette œuvre patriotique en retraçant, à grands traits, l'existence de celui qui pendant plus d'un demi-siècle personnifia la vertu militaire.

Tout ce qu'a été Canrobert, l'histoire seule le dira, quand les passions apaisées, les haines éteintes, elle pourra sûrement fixer sa perspective et encadrer le portrait de l'homme dans le tableau fidèle de son temps.

Mais la carrière du soldat défie la plus légère critique. Elle s'est passée au grand jour des batailles, elle a forcé l'admiration de ses témoins, de précieuses archives et des écrits indiscutés en ont enregistré le prodigieux essor.

C'est à ces sources si pures qu'ont été puisées les pages qui suivent.

L'histoire pourra les enrichir encore ; elle ne les contredira pas.

Les faits y parlent d'eux-mêmes et leur éloquence se passe de longs commentaires.

Les laborieuses recherches exigées par leur recolement et leur coordination ont été inspirées et par une vive admiration pour le héros de Constantine, de Zaatcha, de Sébastopol et de Saint-Privat, et par la conviction qu'évoquer un si long passé d'héroïsme, c'est affermir la foi du pays et de l'armée dans les destinées qui les attendent.

Que ce but soit rempli ! l'auteur ne demandera pas pour ses efforts d'autre récompense.

LE

MARÉCHAL CANROBERT

CHAPITRE Ier

Le père et le frère du maréchal Canrobert. Naissance de Canrobert. Il quitte sa famille à l'âge de 10 ans pour suivre les cours de l'institution de Senlis. — 1826 : Il entre à l'Ecole spéciale militaire ; son signalement extrait du registre matricule de l'Ecole. — 1828 : Il est nommé officier. — 1829 : Premières notes. — 1835 : Notes données par Castellane. Départ pour l'Algérie. Expédition de Mascara. — 1836 : Marche dans la vallée du Chélif. Expédition de la Tafna. Combat de Sidi-Yacoub. Ravitaillements de Tlemcen. Combat de la Sickak. Canrobert refuse la croix.

Au siècle dernier, en 1782, le grand-duc Paul de Russie, de passage en France, remarqua, dans une revue, un jeune lieutenant dont l'air martial et la belle tenue le frappèrent. Il le fit appeler et lui demanda son nom.

— Monseigneur, je me nomme Canrobert.

— Eh bien, monsieur Canrobert, répliqua le prince, vous direz de ma part à votre colonel que je ne souhaiterais pas à la Russie beaucoup d'ennemis comme vous (1).

____

(1) *Moniteur de l'armée* du 1er mai 1857.

L'officier auquel le grand-duc adressa ces paroles si flatteuses était le père du général qui, soixante-treize ans plus tard, devait faire échec à la Russie sous les murs de Sébastopol.

De Canrobert de Certain (Antoine), né le 3 juin 1754, à Laval, commune de Cahus, généralité de Montauban (aujourd'hui département du Lot), sortait d'une famille qui a compté dix-sept officiers de ce nom et onze chevaliers de l'ordre de Saint-Louis dans le régiment de Penthièvre, depuis la création de ce corps, sous le nom de Toulouse, en 1664 (1).

Entré au service en 1770, comme sous-lieutenant au régiment de Penthièvre (infanterie), il devint lieutenant en 1774 et capitaine dix ans plus tard. En 1791, les événements le forcèrent à quitter son régiment et c'est alors que commença pour lui une vie des plus tourmentées.

D'après le dossier de pension de retraite du capitaine de Canrobert de Certain, qui fut établi sous la Restauration et qui est conservé aux archives du ministère de la guerre, voici quels auraient été les services de cet officier depuis 1789 :

Démissionnaire, a cessé de servir en 1791.

Pendant l'émigration : compagnie d'officiers du régiment de Penthièvre, volontaire, 1er janvier 1792; dans Maëstricht, pendant le siège, en 1793; régiment d'Autichamp, officier major, en 1794; a cessé de servir, 24 décembre 1795; *censé chef de bataillon*, 18 août 1795.

---

(1) Archives administratives du ministère de la guerre.

Ces quelques renseignements sont bien laconiques et peut-être aurait-il été presque impossible de suivre le capitaine de Canrobert de Certain pendant cette période si agitée de notre histoire si, en 1801, le préfet de police n'avait mandé et ordonné, le 30 nivôse an IX (20 janvier 1801), au concierge de la maison d'arrêt du Temple, de recevoir et garder jusqu'à nouvel ordre le *citoyen* Canrobert, domicilié à Paris, rue de Miromesnil (1).

Qu'avait donc fait Canrobert pour être emprisonné?

Une note de prairial an IX, adressée au ministre de l'intérieur, nous l'apprend (1). C'était un chouan amnistié.

Nous allons, d'ailleurs, laisser parler le prisonnier, qui s'exprime ainsi dans une lettre écrite du Temple, le 6 fructidor an IX (24 août 1801) :

.... En novembre 1791, ayant été nommé tuteur de ma femme pour ses affaires d'intérêts, je vins à Paris, muni des passeports de mon district, de qui mes affaires étaient connues.

J'ai resté constamment à Paris jusqu'au 1er juin 1793, époque où, forcé par les circonstances du moment et n'ayant pas d'autre choix pour mettre mes jours à couvert, je fus forcé de me réfugier dans un parti qui, à la vérité, était en armes contre la République. J'y ai servi sous le costume d'un cultivateur et sous le nom de *Belerose*.

Je devais cette métamorphose à ma sœur, à mon oncle et à ma tante, qui habitaient Rennes; à ma femme, mes enfants, et toute sa famille qui habitaient Saint-Servan, alors le théâtre de la guerre; et cela, pour ne pas les compromettre.

----

(1) Archives nationales, F7, 6.284.

J'ai déposé les armes à Vannes, l'an IV, entre les mains du général Quentin.

Comptant sur la foi des traités, je vins à Paris après cette pacification ; j'y ai résidé et à Versailles jusqu'à l'époque du 18 fructidor de l'an V, époque où j'ai été prévenu à tort d'émigration, puisque mes biens avaient été vendus malgré l'opposition de ma municipalité, qui atteste n'avoir jamais pu me faire inscrire sur la liste des émigrés ; et, dans le fait, on ne m'y trouve pas.

Obligé d'obéir au décret du 18 fructidor, je fus en Suisse, pays alors neutre. Les armées françaises me forcèrent d'aller plus loin. Je fus encore dans une ville neutre (Hambourg), d'où je suis rentré en France, et j'y ai joui d'une seconde amnistie, en rendant mes armes, à Evreux, au général Champeaux (1)....

Bien que le *citoyen* Canrobert, dans la lettre qui précède, ait écrit sa vie à grands traits, on peut, en comparant ce qu'il a avoué lorsqu'il était prisonnier et ce qui est porté sur son mémoire de pension, se rendre compte des *métamorphoses* (comme il se plaît à dire) qu'il a subies.

Tout d'abord, il y a un point qui ne fait aucun doute : il a bien cessé de servir au régiment de Penthièvre en 1791, et il a parfaitement pu venir à Paris au mois de novembre de cette année. Il était marié à cette époque à dame Jeanne-Pélagie Sanguinet, alors enceinte de trois mois environ, et il dut l'accompagner à Saint-Servan (Ille-et-Vilaine), où, le 11 mai 1792, elle mit au monde un garçon que l'on nomma Antoine-Jean-Baptiste-Pélage.

------

(1) Archives nationales, F⁷, 6.284.

Mais le père était-il présent à la naissance du fils ? Non, très probablement, car d'un côté nous avons l'état des services qui dit : compagnie d'officiers du régiment de Penthièvre, 1ᵉʳ janvier 1792 ; et, d'autre part, dans sa lettre, Canrobert déclare être resté constamment à Paris jusqu'au 1ᵉʳ juin 1793. Il y a donc certainement une période, en 1792 et en 1793, pendant laquelle le capitaine de Canrobert de Certain a servi à l'armée des princes et a pris part au siège de Maëstricht. On conçoit très bien qu'il omette de parler de ces faits dans la lettre qu'il écrivit du Temple.

Un autre point dont il ne faut pas douter, c'est le passage de notre émigré au régiment d'Autichamp, en 1794. Mais, lorsqu'il combattit en Vendée, sous quel nom a-t-il servi ? Etait-il l'officier major de Canrobert de Certain ou simplement le chouan *Belerose* ? Il est tout probable qu'il fut d'abord le premier ; puis, quand sonna l'heure de la défaite, il devint le second. Enfin la déclaration de l'intéressé et ses états de services prouvent qu'il a bien cessé définitivement de servir en 1795.

Cependant, six ans après, nous le trouvons sous les verrous du Temple.

Son seul crime était, nous l'avons dit, d'être un ancien chouan, et, comme à la suite de l'attentat du 24 décembre 1800 (machine infernale) « les chouans de l'ouest ne cachèrent pas leur crime et se plaignirent seulement de n'avoir pas réussi (1) », M. de Canrobert de Certain fut arrêté avec un grand nombre d'innocents : c'était une mesure générale.

---

(1) Continuation de l'*Histoire de France* d'Anquetil, par L. Gallois.

En vain demande-t-il, à diverses reprises, sa mise en liberté ; en vain parle-t-il de sa sœur, veuve du général Marbot : on refuse de le mettre en liberté. Pourtant, le citoyen Soupet, l'officier de santé de la prison, affirme que l'état du prisonnier exige un prompt secours et un traitement qu'il ne peut suivre dans une maison d'arrêt (1).

Il y avait alors cinq mois que le capitaine de Canrobert de Certain était enfermé. Cette longue détention ne peut s'expliquer que de deux façons :

1° Ou, à la suite de l'attentat contre le premier consul, il y eut encombrement dans les prisons et les plus favorisés sortirent les premiers ;

2° Ou, comme il l'écrivit dans la lettre que nous avons déjà citée, il put être l'objet de dénonciations particulières.

... Est-ce les acquéreurs de mes biens qui sont cause de ma détention ? J'ai refusé d'aller dans mon département y étant sollicité par eux, pour y recevoir ce qu'ils avaient acquis, et cela pour prouver ma soumission au gouvernement et le mettre dans le cas de ne pouvoir me soupçonner d'y avoir été pour les influencer par ma présence.

... Ma santé délabrée me met dans le cas de vous prier d'obtenir que je reste à Paris, chez ma sœur qui est établie et où mon fils a une partie de ses biens, jusqu'à ce que ma santé remise me permette de retourner à Saint-Céré rejoindre ma mère octogénaire...

Cette lettre toucha-t-elle le ministre ?

Ce qui ne peut être contesté, c'est que le projet de

---

(1) Archives nationales, F7, 6.284.

délivrer un passeport à Canrobert pour se rendre à Epinal dans un délai de douze jours, avec ordre de veiller à ce qu'il quittât Paris sous trois jours, fut modifié (1).

Ce projet, qui était du mois d'août 1801, n'eut pas de suite ; mais, le 6 septembre suivant (19 fructidor an IX), le ministre de l'intérieur écrivit au préfet de police afin qu'il prît les mesures nécessaires pour la mise en liberté d'Antoine Canrobert-Certain, chouan amnistié, détenu au Temple. Dans cette lettre, il était spécifié que M. Canrobert demeurerait à Paris quinze jours seulement pour s'y faire traiter de la maladie dont il était affecté et qu'il partirait ensuite pour Saint-Céré en surveillance. Trois jours après, le préfet répondait au ministre pour l'informer que ses ordres étaient exécutés (2).

Le capitaine de Canrobert de Certain était donc resté un peu plus de sept mois dans la maison d'arrêt du Temple.

Il retourna dans le département du Lot et obtint plusieurs fois de revenir à Paris pour affaires. La dernière note le concernant était ainsi conçue :

IV° ARRONDISSEMENT.
—
                                        21 mars 1811.

Certain Canrobert, émigré amnistié, propriétaire, âgé de 56 ans, natif de Saint Céré (Lot), logé rue de Miromesnil, 14, demande un passeport pour retourner à Saint-Céré, son pays natal.

---

(1) Archives nationales, F7, 6.284.
(2) Archives nationales.

Les renseignements recueillis sur son compte lui sont favorables (1).

Quand Louis XVIII revint en France, il nomma M. de Canrobert chevalier de l'ordre de Saint-Louis et lui fit accorder une pension de retraite de capitaine, tout en le considérant (nous l'avons dit plus haut) comme étant « censé chef de bataillon depuis le 18 août 1795 ».

Antoine de Canrobert de Certain mourut en 1824.

Son fils aîné, Antoine-Jean-Baptiste-Pélage, qui était entré à l'École spéciale militaire en 1809, fut nommé sous-lieutenant au 24e régiment d'infanterie légère le 17 avril 1812. Il fit la campagne de 1813 avec la grande armée, fut fait prisonnier de guerre le 27 août 1813 et ne revint en France qu'un an après. Pendant les Cent-Jours, il suivit la fortune de l'empereur et trouva la mort sur le champ de bataille de Fleurus le 16 juin 1815.

Ainsi, les deux fils de l'officier qui avait été emprisonné et surveillé pour ses opinions royalistes furent des serviteurs loyaux et dévoués du régime impérial. Telle est la destinée.

Français, ils servirent la France, et les événements voulurent que l'un mourût l'avant-veille de Waterloo et que l'autre devînt le maréchal Canrobert.

Certain-Canrobert (François), le second fils du capitaine de Canrobert de Certain, naquit le 27 juin 1809 à Saint-Céré (Lot); son père avait alors 55 ans.

----

(1) Archives nationales.

Sa mère, *Angélique Niocel*, était petite-nièce du baron d'Espagnac, chef d'état-major du maréchal de Saxe, lieutenant général, gouverneur des Invalides.

C'est à l'âge de 10 ans, nous dit M. Charles Bocher dans ses *Lettres de Crimée*, que Canrobert quitta sa famille pour se rendre à Paris et, de là, à l'institution de Senlis (1) : « Le général Canrobert nous a raconté que lorsqu'il avait dû être envoyé à l'institution de Senlis, où étaient élevés les fils des chevaliers de Saint-Louis sans fortune, son père l'avait pris sur un cheval de ferme et conduit en croupe, derrière lui, jusqu'à la petite ville de Brive-la-Gaillarde. Là, il avait été confié au conducteur de la malle-poste pour être amené à Paris, chez le général Marbot. »

L'institution de Senlis fut créée sous le patronage du vieux prince de Condé. D'après la règle établie par les chevaliers de l'ordre royal et militaire de Saint-Louis, chaque membre de l'ordre, sans se nommer, versait une somme qui était proportionnée à ses ressources personnelles. Le total de ces dons anonymes servait à payer les frais de l'éducation des fils de ceux qui se trouvaient sans fortune. Les généraux Renault, tué au siège de Paris; Ladmirault, ex-gouverneur de Paris; Guyot de Lespart, tué à Sedan, etc., ont été élevés dans cette institution, qui était la meilleure

---

(1) Dans un livre récemment paru, M. Grandin fait aller Canrobert « au collège de Vaugirard, comme fils de chevalier de Saint-Louis ». Ayant relevé plusieurs erreurs dans l'ouvrage de M. Grandin, qui n'indique pas à quelle source il a puisé ce renseignement, nous préférons adopter la version de M. Ch. Bocher.

école préparatoire aux écoles militaires qu'il y eût alors (1).

En 1826, Canrobert entra à l'Ecole royale spéciale militaire de Saint-Cyr et voici, avec le signalement du jeune élève-officier, la copie fidèle du registre matricule de cette école :

Taille, 1^m,635 ;

Cheveux et sourcils châtains ;

Front bas ; yeux bleus ; nez ordinaire ;

Bouche petite ; menton rond ; visage rond.

Entré le 19 novembre 1826.

Passé élève du roi du jour de son entrée (décision de S. M. du 19 novembre 1826).

Caporal, le 18 mai 1828.

Rayé des contrôles le 3 octobre 1828. Nommé officier.

C'est à la date du 1er octobre 1828 que Canrobert fut nommé sous-lieutenant pour être affecté au 47e de ligne, où il obtint son deuxième galon le 20 juin 1832.

A l'inspection de 1829, il reçut les notes suivantes : « Physique fort. — Belle tenue. — Elève de Saint-Cyr ; fort instruit. — Connaît fort bien les règlements ; a une connaissance parfaite des trois écoles. — Il commande bien un peloton. — Cet officier est distingué, il sera susceptible d'avancement. »

En 1830, le 47e de ligne se trouva placé dans le ressort d'inspection du général comte de Castellane, qui, plus tard, devint maréchal de France.

____

(1) Ch. Bocher : *Lettres de Crimée.*

Castellane avait la réputation de ne pas être très tendre pour ses subordonnés ; aussi trouvons-nous intéressantes les notes qu'il donna au lieutenant Canrobert, à la suite de l'inspection de 1835 : « Elève de Saint-Cyr en 1826. — Son père chef de bataillon en retraite. — Cousin germain du général Marbot, le colonel Marbot l'a élevé. — Une très bonne éducation, lève très bien le plan. — Instruit de son métier en théorie et en pratique. — A bien commandé un bataillon, avec une voix assez claire. — *Petit, laid, mais bien tourné.* — De l'esprit, zélé, très ferme, actif, subordonné. — Ayant du goût pour son état. — *Officier à avancer au choix* dans l'intérêt de l'avenir de l'armée. — Ferait un excellent adjudant-major (1). »

Ainsi, Canrobert n'en était qu'à ses débuts et Castellane ne trouvait à critiquer que son physique. Encore avait-il soin d'ajouter : « mais bien tourné ». Cinq ans plus tard, il devait dire : « C'est un officier dont je fais le plus grand cas. »

1835

A cette époque, la puissance d'Abd-el-Kader commençait à devenir inquiétante. Par traité du 26 février 1834, le général Desmichels avait reconnu l'investiture de l'émir sur un certain nombre de tribus arabes. Mais ce traité n'eut pas une longue durée, et la protection que le général Trézel accorda aux Douair et aux

---

(1) Archives du ministère de la guerre.

Canrobert.   2

Zméla (*convention du camp du Figuier*, 16 *juin* 1835) fut le prélude de la reprise des hostilités.

« Elles commencèrent, le 25 juin 1835, par un combat d'avant-garde dans la forêt de Mouley-Ismaïl, où le colonel Oudinot fut tué, et se terminèrent, le 28 juin, par le combat de la Makta, qui, avec la retraite de Constantine, en 1836, et l'affaire de Sidi-Brahim, en septembre 1845, peuvent être considérés comme les plus douloureux épisodes de notre guerre d'Afrique (1). »

Après cette défaite, le gouvernement ordonna l'envoi immédiat en Algérie de nouvelles troupes prises dans la division du général Castellane; parmi ces troupes figurait le 47e de ligne.

Le 27 août 1835, le régiment s'embarquait sur le *Duquesne*, la *Ville-de-Marseille* et la *Salamandre*. Il débarquait à Mers-el-Kébir le 2 septembre, et entrait à Oran le même jour.

Le 47e de ligne fut immédiatement employé à la construction d'un camp sur la position du Figuier, où il s'installa définitivement le 3 novembre suivant.

Le maréchal Clauzel, le nouveau gouverneur de l'Algérie, résolut alors de frapper Abd-el-Kader en détruisant Mascara, ville dont l'émir avait fait sa capitale. A cet effet, il réunit quatre brigades au camp du Figuier, confia le commandement de la 4e brigade au colonel Combes, commandant le 47e de ligne, et, le 27 novembre, donna l'ordre du départ.

---

(1) Notice sur la vie d'Abd-el-Kader, par G. Varigault, capitaine d'infanterie, hors cadre, détaché aux affaires indigènes (actuellement colonel du régiment de sapeurs-pompiers).

La brigade Combes, dont Canrobert faisait partie, formait l'arrière-garde de la colonne. Le 29 novembre, les troupes traversèrent le défilé de Mouley-Ismaïl, où elles retrouvèrent les restes de nos soldats tués au mois de juin précédent. Ce défilé à peine franchi, quelques cavaliers arabes voulurent inquiéter le 47ᵉ, qui les reçut à coups de fusil et les mit facilement en fuite.

Campé sur les bords du Sig, le maréchal Clauzel décida qu'il laisserait là ses impedimenta et fit employer la journée du 30 à la construction d'un camp que devaient défendre mille hommes environ. Mais, le lendemain 1ᵉʳ décembre, un combat qui dura près de cinq heures prouva au maréchal qu'il avait besoin de toutes ses forces.

Le 3, la colonne se remit en marche et traversa le Sig sous la protection du 47ᵉ. Dès que le passage fut effectué, un millier de cavaliers arabes vinrent harceler la brigade Combes et cherchèrent pendant plusieurs heures à la séparer des autres brigades. Mais la brigade ne se laissa pas entamer et vint camper, le soir, sur les bords de l'Habra. Le 5, après le passage par les nôtres de cette dernière rivière, les Arabes renouvelèrent leur attaque de l'avant-veille. Un moment, les tirailleurs d'arrière-garde furent vivement pressés par l'ennemi et faillirent être coupés du reste de la colonne.

Avec cette promptitude qui devait toujours le caractériser à l'heure du danger, Canrobert prend une section avec lui, fond sur les Bédouins et les repousse (1).

____

(1) Archives de la guerre.

Enfin, le 6, Mascara tomba en notre pouvoir, sans coup férir, après avoir été pillée par les Hachem, les Beni-Chougran et les Gharaba. Malheureusement, le maréchal Clauzel abandonna la ville au bout de deux jours. Le lendemain de notre départ, Abd-el-Kader rentrait dans sa capitale, et, comme il eut l'habileté de pardonner aux tribus qui l'avaient trahi, il redevint plus puissant que jamais.

1836

Canrobert, à la suite de l'expédition de Mascara, suivit le 47ᵉ à Mostaganem, à Mazagran et à Oran. Le 1ᵉʳ janvier 1836, le régiment revint à Mostaganem, d'où le colonel Combes alla rejoindre, le 16 mars, la colonne du général Perrégaux, qui venait de ravitailler Tlemcen.

C'est aux puits Assian, non loin de l'Habra, que le colonel Combes fit sa jonction avec les troupes du général Perrégaux. La colonne traversa alors la riche vallée du Chélif et recueillit la soumission de diverses tribus. Toutefois, le 28 mars, sur la montagne de Zarouel, elle eut à repousser une sérieuse attaque d'un fort parti de Kabyles composé de Chéraga, de Beni-Chougran et de Bordjia. La lutte fut acharnée et le 47ᵉ tua un grand nombre d'ennemis à la baïonnette.

Le mois suivant, nous retrouvons Canrobert dans la colonne de la Tafna.

Commandée par le général d'Arlanges, cette colonne avait pour mission d'installer un camp fortifié à l'embouchure de la Tafna et d'établir ainsi une communication directe entre Tlemcen et la mer.

Le 7 avril, le général d'Arlanges partait du camp du Figuier à la tête de 2.780 fantassins, dont 800 hommes du 47e de ligne, de 200 chasseurs à cheval, de 8 pièces d'artillerie, de 6 voitures du train et de 150 cavaliers indigènes placés sous les ordres de Mustapha-ben-Ismaïl.

Le 15 avril au matin, la colonne allait entrer, près de Dar-el-Atchoum, dans un étroit défilé où il était dangereux de s'engager sans avoir repoussé les troupes de l'émir, campées à proximité et prêtes à nous attaquer. Le combat fut engagé, contre l'avis du général d'Arlanges, par Mustapha-ben-Ismaïl, et bientôt l'action devint générale. Les Arabes, beaucoup plus nombreux que nous, montrèrent la plus grande ardeur et notre position allait devenir très critique : « Le 47e de ligne, formé en colonne par pelotons, était à la gauche du corps d'attaque. Son colonel le dirigea rapidement sur la droite de l'ennemi...; il fit converger sur l'ennemi le feu de plusieurs pièces...; puis il tombe sur le centre des Arabes, les refoule et, continuant son mouvement, rejoint la colonne (1). »

Le lendemain, le général d'Arlanges arrivait à l'embouchure de la Tafna, en face l'île de Raschgoun, où l'on commença de suite la construction du camp projeté.

Dans la nuit du 24 au 25 avril, le commandant en

---

(1) *Histoire de l'Algérie.* Manuscrit du dépôt de la guerre.

chef, avec une partie de ses troupes, essaya de reconnaître la position et les forces de l'ennemi. Tout alla bien jusqu'à 5 heures du matin, heure à laquelle des sentinelles françaises tirèrent sur une patrouille arabe. Celle-ci se replia rapidement et, pendant quatre heures environ, nos soldats marchèrent sans rencontrer personne.

C'était une tactique d'Abd-el-Kader.

Quand il sut que nous étions sortis du camp retranché de la Tafna, il résolut de nous en éloigner le plus possible et de nous écraser avec ses Kabyles, six fois plus nombreux que nous.

S'il avait exécuté strictement ce plan, nous étions perdus : les événements le prouvèrent.

Mais il voulut, en même temps, s'emparer du camp et en jeter les défenseurs à la mer. Divisant ainsi ses forces, l'émir commit une faute qui nous sauva.

Cependant, inquiet de ne point rencontrer l'ennemi et flairant un piège, le général d'Arlanges s'arrêta près de Sidi-Yacoub et envoya sa cavalerie fouiller ce village. C'est alors que les Arabes se montrèrent en force. Il était trop tard pour battre en retraite. Il fallut accepter le combat.

Braves comme des lions, les Kabyles parviennent à traverser nos lignes de tirailleurs. Ils courent sur l'artillerie, sèment le terrain de leurs cadavres, mais ne reculent pas, voulant à tout prix — (comme plus tard le firent nos indomptables *turcos*) — s'emparer des canons qui leur font tant de mal. Rien ne peut les arrêter : « Ils saisissent par les roues les pièces que les canonniers tiennent par l'affût ; on se hache mutuellement les mains sans lâcher prise (1). »

L'acharnement est tel, de part et d'autre, qu'on ne s'aperçoit pas que le général en chef est blessé.

Le colonel Combes prend alors le commandement. Il n'a près de lui que deux fractions des 17e et 47e de ligne, dont Canrobert fait partie. Ces deux fractions sont réduites chacune à quatre compagnies, et pourtant elles vont sauver la situation.

Chargeant à la baïonnette, ces huit compagnies dégagent l'artillerie et parviennent à rejeter les Kabyles hors de nos lignes.

Le combat cessa vers midi, et nos troupes, que l'émir n'osa plus inquiéter, rejoignirent le camp gardé par le colonel Lemercier et qui avait été vainement attaqué pendant la lutte sanglante de Sidi-Yacoub.

Notre victoire n'en était pas moins stérile, car nous étions bloqués et le général d'Arlanges se vit obligé de demander du secours. « Il est certain, écrivait-il au général Rapatel, le 5 mai, que l'acharnement de l'ennemi et son intrépidité étaient tels que nous pouvons dire n'avoir souvent combattu que pour la vie (2). »

Le lendemain, 6 mai, des soldats sortis du camp pour faire du fourrage furent assaillis par une nuée d'Arabes. Les fourrageurs se replièrent immédiatement sur le 47e de ligne, chargé de les protéger, et les Arabes,

---

(1) *Campagnes de l'armée d'Afrique,* par le duc d'Orléans.

(2) Archives historiques de la guerre.

reçus de pied ferme, ne tardèrent pas à s'enfuir au plus vite.

Ce fut le général Bugeaud qui amena les renforts attendus. Débarqué le 6 juin, avec trois régiments, cet officier général prit le commandement de la colonne et donna l'ordre de se replier sur Oran dans la nuit du 11 juin.

Le 12, l'émir nous attaqua de nouveau, mais sans succès, près de Dar-el-Atchoum, et le 16 la colonne arrivait à destination.

Deux jours après, elle se portait dans la direction de Tlemcen, assiégée, et parvenait à y faire entrer un convoi, grâce à une habile marche du 47ᵉ, dans la nuit du 4 au 5 juillet, à travers le col de Seba-Chiouk.

Le 6 juillet, nouvelle attaque d'Abd-el-Kader près du ravin dangereux de la Sickack; il est repoussé et perd 1.500 hommes et six drapeaux.

Le 47ᵉ de ligne contribua puissamment au succès de cette journée, dans laquelle nos pertes dépassèrent à peine 100 hommes, tués ou blessés.

Le reste de l'année 1836 s'écoula pour Canrobert à suivre des opérations ayant pour but d'assurer la soumission de différentes tribus ou de ravitailler Tlemcen. Le 1ᵉʳ décembre, il prit part au combat que les Arabes nous livrèrent près du défilé d'El-Chaïr. Comme à la Sickack, nos pertes furent insignifiantes et celles de l'ennemi beaucoup plus sensibles.

Le général Thoumas, dans *Les Anciennes Armées françaises*, dit qu'à la suite de la campagne, Canrobert fut proposé par son colonel pour la décoration. Mais « aussitôt qu'il eut connaissance de cette proposition, il courut chez le colonel Combes et le pria de l'annuler, attendu qu'il lui serait impossible de porter la croix tant qu'elle n'aurait pas été donnée à un vieux capitaine du régiment qui n'avait pas cessé de combattre depuis la bataille des Pyramides ».

Le trait mérite d'être cité, car beaucoup, à la place de Canrobert, auraient pensé : « Il vaut mieux tenir que courir. »

CHAPITRE II

1837

Le 26 avril 1837, la proposition du général comte de Castellane aboutissait : Canrobert était promu capitaine adjudant-major à son régiment.

Le général comte de Damrémont, pair de France, exerçait alors les fonctions de gouverneur général, et le général Bugeaud commandait à Oran.

Des négociations entamées avec Abd-el-Kader n'ayant pu réussir, une opération dans le Chélif fut décidée et, le 17 mai, la colonne expéditionnaire, dont Canrobert faisait partie, se mit en marche. Mais cette colonne venait à peine de détruire le camp de la Tafna, dont on avait reconnu l'inutilité, qu'elle apprit qu'un traité venait d'être préparé et que les opérations étaient terminées.

Ce traité, dit de la Tafna, et qui commençait ainsi : « L'émir Abd-el-Kader reconnaît la souveraineté de la France en Algérie... », ne tarda pas à être ratifié par le roi.

N'ayant plus à craindre Abd-el-Kader, le général Damrémont résolut d'attaquer Ahmed, bey de Constantine, et de venger les troupes qui avaient échoué, l'année précédente, sous les murs de cette ville. Il commença par faire construire un camp, dit de Mjez-Ammar, un peu au-dessus de l'endroit où l'oued Cherf se jette dans la Seybouse et sur la rive gauche de cette dernière rivière.

C'est là que furent concentrées les troupes et que l'on amena successivement le matériel et les approvisionnements de toute nature destinés à l'expédition.

Les 21, 22 et 23 septembre, Ahmed, bey de Constantine, essaya de s'emparer de ce camp. L'attaque du 23 fut plus sérieuse que les deux précédentes, mais les efforts des Arabes se brisèrent devant la ferme attitude des zouaves de Lamoricière et des compagnies d'élite du 2e léger et du 47e de ligne. Enfin, le 1er octobre, le général Damrémont donna l'ordre de se porter en avant.

Canrobert appartenait avec son régiment à la 4e brigade du corps expéditionnaire.

Le 6, l'armée atteignit le plateau de Mansourah, en vue de Constantine, et le 47e de ligne, avec la 3e brigade, s'empara des hauteurs du Coudiat-Aty, où l'on devait installer une batterie.

« Le 7, dit le général Valée dans un rapport au ministre, la 4e brigade placée sur les hauteurs du Coudiat-Aty repoussa les attaques des Arabes venus du camp d'Ahmed. Le 3ᵉ régiment de chasseurs d'Afrique et le 47ᵉ de ligne se firent particulièrement remarquer dans cette journée.

Le 10, les assiégés tentèrent une nouvelle sortie et furent également repoussés. Ce jour-là, Canrobert eut son cheval tué, ainsi que le confirme la lettre ci-après adressée par le général Rulhières au général Valée :

Constantine, le 16 octobre 1837.

Mon général, conformément à la lettre que vous m'avez fait l'honneur de m'écrire hier, voici les noms des officiers des corps placés sous mes ordres, d'après l'ordre du jour du 14 courant, qui ont eu des chevaux tués (1) :

Zouaves : néant ;

2ᵉ léger : néant ;

47ᵉ de ligne : le chef de bataillon Leclerc ; *l'adjudant-major Canrobert* a eu son cheval tué par un boulet, le 10 octobre.....

Le 11, la brèche fut ouverte. Le lendemain, elle était praticable et le général Damrémont tombait, mortellement frappé, en prenant ses dispositions pour enlever la place de vive force. Le général Valée prit aussitôt le commandement en chef et décida que l'assaut aurait lieu le jour suivant, vendredi 13 octobre 1837.

De Saint-Arnaud, qui n'était alors que capitaine, écrivit à son frère, le lendemain de la prise de Constantine : « ..... Figure-toi tout ce qu'il y a de plus

____

(1) Archives historiques de la guerre.

épouvantable au monde de l'avis même des vieux guerriers de l'Empire. Une résistance admirable. *Des hommes qu'il fallait tuer deux fois.* Une ville prise à la baïonnette sous un feu écrasant, maison par maison, rue par rue, et ce massacre de part et d'autre durant trois heures... Nos pertes en officiers sont immenses, hors de proportion avec celles des soldats, et prouvent quel élan, quelle intrépidité les animaient....: »

Ces quelques lignes, écrites de main de maître, témoignent hautement de la valeur et de l'énergie des troupes de siège et de leurs chefs.

Mais quel fut exactement le rôle joué par Canrobert dans cet assaut mémorable?

Canrobert fit partie de la deuxième colonne d'assaut, que commandait le colonel Combes. Cette colonne était composée de la compagnie franche du 2ᵉ bataillon d'Afrique, de 80 sapeurs du génie (1), de 100 hommes du 3ᵉ bataillon d'Afrique, 100 hommes de la légion étrangère et 300 hommes du 47ᵉ de ligne.

Il était environ 8 h. 10 du matin lorsque la colonne Combes quitta le ravin, servant de communication couverte, où elle avait pris position deux heures avant le jour, et s'élança sur la brèche.

Au moment où elle atteignait les remparts, les troupes de la première colonne, surprises par une explosion terrible qui ensevelit environ 200 hommes, allaient peut-être lâcher pied. — « Quand je me rap-

____

(1) Ces 80 sapeurs étaient conduits par trois capitaines ; deux furent tués ; le troisième, qui fut cité à l'ordre de l'armée, était Niel et devint maréchal de France.

pelle ces figures brûlées, ces têtes sans cheveux, sans poils et dégouttantes de sang, ces vêtements en lambeaux tombant avec les chairs, quand j'entends ces cris lamentables, je m'étonne que ces fuyards n'aient pas entraîné toute la deuxième colonne qui encombrait la brèche (1). »

Mais le colonel Combes, que Castellane avait surnommé « l'énergique », électrisa les soldats par sa mâle attitude et les lança dans cette horrible fournaise. Puis s'adressant à Canrobert, qui se trouvait à ses côtés, il lui donna l'ordre de retourner dans la tranchée informer le duc de Nemours de ce qui se passait.

La mission était aussi périlleuse que de s'élancer dans la ville, car l'ennemi faisait un feu d'enfer. Sans hésiter un seul instant, Canrobert prit le pas de course afin d'exécuter plus vite l'ordre qu'il avait reçu, mais une balle qui l'atteignit à la jambe gauche vint ralentir son ardeur. Néanmoins, il put regagner la tranchée, d'où on le transporta à l'ambulance (2).

Peu de jours après, un convoi de blessés fut dirigé sur Bône. Dans ce convoi se trouvaient le colonel de

---

(1) De Saint-Arnaud.

(2) Voici exactement comment le colonel de Beaufort, à l'inspection de 1840, lorsqu'il proposa Canrobert pour un bataillon de chasseurs à pied, raconte ce qu'il fit au siège de Constantine : « Après s'être emparé d'une maison à gauche de la brèche, le colonel Combes lui prescrit de se rendre près de S. A. R. le duc de Nemours pour lui rendre compte de ce qui se passait. Quoique la mission dont il se trouvait chargé fût des plus périlleuses, il n'hésite pas un instant, quitte la brèche, parcourt la distance qui se trouve entre elle et la tranchée, où il arrive grièvement blessé. »

Richepanse, dont la vue était très compromise, et Canrobert.

Le trajet fut un peu long et pénible pour les malades à cause du mauvais temps et du mauvais état de la route (1).

L'inflammation qui survint à sa jambe fit craindre un instant au médecin-major Bonnafont que l'amputation ne fût nécessaire. Mais les accidents purent être évités, et une fois sa jambe mise dans un appareil, la guérison s'opéra très heureusement sous la direction de M. Hutin, chirurgien en chef de l'hôpital (2).

Cité à l'ordre de l'armée du 15 octobre 1837, Canrobert fut en outre proposé pour la décoration de chevalier de la Légion d'honneur, qu'il obtint par ordonnance royale du 11 novembre suivant.

1838

Au commencement de l'année 1838, nous trouvons Canrobert en France. Un congé de convalescence lui permit de se rendre à Saint-Céré, régler quelques affaires d'intérêts, et à Paris, 16, rue Duphot, chez son

---

(1) Nous ne sommes pas tout à fait d'accord, on le voit, avec M. Grandin, qui, oubliant que Canrobert a été blessé, *ne parlant pas du tout de cette blessure,* le montre allant, le 14 octobre, « prendre des nouvelles » du colonel Combes afin de pouvoir faire dire à ce dernier, expirant et désignant son capitaine adjudant-major : « Il y a de l'avenir dans cet officier-là ». Nous ne nions pas que le colonel Combes ait recommandé Canrobert au général Valée, car plusieurs auteurs militaires l'ont écrit, mais aucun d'eux n'avait songé jusqu'ici à faire marcher Canrobert quand il avait une fracture à la jambe gauche.

(2) *Douze ans en Algérie,* par M. le docteur Bonnafont, médecin principal des armées, en retraite.

cousin, le général Marbot, aide de camp du duc d'Orléans. Son congé expirait à la fin du mois de mai 1838 ;
mais, comme il n'était pas complètement rétabli à cette
époque, il obtint une prolongation qui lui permit de
faire usage des eaux à l'hôpital militaire de Bourbonne,
pendant la première saison de cet établissement. Puis
il rejoignit le 47e de ligne en Algérie. Mais aucun fait
d'armes important ne survint depuis ce moment jusqu'au mois d'août 1839, date à laquelle son régiment
fut rappelé en France.

1839

Une ordonnance royale du 1er octobre 1839 ayant
décidé la création d'un quatrième bataillon de la
légion étrangère, ce fut, dit-on, Canrobert que l'on
chargea d'organiser ce nouveau bataillon.

Canrobert en trouva les principaux éléments parmi
les débris de bandes espagnoles, derniers défenseurs
de la cause carliste, qui venaient d'être rejetés sur le
sol français.

Mais, tandis que l'historique succinct de la légion
étrangère conservé aux archives administratives du
ministère de la guerre, à l'appui des registres matri-
cules, dit que trois compagnies seulement, prêtes à
s'embarquer dès le mois de février 1840, furent organisées en France (1), le capitaine Blanc, dans *la légion*

---

(1) Les trois autres compagnies (dit cet historique), les grenadiers et
les voltigeurs, furent organisées en Algérie.

étrangère, laisse croire que Canrobert organisa le bataillon tout entier.

« Le jeune capitaine, écrit M. Blanc, mit à sa tâche toutes ses facultés, son activité infatigable, les ressources inépuisables de son esprit et de son expérience prématurée. Tout le monde, tant civil que militaire, considérait l'organisateur du bataillon espagnol comme son futur commandant. »

Mais le bataillon fut donné à M. Bedeau ; et le capitaine Blanc ajoute : « La stupéfaction fut grande, je pourrais même dire l'indignation, parmi les nombreux camarades du capitaine Canrobert ; lui seul n'en montra pas la moindre émotion ; on aurait dit que la chose était naturelle et ne le touchait pas. — Etranger à tout sentiment personnel, il trouvait sa récompense dans le témoignage du devoir accompli. »

Qu'il ait ou qu'il n'ait pas organisé le bataillon tout entier, Canrobert, on le voit par le témoignage du capitaine Blanc, mérita certainement des éloges pour les qualités dont il fit preuve dans l'accomplissement de sa tâche.

1840

C'est également vers cette époque que l'on créa de nouveaux bataillons d'infanterie légère. Le bataillon créé à Vincennes en 1838-1839 venait d'être rappelé de l'Algérie, où il avait rendu de grands services, et il servit de type à l'organisation de neuf autres, que l'on forma au camp de Saint-Omer. Ces bataillons prirent le nom de « bataillons de chasseurs à pied (1) » et furent numérotés de 1 à 10. On choisit avec le plus grand soin les officiers appelés à en faire partie.

Canrobert, qui désirait retourner en Algérie, où il savait que ces bataillons devaient opérer, écrivit alors à M. de Beaufort, colonel du 47e de ligne :

Perpignan, le 24 septembre 1840.

Mon Colonel,

Plusieurs bataillons de tirailleurs devant être organisés à Vincennes et mes inclinations militaires m'ayant toujours porté vers l'infanterie vraiment légère, j'ai l'honneur de vous prier de vouloir bien demander à M. le lieutenant général comte de Castellane qu'il daigne me proposer à M. le ministre de la guerre pour occuper dans un de ces nouveaux corps l'emploi d'adjudant-major.

Je suis, etc.

CANROBERT,
capitaine adjudant-major au 47e de ligne.

Le général Castellane accueillit favorablement cette demande :

M. Canrobert, écrivit-il à son tour au ministre, dès le 26 septembre, M. Canrobert est un officier dont je fais le plus grand cas ; il est très ferme, actif, très capable, bien élevé, fort instruit de son métier ; *il a le feu sacré.* C'est un officier distingué et d'avenir, qui fera un excellent chef de bataillon dès que son ancienneté de grade permettra de le proposer.

---

(1) En 1842, à la mort du duc d'Orléans, on les nomma « chasseurs d'Orléans » ; en 1848, ils redevinrent « chasseurs à pied ».

Ainsi présentée, la proposition ne pouvait qu'aboutir favorablement, venant surtout de Castellane, qui, nous l'avons dit plus haut, était le général le plus avare d'éloges, et, le 17 octobre 1840, Canrobert passait au 6ᵉ bataillon de chasseurs à pied avec le grade de capitaine adjudant-major.

Ses chefs le virent partir avec regret, surtout M. de Beaufort, qui disait en parlant de lui : « Son zèle ne se ralentit jamais, ni à la guerre ni en garnison. *Ses pareils sont rares* (1). »

(1) Inspection de 1840. Proposition pour passer dans un bataillon de chasseurs à pied.

CHAPITRE III

1841 : Canrobert retourne en Afrique; combat près du bois des Oliviers. — 1842 : Canrobert aide à sauver des prisonniers; il se distingue dans le combat du 4 juin (deuxième citation); il apprend qu'il est chef de bataillon depuis le 22 mai; il revient en France et obtient le commandement du 5ᵉ bataillon de chasseurs en Algérie; ordre du jour du lieutenant-colonel Mellinet. — 1843 : Opérations dans le bas Dahra; dans le haut Riou; combat de Chaffaïa (troisième citation); le refrain actuel du 5ᵉ bataillon; Canrobert est nommé officier de la Légion d'honneur. — 1844 : Combat contre les Ouled-Ibrahim; Canrobert commande une partie des troupes d'Orléansville; il est rappelé dans la province d'Oran par le gouverneur général; expédition contre les Flitta; retour à Orléansville.

1841

Canrobert ne s'était pas trompé lorsque, en demandant à passer dans un bataillon de chasseurs, il pensait retourner en Afrique, car, le 8 juin 1841, le 6ᵉ bataillon (commandant Forey), emporté par le *Triton*, quittait le port de Toulon et faisait voile pour Alger. Le 14, il entrait dans la rade de cette ville et débarquait le lendemain.

A peine arrivé, Canrobert entra en campagne avec la colonne du général Baraguey-d'Hilliers.

Le 25 octobre, cette colonne venait de ravitailler Médéa et regagnait le bois des Oliviers. Arrivée près de ce bois, l'arrière-garde, formée par le 6ᵉ bataillon de chasseurs à pied, fut attaquée, sous le Nador, par une nuée de Kabyles. « Abrités derrière des rochers, ils pouvaient, en peu de temps, nous tuer beaucoup de monde ; et, d'un autre côté, leur cavalerie cherchait à nous tourner. Aussitôt, les sacs furent mis à terre, afin de pouvoir escalader plus facilement, et la charge commandée (1). » Canrobert fut l'un des premiers arrivés sur la position ; mais les Kabyles n'avaient pas attendu le terrible effet de nos baïonnettes et le 6ᵉ bataillon put regagner tranquillement son bivouac. Il convient de remarquer que, dans cette affaire, les chasseurs à pied étaient deux cents au plus, tandis que les Kabyles comptaient environ trois cents fantassins et une centaine de cavaliers.

1842

Au mois de mai 1842, Canrobert trouva une nouvelle occasion de se distinguer. C'était le 6, nous venions de ravitailler Miliana et la colonne rentrait au camp sous Blida ; mais l'arrière-garde, formée par un régiment de ligne, ayant négligé de faire suivre les traînards, une vingtaine de bons cavaliers arabes, embusqués dans le lit de l'oued Kébir, en sortirent tout à coup au galop et s'emparèrent de quelques hommes. Le capitaine Canrobert, suivi de plusieurs officiers, courut de toute la vitesse de son cheval au secours de ces malheureux, que les Arabes entraî-

____

(1) *Historique du 6ᵉ bataillon de chasseurs.*

naient avec rapidité, et ces derniers, se voyant près d'être atteints, lâchèrent leurs prisonniers (1).

Le 1ᵉʳ juin, une colonne commandée par le général Changarnier quittait la division d'Oran, passait le Chélif et entrait dans le pays des Beni-Menasser; Canrobert faisait partie de cette colonne et, dans un combat livré le 4 juin, il sut de nouveau se faire remarquer. Aussi obtint-il une deuxième citation dans le rapport que le gouverneur général de l'Algérie adressa au ministre pour lui rendre compte des opérations des colonnes du Chélif et d'Alger, du 14 mai au 13 juin 1842.

Parmi ceux qui se sont le plus particulièrement distingués — dit le gouverneur — on a remarqué M. le capitaine de Camprobert (*sic*), qui a parfaitement secondé son chef de bataillon, M. Forey, commandant le 6ᵉ bataillon de chasseurs à pied (1).

Ce rapport était daté d'Alger, le 13 juin 1842; or le courrier de France qui suivit annonçait que Canrobert était chef de bataillon depuis le 22 mai précédent et qu'il passait au 13ᵉ d'infanterie légère.

Ayant obtenu une permission de deux mois pour régler des affaires de famille, le nouvel officier supérieur revint immédiatement en France et obtint une prolongation de congé. Enfin, le 16 octobre suivant, ses brillantes qualités et l'appui probable du général Marbot lui firent obtenir le commandement du 5ᵉ ba-

---

(1) Archives historiques du ministère de la guerre.

taillon de chasseurs d'Orléans, en remplacement de M. Mellinet, promu au grade supérieur.

Ce dernier, en quittant son bataillon, s'exprima de la manière suivante dans son ordre du jour du 16 novembre 1842 :

Quel que soit le prix que j'attache à la faveur que je viens de recevoir du roi, que tout ce qui appartient au 5e chasseurs d'Orléans sache bien qu'il m'est impossible de le quitter sans les plus vifs regrets et que si quelque chose peut les adoucir, c'est de penser que je laisse le bataillon *digne d'être commandé* par l'officier si capable et si distingué nommé à ma place (1).

Vers la fin du mois de novembre, le 5e bataillon de chasseurs d'Orléans rallia la colonne commandée par le général Gentil, qui commençait à assurer la soumission des Flitta.

1843

Les opérations cessèrent le premier jour de l'année 1843, reprirent le 8 janvier et durèrent jusqu'à la fin du mois de mars. Elles furent très pénibles pour nos troupes mais tout le bas Dahra : Beni-Zeroual, Beni-Zenthis, Zerrifa, Cheurfa, et plusieurs autres territoires, étaient soumis.

Au mois d'avril, le bataillon de Canrobert fit partie d'une colonne commandée par le colonel Cavaignac. Cet officier supérieur rejoignit, le 27, les troupes du général Bugeaud, gouverneur général de l'Algérie. La

---

(1) *Historique du 5e bataillon de chasseurs.*

jonction eut lieu à El Esnam, qui peu de temps après prit le nom d'Orléansville, sur la rive gauche du Chélif et à proximité de cette rivière. Le gouverneur décida que le 5e chasseurs d'Orléans formerait, avec un bataillon de zouaves, un régiment de marche que commanderait le lieutenant-colonel Le Flô.

Le 28 avril, la colonne du général Bugeaud se mit en marche, ayant le 5e chasseurs à l'avant-garde ; le lendemain, Canrobert repoussait Ben-Khosbilé, nouveau chef du Dahra, nommé par Abd-el-Kader ; et le 1er mai nos soldats entraient à Tenès. Ils furent reçus en libérateurs par les habitants de cette ville, qui avaient à se plaindre de l'émir.

Le 15 juin, Canrobert appuya, dans la vallée de l'oued Riou, un mouvement contre les Beni-Ouragh. Il tua environ 70 Kabyles et ramena au camp de Kernachin de nombreux troupeaux qu'il avait enlevés aux rebelles.

Le 3 juillet au soir, le gouverneur de l'Algérie apprit que les kalifas Ben-Allal, Ben-Thami et Kéroubi, lieutenants dévoués d'Abd-el-Kader, étaient campés à 5 lieues de nos troupes, en remontant l'oued Riou. Il donne aussitôt l'ordre au régiment du lieutenant-colonel Le Flô, auquel il adjoint 70 chasseurs d'Afrique, de les surprendre. Le régiment se mit en marche à la nuit close. Vers 3 heures du matin, il s'arrêta devant les feux d'un bivouac ; mais bientôt on s'aperçut qu'il était abandonné. La petite troupe marcha de nouveau et, à l'aube, elle découvrit au loin la poussière d'un troupeau en fuite et dans une direction qui ne semblait pas avoir été suivie par les Arabes.

Le colonel, fort embarrassé, hésita longtemps sur le parti qu'il avait à prendre et finit par choisir le plus mauvais. Il lança ses 70 chasseurs d'Afrique dans la direction du troupeau et, faisant remonter une branche de la vallée par le commandant Canrobert, il prit l'autre avec les zouaves ; de sorte que sa colonne, déjà faible relativement, se trouvait fractionnée en trois (1).

Mais, tandis que Canrobert marchait sans rencontrer personne, le lieutenant-colonel Le Flô, arrivé au pied d'une colline formant le fer à cheval, y trouva l'ennemi rangé sur la crête et l'attendant de pied ferme. Malgré son infériorité, le colonel prit ses dispositions de combat.

Trois fois les réguliers vinrent sur nos soldats, leurs tambours battant la charge ; mais, couchés à plat ventre derrière les rochers, nous les reçumes chaque fois par une décharge à bout portant qui les força à reculer sur leurs positions.

Un instant, le colonel eut la funeste pensée de battre en retraite ; et l'on peut dire que c'en était fait de nous, si le capitaine adjudant-major Dantin et un sous-lieutenant, qui se trouvaient près de lui, ne l'avaient supplié de tenir bon. Ce fut notre salut, car M. Canrobert, entendant le bruit de la fusillade, se dirigea tout aussitôt vers nous, d'après le principe qu'il faut marcher au canon, et déboucha sur notre droite (1).

Alors les choses changèrent de tournure et nos clairons sonnèrent la charge à leur tour. Canrobert, pour sa part, enleva plusieurs mamelons où s'ap-

---

(1) *Souvenirs d'un vieux zouave,* par M. Blanc.

puyait la gauche de l'ennemi, qui ne tarda pas à lâcher pied sur toute la ligne. Grâce à cette rapide intervention, les troupes du colonel Le Flô étaient sauvées. A partir de cette époque, le 5ᵉ bataillon de chasseurs pouvait justifier son refrain actuel : « 5ᵉ bataillon ventre à terre commandé par Certain-Canrobert ».

Ce combat du 4 juillet 1843 fut désigné sous le nom de combat de Chaffaïa; le gouverneur, dans son rapport au ministre de la guerre, cita « comme s'étant particulièrement distingué » M. Certain-Canrobert, chef du 5ᵉ bataillon de chasseurs d'Orléans (1). C'était la troisième citation qu'il obtenait.

Le 12 du même mois, le général Bugeaud quitta la colonne afin de retourner à Alger, où l'appelaient les affaires de son gouvernement; il remit le commandement des troupes au colonel Pélissier. La colonne traversa ensuite le pays des Bou-Soliman, qu'elle soumit, puis elle rentra à Orléansville le 10 août.

C'est à peu près vers cette époque que Canrobert, qui avait été proposé par le général Bugeaud, à la suite du combat de Chaffaïa, pour la rosette d'officier de la Légion d'honneur, apprit que cette distinction lui avait été accordée par ordonnance royale du 6 août 1843.

---

(1) Rapport du 18 juillet 1843, Alger.

1844

La fin de l'année 1843 se passa, pour le 5ᵉ bataillon de chasseurs d'Orléans, en courses incessantes autour d'Orléansville. Ces courses n'avaient d'autre but que d'assurer la tranquillité du pays. Le 2 février 1844, une petite colonne, commandée par le colonel Cavaignac, se mit en marche pour opérer contre les Beni-Mennad.

Le lendemain, au petit jour, elle avait rejoint les Ouled-Ibrahim, fraction des Beni-Mennad, et les attaquait. Canrobert devait opérer par la gauche avec son bataillon. Il prit si bien ses mesures qu'il tomba sur l'ennemi presque à l'improviste, l'empêcha ainsi d'organiser une défense sérieuse et tua son chef Hadji-Djelloul, dont l'influence était assez grande.

Au mois d'avril suivant, le régiment de marche dont le 5ᵉ bataillon faisait partie quitta Orléansville et vint bivouaquer à 6.000 mètres environ de cette ville. Ce camp, qui avait pour objet de rapprocher les troupes des lieux où s'effectuaient des travaux de canalisation amenant les eaux du Chélif sur le plateau d'Orléansville, fut placé sous le commandement de Canrobert. Les travaux se continuèrent en dépit des Arabes, qui cherchaient constamment à les entraver.

Le 14 juin, le commandant Canrobert remplaça le lieutenant-colonel Le Flô, rappelé à son régiment. Le colonel Cavaignac, qui commandait alors la colonne expéditionnaire, la divisa en trois parties, dont deux, comprenant le 5ᵉ bataillon de chasseurs d'Orléans, le

3ᵉ bataillon du 6ᵉ léger et huit compagnies de zouaves, devaient être placées sous les ordres de Canrobert.

Mais, quelques jours plus tard, le gouverneur général de l'Algérie écrivait au colonel Cavaignac : « Les événements sur la frontière du Maroc nécessitant la présence de troupes aguerries dans la province d'Oran, vous ferez partir immédiatement le 5ᵉ bataillon de chasseurs d'Orléans. » Ce rappel était un honneur pour Canrobert, et c'est avec regret que le colonel Cavaignac vit partir ce précieux auxiliaire.

D'Orléansville, le 5ᵉ bataillon de chasseurs vint camper à Mostaganem. Au mois de septembre, il entra dans la composition de la colonne du général de Bourjolly, qui opéra contre les Flitta et ne rentra au camp que le 10 octobre. Le mois suivant, le bataillon revint à Orléansville, où le colonel Leroy de Saint-Arnaud venait d'arriver en qualité de commandant supérieur de la subdivision. Pour la première fois, Canrobert se trouvait sous les ordres de celui dont il devait prendre la succession, dix ans plus tard, comme général commandant en chef l'armée d'Orient.

CHAPITRE IV

1845

L'année 1845 devait être fertile en événements. Mohammed-ben-Abdallah, surnommé Bou-Maza (père de la chèvre) (1), cherchait à soulever le Dahra, et il était nécessaire d'agir promptement et énergiquement afin d'écraser dans l'œuf une insurrection qui pouvait devenir très grave. Mohammed-ben-Abdallah se disait chérif, c'est-à-dire de la famille du Prophète. Il travaillait le fanatisme et la crédulité des Arabes ; il s'était fait un parti en prêchant la guerre sainte contre nous et était parvenu à rassembler un camp où il comptait cinq à six cents fusils et une cinquantaine de cavaliers (2). Au mois d'avril, il se sentit assez fort pour

---

(1) Mohammed-ben-Abdallah se faisait suivre par une chèvre dont le lait, disait-il, nourrirait tous les combattants pendant toute la guerre.

(2) De Saint-Arnaud : *Lettres.*

opérer une razzia chez les Sbéha et vint jusqu'à l'oued Raz, à cinq lieues d'Orléansville.

A cette nouvelle, le colonel de Saint-Arnaud sortit de la ville, le 14 avril, avec 900 baïonnettes et 150 chevaux. En vain le chérif s'enfuit-il au plus vite : de Saint-Arnaud force sa marche, le rejoint sur les hauteurs du djebel Krennença, non loin d'Aïn-Méran, et lui inflige une première et sévère leçon.

Le 18, la colonne d'Orléansville s'était établie vers le midi sur le plateau de Bâl. A 2 heures 1/2, le colonel de Saint-Arnaud ordonna deux reconnaissances ; l'une d'elles, confiée au commandant Canrobert, devait s'avancer dans la direction du sud-ouest et, si l'on ne découvrait point l'ennemi, traverser le ravin de l'oued Met-Mour, fouiller les contreforts du piton des Ouled-Younes... Les spahis envoyés en éclaireurs n'avaient signalé aucun ennemi. L'on traversa l'oued Metmour. Sur le flanc droit, la section des carabiniers, qui formait l'avant-garde, fut alors légèrement attaquée et tous les regards se portaient déjà de ce côté, quand, d'un pli du terrain, d'un ravin boisé, vers la gauche, partirent des cris, des hurlements. Au même moment 2.000 Kabyles bondissaient furieux sur les chasseurs (1).

Canrobert n'avait avec lui que deux compagnies de son bataillon et quelques cavaliers; il comptait tout au plus 370 hommes.

Avec un sang-froid merveilleux, il embusque ses chasseurs derrière les buissons qui hérissent le terrain, les encourage, les anime de sa parole; et ces

____

(1) *Souvenirs de la vie militaire en Algérie,* par le comte P. de Castellane.

braves soldats, à la voix du chef qu'ils aiment, visent avec précaution afin que chaque coup tue un adversaire. « Cette défense acharnée irrite pourtant les Kabyles ; l'ivresse furieuse les gagne ; ils se ruent contre la troupe, s'efforcent d'aborder les soldats corps à corps... (1) » Et peut-être cette glorieuse petite phalange allait-elle succomber sous le nombre des Arabes qui l'enveloppaient de tous côtés, quand des secours arrivèrent du camp. Rassemblant un dernier reste d'énergie, Canrobert et ses vaillants chasseurs prirent l'offensive et chargèrent impétueusement ceux qui croyaient si bien les anéantir.

Le maréchal Bugeaud, duc d'Isly, gouverneur général de l'Algérie, en rendant compte de cette journée au ministre de la guerre, lui écrivit : « ..... Le commandant Canrobert se battit avec vigueur et garda ses positions, tandis que les autres détachements se dirigeaient sur le lieu du combat, ainsi qu'une réserve que le colonel de Saint-Arnaud fit sortir immédiatement du camp avec la cavalerie et deux obusiers de montagne... » Et plus loin, le maréchal ajoute : « ..... M. le colonel de Saint-Arnaud fait le plus grand éloge du sang-froid et de la valeur du commandant Canrobert. » C'était la quatrième fois que le chef du 5e bataillon était signalé à l'attention du ministre. Il fut, en outre, proposé pour l'avancement par le gouverneur général, avec la mention suivante : « C'est un officier du premier mérite, aussi brave qu'intelligent. Il serait

____

(1) *Souvenirs de la vie militaire en Algérie,* par le comte P. de Castellane.

à désirer que M. le commandant Canrobert arrivât vite
à la tête d'un régiment (1). »

Cette audacieuse agression des Kabyles fit voir au
colonel de Saint-Arnaud que sa colonne était trop
faible pour pouvoir agir avec efficacité. Il se main-
tenait dans son camp de Bâl, attendant les troupes du
général de Bourjolly, avec lequel il devait faire sa
jonction le 24 avril, lorsqu'il apprit que l'insurrection
se propageait et que le camp des Gorges, sous Tenès,
venait d'être pillé. Aussitôt, la colonne se met en
marche. Elle fait vingt lieues en deux jours et arrive à
Tenès, où elle tombe « comme une bombe au milieu
de l'insurrection (2) ». Le camp qui venait d'être surpris était celui du 5ᵉ bataillon de chasseurs d'Orléans.
Etabli sur la route de Tenès à Orléansville, il avait été
confié à la garde d'une cinquantaine de jeunes soldats,
la plupart malingres, qui, pris à l'improviste, n'eurent
que le temps de se retirer dans les blockhaus, abandonnant ainsi tout le matériel du camp. Les Arabes
en profitèrent pour emporter tout ce qui pouvait leur
être utile, puis ils brûlèrent le reste (3).

Cette surprise, Canrobert et ses chasseurs promirent
de la faire payer cher à l'ennemi, et c'est avec la plus
grande ardeur qu'ils se mirent à sa poursuite. Le plan
adopté était celui-ci : le colonel Ladmirault agirait à

---

(1) Archives du ministère de la guerre.

(2) De Saint-Arnaud, *Lettres*.

(3) Le commandant Canrobert écrivit au colonel de Saint-Arnaud pour
le prier d'exposer au ministre que les soldats du 5ᵉ chasseurs d'Orléans
n'avaient plus que de misérables effets pour tenir la campagne ; cette
lettre fut transmise au ministre.

l'est de Tenès; le colonel Pélissier descendrait le Chélif, remonterait chez les Beni-Zenthis, et attaquerait,
par l'ouest, la chaîne de montagnes que le colonel de
Saint-Arnaud envahirait par l'est.

Dès le 28 avril, la colonne de Canrobert, commandée
par le colonel de Saint-Arnaud, entra chez les Beni-
Hidja, qui avaient pillé le camp des Gorges. Malgré
les difficultés qu'ils rencontrèrent dans ce pays des
plus accidentés, nos soldats battirent les Kabyles les
29 et 30 avril et rentrèrent sous Tenès, le 4 mai, avec
un énorme butin. « Le maréchal lui-même ne pouvait
croire à ce résultat », dit le colonel de Saint-Arnaud.
« Je vois livrer par les Beni-Hidja 500 fusils, 300
sabres, 200 pistolets et 25.000 francs de contributions
de guerre, sur lesquels j'indemnise les officiers du 5e
bataillon de chasseurs d'Orléans, dévalisés dans le
pillage du camp des Gorges (1). » C'était une première
satisfaction qu'obtenait le bataillon Canrobert, mais le
commandant devait personnellement en obtenir de
nouvelles.

Le 6 mai, la colonne partait de nouveau de Tenès
afin d'achever la soumission des Beni-Hidja et de
châtier les Beni-Rached. Après en avoir fini avec ces
tribus, elle était, le 20 mai, à la hauteur des Beni-Merzoug dont nous avions beaucoup à nous plaindre. Des
renseignements très circonstanciés avaient appris au
colonel de Saint-Arnaud que ces dernières tribus
étaient réunies, dans une position très forte, sur le
plateau de Tadjena.

____

(1) Lettres du colonel de Saint-Arnaud.

Aussi, à minuit, le colonel fit-il partir, sous les ordres du lieutenant-colonel Bisson, un bataillon du 53e, un bataillon de la légion étrangère, une compagnie du 5e bataillon de chasseurs d'Orléans, *avec le commandant Canrobert*, et toute la cavalerie.

Le 21 mai, à 4 heures du matin, la petite colonne tomba à l'improviste sur les Beni-Merzoug ; à 6 heures tout était fini : les douars étaient détruits. Plus de 150 Kabyles furent tués les armes à la main ; 30 femmes étaient faites prisonnières, parmi lesquelles se trouvait la femme d'un chérif ; enfin nous ramenions près de 3.000 têtes de bétail. Nous n'avions eu qu'un spahi et un chasseur blessés.

Après ce brillant succès, les troupes prenaient un peu de repos, quand, le même jour, vers 3 heures de l'après-midi, on vint annoncer au colonel de Saint-Arnaud qu'un parti ennemi considérable s'avançait sur l'oued Sidi-ben-Abbed, où nous étions campés. En effet, une heure après, le colonel voyait en avant de lui, sur les hauteurs, environ 1.200 fantassins fort en ordre, avec un grand drapeau, et 200 cavaliers en tête desquels flottaient trois autres drapeaux. On assurait que ces Kabyles étaient animés par la présence de trois chérifs. Le colonel n'hésita pas un instant et les attaqua (1).

Groupant son convoi et son énorme troupeau sur une hauteur, sous la garde d'un bataillon de la légion étrangère, le colonel s'avança avec le reste de son

______

(1) Lettre du maréchal duc d'Isly au ministre de la guerre.

infanterie sans sacs, sa cavalerie et son artillerie. Il donna au commandant Canrobert l'ordre d'attaquer le centre de l'ennemi.

Les Kabyles furent tournés dans leurs positions par notre cavalerie et vinrent, dans le plus grand désordre, se jeter sur le 53e et les chasseurs de Canrobert, qui les précipitèrent, à coups de baïonnette, dans un ravin où beaucoup trouvèrent la mort.

« Je me fais un devoir, écrivit le duc d'Isly au ministre de la guerre, de vous transmettre les noms des officiers, sous-officiers et soldats que M. le colonel de Saint-Arnaud a le plus particulièrement remarqués dans ces deux brillantes affaires; ce sont : .....dans le 5e bataillon de chasseurs à pied : M. le commandant Canrobert... » C'était la cinquième citation faite en faveur de ce vaillant officier.

Quelques jours après, le 1er juin, la colonne se rendait du bivouac de Dour-m'ta-Mehharzia à celui des Ouled-Saïd, où elle devait s'arrêter. Elle cheminait lentement dans des ravins étroits lorsque soixante cavaliers se montrèrent à l'arrière-garde, suivis de pelotons de Kabyles débouchant de tous les côtés et dont le nombre s'élevait à 2.000 hommes environ conduits par Bou-Maza. Le colonel de Saint-Arnaud établissait son bivouac quand on vint le prévenir. Aussitôt il fit déposer les sacs aux soldats du 64e et à ceux du 5e bataillon de chasseurs d'Orléans et les lança sur les Arabes, qui furent chassés de position en position jusque dans un ravin où ils éprouvèrent de grandes pertes.

Dans un rapport qui fut transmis au ministre, le

colonel de Saint-Arnaud citait tout spécialement le lieutenant-colonel Bisson et le commandant Canrobert (sixième citation).

Le 3 juin, Bou-Maza nous attaqua de nouveau près de l'oued Belouta et fut reçu de la même manière. La colonne, épuisée, se reposa le lendemain à Sidi-Aïssa-ben-Arfa. C'était un charmant bivouac « où les chevaux se trouvaient au milieu de l'orge et les soldats dans les fèves jusqu'au col (1) ». Il y avait près de deux mois que l'on marchait sans jamais goûter aucune douceur et cette courte halte sembla délicieuse aux braves soldats de la colonne du Dahra.

Mais on reprit bien vite la campagne et, le 17 juin, une razzia fut faite chez les Cheurfa. Le 18, le colonel de Saint-Arnaud quitta le camp de Sidi-bel-Kassem, où la colonne avait bivouaqué et, à 7 heures 1/2 du matin, il tomba sur les populations et les troupeaux des Médiouna et des Cheurfa.

Ce coup de main vigoureux, où les spahis et les chasseurs du 4e, parfaitement soutenus par le bataillon Canrobert et le commandant Prévost, qui nous ont rendu le plus grand service, nous a valu une trentaine d'Arabes tués, parmi lesquels plusieurs chefs et cavaliers distingués, dont nous avons les armes et les chevaux, un nombreux troupeau et quelques prisonniers... J'ai eu lieu de remarquer, *comme à l'ordinaire*, l'intelligence et la bravoure du commandant Canrobert et du capitaine Fleury; je me fais un devoir de vous en rendre compte.

Le passage qui précède est extrait d'un rapport du

---

(1) Lettres du maréchal de Saint-Arnaud.

colonel de Saint-Arnaud, transmis au ministre de la guerre, qui citait, pour la septième fois, le nom de Canrobert.

Cependant, malgré la chasse active dont il était l'objet, Bou-Maza parvenait toujours à s'échapper et, au 1ᵉʳ août, il cherchait encore à soulever le Dahra. Canrobert était alors chargé de la direction du cercle de Tenès.

Le colonel de Saint-Arnaud, qui voulait en finir avec cet insaisissable chérif, combina de le prendre entre trois colonnes, dont l'une partirait de Tenès, par le nord, sous le commandement de Canrobert; l'autre d'Orléansville, par le sud, et la troisième du bas Chélif, par l'ouest.

Ainsi traqué, Bou-Maza s'avança, le 6 août au soir, jusqu'à Aïn-Férak, à trois lieues environ d'Orléansville. Il n'avait avec lui que 200 cavaliers et très peu d'infanterie. Le colonel de Saint-Arnaud, instruit de son approche, retarda son mouvement d'attaque afin de mieux prendre son adversaire entre les autres colonnes qui s'avançaient; mais, au milieu de la nuit, le chérif tourna bride et, en se dirigeant vers la plaine d'Egris, tomba sur Canrobert. Attaqué avec vigueur, Bou-Maza fit d'abord bonne contenance, mais sa troupe finit par se débander et l'intrépide Arabe nous échappa juste au moment où la cavalerie de Mostaganem et des troupes fraîches entraient en ligne. Parmi les morts figurait son frère.

Après ce combat de la nuit du 6 au 7 août, les Méchaïa, qui avaient soutenu le chérif, s'enfuirent en grande partie dans des cavernes où le colonel de Saint-

Arnaud les bloqua jusqu'au 12; puis il fit boucher toutes les issues et en fit un vaste cimetière. « La terre couvrira à jamais les cadavres de ces fanatiques. Personne n'est descendu dans les cavernes; personne... que moi ne sait qu'il y a là-dessous cinq cents brigands qui n'égorgeront plus les Français. Un rapport confidentiel a tout dit au maréchal, simplement, sans poésie terrible, ni images (1). »

Canrobert ne prit pas part à cette lugubre opération, et, tandis que le colonel de Saint-Arnaud accomplissait cette utile mais triste besogne, il cherchait toujours à atteindre Bou-Maza. Le 13 août, il fit, de nuit, une marche de huit lieues afin de surprendre le chérif, qui avait choisi de longue main, au pays des Ouled-Younes, une retraite dans les rochers, sur les bords de la mer. Bou-Maza fut malheureusement prévenu et put prendre la fuite avec une de ses femmes; mais toute sa smala, ses tentes et ses troupeaux tombèrent en notre pouvoir.

Pendant quelque temps, le chérif cessa de faire parler de lui, et Canrobert profita de ce répit pour battre le pays de Tenès à Orléansville et soumettre de petites tribus. Mais, soudain, on apprend que Bou-Maza a quitté sa retraite et que, traversant le Chélif, il s'est porté par l'Ouarensenis chez les Flitta, prêts à se soulever, tandis que d'un autre côté Abd-el-Kader, jaloux de la popularité du chérif, faisait annoncer, dans la vallée de la Tafna, son arrivée prochaine.

---

(1) Lettres du maréchal de Saint-Arnaud.

Le colonel de Saint-Arnaud se remit immédiatement en campagne. Dans la soirée du 10 octobre, il
apprit que les Beni-Ouragh étaient en pleine révolte
et avaient résolu de l'attaquer.

Malgré le petit nombre de combattants dont il disposait, de Saint-Arnaud s'engagea résolûment dans le pays
révolté. Ce qui le décida, surtout, c'est que, disait-on,
Bou-Maza devait conduire les rebelles. Le lendemain,
11 octobre, la petite colonne française fut assaillie par
3.000 Beni-Ouragh et 400 cavaliers : elle était litté-
ralement enveloppée. La lutte dura quatre heures.
« Canrobert a chargé à la baïonnette à la tête de son
bataillon, écrivit le colonel de Saint-Arnaud au lieute-
nant-général de Bar. Je vous recommande cet officier
supérieur : c'est un véritable chef de corps. »

Cette citation, transmise au ministre, fut la huitième
et dernière. Non pas que Canrobert ne se battît plus
aussi vaillamment, mais parce que, placé à la tête de
colonnes expéditionnaires, il appela à son tour l'attention de ses chefs sur les soldats qui servaient sous ses
ordres et avec lesquels il obtint des succès plus écla-
tants encore que ceux auxquels nous l'avons vu si
brillamment contribuer.

Le nom de Canrobert avait, en effet, attiré l'attention
du ministre de la guerre, qui le comprit dans un travail d'avancement, et, par ordonnance royale du 26
octobre 1845, l'adversaire acharné de Bou-Maza fut
promu lieutenant-colonel du 16e régiment d'infanterie
de ligne, en remplacement de M. Persil, mis en non-
activité.

Mais, de même que le 10e bataillon s'honore du

nom de « Mac-Mahon », le 5ᵉ bataillon de chasseurs à pied continua *et continue* à s'appeler « bataillon Canrobert » ; nous l'avons vu plus haut, d'ailleurs, en citant le refrain de ce bataillon. Le maréchal Bugeaud, lui-même, confirma cette appellation, car, un jour où, lui montrant un fort qui dominait la vallée du Chélif, on lui disait : « C'est à ce fort que nous devons la tranquillité du pays », il répondit : « A ce fort et aussi aux chasseurs à pied de Canrobert (1). »

____

(1) *Les Anciennes Armées françaises*, par le général Thoumas.

CHAPITRE V

1845 : Colonne de Tenès. Çanrobert inflige une première leçon à Ben-Hinni. Extrait d'une lettre du général de Bar au ministre. Combat du 15 décembre; Ben-Hinni est blessé. Sorties des 17, 18, 19 et 20 décembre. Bou-Maza reparaît. Canrobert reprend la campagne le 23. Occupation du plateau de Tadjena. — 1846 : Canrobert tient toujours la campagne. Punition des Beni-Hidja. Tempête du 6 janvier; situation critique de la colonne. Soumission complète des Beni-Hidja et rentrée à Tenès. Nouvelle occupation du plateau de Tadjena. Opérations contre les Médraïa (23 janvier); défense de fumer; une marche de 22 heures. Reconnaissance du 29; Ben-Hinni est tué. Combat du 30; défaite et fuite de Bou-Maza. Courte jonction des colonnes d'Orléansville et de Tenès.

1845

Canrobert, en même temps qu'il fut promu, se vit désigner pour passer, avec son grade, au 22e de ligne. On le maintint à la tête du cercle de Tenès. Le pays étant alors totalement insurgé, une colonne fut organisée et placée sous le commandement du nouveau lieutenant-colonel. Elle se composait des éléments suivants :

5e bataillon de chasseurs d'Orléans, 500 hommes, commandant Soumain;

64e de ligne (1 bataillon), 350 hommes, commandant d'Aurelle de Paladines;

Zouaves (détachement), 200 hommes, capitaine Chéver;

6e léger (détachement), 50 hommes;

Sapeurs du génie, 30 hommes;
Demi-section d'artillerie de montagne, 7 hommes.
1er chasseurs d'Afrique (peloton), 35 hommes;
Arabes, 30 hommes.
Total 1.202 hommes (1).

Cette colonne opéra du 1er décembre 1845 au 26 mai 1846; elle était complètement indépendante du colonel de Saint-Arnaud, qui, pendant le mois de novembre précédent, parcourut le pays des Flitta « tranquille sur Tenès » — écrivait-il au général de Bar (2) — « car j'y laisse le lieutenant-colonel Canrobert avec son bataillon et le détachement de divers corps que vous avez envoyé ».

L'absence du colonel de Saint-Arnaud et le départ pour le haut Chéliff d'une colonne que commandait le général Comman augmentèrent la confiance des insurgés. Ben-Hinni, un de leurs chefs, réunit alors 600 Kabyles environ et ne cacha pas ses projets d'attaquer le vieux Tenès. Mais Canrobert devança son ennemi. Le 1er décembre, profitant d'une nuit obscure, il sortit à 4 h. 1/2 du matin, tomba sur le camp de Ben-Hinni, lui tua trente-cinq hommes et s'empara de ses armes et bagages. A la suite de cet heureux coup de main, plusieurs fractions des Beni-Hidja vinrent à Tenès implorer leur pardon.

Voici, d'ailleurs, comment Canrobert rendit compte de cette opération au général de Bar : « Averti, par mes

---

(1) Canrobert commença ses opérations le 1er, mais sa colonne ne fut complète qu'au 15 décembre seulement.

(2) Lettre du 24 novembre 1845 (Archives historiques).

espions, que Ben-Hinni avait osé poser son camp à 3 lieues de Tenès, aux sources de l'oued El-Bordj, je suis sorti de la place le 1er décembre et, favorisé par une nuit très obscure, j'ai pu tomber sur lui à l'improviste à la pointe du jour. Trente-cinq des siens ont été tués; nos soldats ont pris des armes, des bêtes de somme, entre autres celles de Ben-Hinni qui, en se hâtant de fuir, a eu son cheval tué et fût probablement tombé sous nos coups avec un plus grand nombre de rebelles, si j'avais pu disposer d'un simple peloton de cavalerie. »

A l'ouest de Tenès, un certain Bel-Guebli, lieutenant de Bou-Maza, commençait également à constituer une bande; quand il apprit que Ben-Hinni était en fuite, il se hâta de s'éloigner. Mais, dans la nuit du 7 au 8, de concert avec la colonne d'Orléansville (colonel de Saint-Arnaud), Canrobert poursuivit ce Bel-Guebli, qui s'était réfugié sur le bord de la mer près de l'embouchure de l'oued Tagrout. L'opération réussit parfaitement. La bande de Bel-Guebli fut complètement dispersée. Devant ce résultat, les Beni-Madoun et une partie des Beni-Menna demandèrent l'aman.

En rendant compte de la situation du pays, le lieutenant général de Bar, commandant la division d'Alger, disait au ministre da la guerre : « Cet officier supérieur (Canrobert) contribue avec beaucoup d'activité et de talent à ramener l'ordre et asseoir de nouveau notre autorité dans le cercle de Tenès, si fortement agité depuis quelque temps (1). »

---

(1) Archives historiques de la guerre.

Lorsque le général de Bar écrivit cette lettre, il y avait dix jours seulement que Canrobert avait commencé ses opérations. Or, il ne faut pas oublier que ses forces ne furent complètes que vers le 13 décembre, puisque, le 9, le colonel de Saint-Arnaud vint à Tenès, qu'il quitta trois jours après, laissant au commandant de ce cercle les derniers éléments de sa colonne (1).

Le 15 décembre, Canrobert sortit de Tenès vers 6 heures du matin. Il avait avec lui 850 hommes d'infanterie et 40 cavaliers et se portait au-devant d'un convoi qui venait d'Orléansville. En même temps, il devait reconnaître le pays des Beni-Hidja, révoltés. Dès le début de la journée, les Kabyles, conduits par Ben-Hinni et Bel-Kassem, voyant qu'une partie de nos soldats était occupée à protéger le convoi, en profitèrent pour nous attaquer. Canrobert resta d'abord sur la défensive; mais, quand il vit la dernière voiture entrée dans les gorges près de Tenès, jugeant alors que le convoi ne courait plus aucun danger, le commandant de la colonne devint à son tour l'agresseur. C'est à son ancien bataillon de chasseurs, soutenu par les chasseurs d'Afrique, qu'il donna l'ordre d'attaquer les Kabyles, qui s'enfuirent au plus vite. Pour les punir, Canrobert brûla plusieurs de leurs villages.

Tout semblait donc terminé ce jour-là et, dit Canrobert, dans une lettre au général de Bar : « Je me disposais à descendre vers les Oued-Allala, lorsque les Kabyles, au nombre de 350 à 400, favorisés par le ter-

---

(1) Le bataillon du 64° et le détachement des zouaves et du 6° léger : c'est-à-dire plus de 700 hommes d'infanterie.

rain, se précipitèrent sur mon arrière-garde avec un acharnement auquel ils ne nous avaient pas encore habitués. » Ils furent vigoureusement accueillis par le chef de bataillon d'Aurelle et les deux compagnies d'élite du 64ᵉ, qui firent preuve de beaucoup de sang-froid pour se retirer de position en position. L'ardeur des Arabes était telle que Canrobert chercha à les attirer dans un endroit où il pourrait, à son tour, reprendre l'offensive. Cet espoir fut déçu, car, tout à coup, ils cessèrent de nous attaquer et se retirèrent dans leurs montagnes. Leurs pertes furent très grandes, et parmi les blessés figurait Ben-Hinni lui-même ; une balle lui avait traversé le bras gauche près de l'épaule. De notre côté nous ne comptions que trois tués et treize blessés.

Cependant, malgré les succès de Canrobert, l'insurrection des Beni-Hidja semblait vouloir se propager, ils menaçaient les faibles tribus qui nous étaient fidèles et nous pouvions voir ces dernières se soulever à leur tour si nous n'allions pas frapper les Kabyles dans leurs montagnes.

Canrobert jugea de suite la situation et sortit de Tenès, le 17 décembre, à la pointe du jour, avec une colonne ayant les mêmes éléments que celle du 15 du même mois.

A 11 heures du matin, les Kabyles nous attaquèrent près du col de Sidi-Bou-Aïssi ; mais le chef de la colonne les repoussa successivement des hauteurs qu'ils occupaient, puis il fit établir un camp à Toutz, entre les sources de l'oued Bou-Cheral et de l'oued Ma-Zeur, chez les Larmouna-Baharia.

Le lendemain, le camp fut levé; la colonne traversa tranquillement le pays des Larmouna ; elle venait de s'arrêter à Krettar, lorsque le capitaine Lapasset, qui s'était porté en avant avec quelques cavaliers, vint informer Canrobert qu'une population considérable fuyait vers l'oued Tirza, dans la direction des Beni-Haoua. Ordre fut donné aux chasseurs d'Afrique et à un bataillon d'infanterie, sans sacs, de poursuivre les fuyards, qui eurent la chance de nous échapper, la nuit ne nous permettant pas d'aller trop loin du camp. Mais dès le soir même, ainsi que dans la journée du 19, toutes les maisons abandonnées furent brûlées et les silos vidés.

Le 20, la colonne rentrait à Tenès. Canrobert revint précipitamment dans cette ville en apprenant que Bou-Maza avait reparu dans le pays.

La nouvelle se confirma : le chérif menaçait l'ouest du cercle, la route d'Orléansville n'était plus sûre; notre aga Kobsili était dans les transes et nos alliés les Beni-Madoun hésitaient entre notre protection et celle de nos ennemis. Plus que jamais, l'inactivité nous aurait été funeste; aussi Canrobert sortit-il de nouveau de Tenès dans l'après-midi du 23 décembre.

Le 24, il campa à Si-Hameur, où des pluies torrentielles le forcèrent à rester toute la journée du 25.

Le lendemain, il fut prévenu que Bou-Maza se rapprochait de Tadjena. La colonne vint alors camper sur ce plateau où plusieurs chefs des Beni-Madoun, en faisant leur soumission, nous apprirent que le chérif Bou-Maza s'était retiré dans le cœur du Dahra. Canrobert leur accorda l'aman et leur prescrivit de se réunir

en smalas, sur l'oued Allala, en arrière de notre position.

1846

Jusque dans les premiers. jours du mois de janvier
1846, le commandant supérieur de Tenès rayonna
autour de Tadjena et se maintint sur cette excellente
position, d'où l'on domine la route d'Orléansville ainsi
que d'importantes vallées. Mais, le 5 janvier, il apprit
par ses espions que non seulement le chérif s'était
éloigné du cercle, mais qu'il avait eu à lutter contre
plusieurs tribus du haut Dahra qui trouvaient son
joug trop lourd.

Aussitôt Canrobert saisit cette occasion pour rentrer chez les Beni-Hidja, qui, depuis quelque temps,
après avoir fait demander l'aman, ne venaient pas du
tout à nous et semblaient vouloir menacer l'ouest du
cercle. Tout ce qui avait été épargné dans la sortie du
15 décembre précédent fut ravagé malgré Ben-Hinni
et quelques Kabyles, qui essayèrent d'attaquer nos
avant-postes.

Le 6 janvier, au petit jour, Canrobert donna l'ordre
de gravir les montagnes qui mènent chez les Larmouna-Baharia; la montée s'opérait péniblement lorsque
la colonne se trouva enveloppée tout entière par un
brouillard épais mêlé de tourbillons de neige. Pendant
trois heures la position fut des plus critiques. « L'on
avançait, dit le comte de Castellane, en pays ennemi,
à travers un terrain coupé de ravines et de bois épais,
transis par les rafales de vent et de pluie qui se suc-

cédaient à chaque moment. Toutes les dix minutes, le clairon qui marchait en tête sonnait, et les clairons et les tambours de chaque corps répétaient successivement, terminant la sonnerie par le refrain du régiment (1). » Tels furent les ordres que Canrobert prescrivit pour s'assurer que sa petite armée s'avançait en bon ordre.

Enfin, la colonne arriva épuisée, mais sans avoir été attaquée, au centre de plusieurs villages abandonnés par les Larmouna-Baharia.

La halte fut alors ordonnée, et comme la tempête allait toujours en augmentant, les vergers des Kabyles tombèrent sous la hache des sapeurs ; les charpentes de leurs maisons démolies alimentèrent pendant dix-huit heures les feux de nos soldats, dont l'ordinaire profita, en outre, des grands approvisionnements d'hiver laissés par les montagnards.

C'est pendant qu'il occupait ce camp que Canrobert reçut la soumission de plusieurs fractions des Beni-Hidja : les Souhalia, les Pinfita et les Beni-Djel. Ils apportaient, en même temps, la nouvelle du départ de deux chefs importants de l'insurrection : Beni-Hinni et Bel-Kassem. Ces deux lieutenants de Bou-Maza, désespérant de s'opposer à la marche de Canrobert dans les montagnes et craignant d'être livrés par leurs compatriotes, étaient allés rejoindre le chérif, accompagnés de quelques fidèles seulement.

Enfin, dans la journée du 7, le temps se mit au beau

---

(1) *Souvenirs de la vie militaire en Afrique,* par·le comte de Castellane.

et la colonne put reprendre sa course au clocher, qui ramenait petit à petit les Arabes à notre cause.

Trois jours après, apprenant que Bou-Maza s'avançait de nouveau à l'ouest du cercle de Tenès, le commandant supérieur jugea prudent de se rapprocher de la vallée de l'oued Allala ; mais ne voulant pas quitter définitivement les Beni-Hidja avant d'avoir reçu leur soumission complète, il s'établit au col de Sidi-Bou-Aïssi, d'où il surveillait encore les rebelles de l'est tout en ayant la possibilité de s'opposer aux entreprises de ceux de l'ouest. Là, une reconnaissance du capitaine Lapasset lui permit de s'assurer que le chérif n'était nullement à craindre pour le moment.

Canrobert vint alors au camp du Krettar, non loin du pays des « Maïne », autre fraction des Beni-Hidja, dont il avait à se plaindre, et marcha contre eux le 13, à la tête de 600 hommes d'élite, sans sacs. Dès qu'il rencontra les principaux de la tribu, il leur reprocha leur entêtement et leur mauvaise foi, car ils avaient demandé l'aman tout en manquant aux conditions qui leur avaient été imposées ; puis il donna l'ordre de saisir et de garrotter quatre chefs influents, annonçant qu'ils seraient passés par les armes si, dans la nuit même, la tribu entière n'avait pas fait sa soumission. Ceci dit, il fit rentrer sa petite troupe au camp du Krettar, où il fut bientôt suivi par les « Maïne », que cet acte de vigueur amena enfin à composition. Les Beni-Hidja étaient définitivement soumis, et la colonne rentra à Tenès le 15 janvier.

Mais le repos fut de courte durée. Le 21, le colonel de Saint-Arnaud, en informant Canrobert que Bou-

Maza avait reparu, lui prescrivait de se porter à l'ouest du cercle pour y contrebalancer l'influence du chérif. La colonne, dont la composition avait été légèrement modifiée, se mit en marche le jour même (1). Le lendemain, elle occupait de nouveau l'excellente position du Tadjena. Les espions que Canrobert employait lui rapportèrent que Bou-Maza était chez les Mediouna, occupé à recruter des partisans; que la fraction des Sbea (dits Mechaïa), qui s'obstinait à rester chez nos ennemis, confiante dans son éloignement de Tenès et d'Orléansville, s'occupait à ses labours et, se croyant à l'abri de nos coups, négligeait de se garder, surtout du côté de Tenès (2). C'était le 22, à 9 heures du soir, que le commandant de la colonne reçut ces renseignements. Il fit aussitôt réveiller 500 hommes d'élite et tous ses cavaliers français et indigènes; ordre était donné à cette petite troupe de marcher dans le plus grand silence et surtout, avait dit le lieutenant-colonel, « défense d'allumer une seule pipe, la nuit est très noire et la moindre lueur pourrait nous trahir ». A une heure du matin, le départ se fit dans un ordre parfait et, pendant plusieurs heures, nos soldats marchèrent en ayant bien soin d'exécuter les prescriptions de leur chef. Leur patience fut récompensée quand, au point du jour, ils aperçurent le camp des Arabes, où régnait la plus grande tranquillité. La cavalerie reçut l'ordre de se diviser et de gagner, en suivant les hau-

---

(1) Le bataillon du 64ᵉ et les zouaves, dirigés sur Orléansville, avaient été remplacés par le 1ᵉʳ bataillon du 36ᵉ de ligne.

(2) Archives historiques de la guerre : Journal de la colonne.

teurs, le point de la vallée qui offrait seul un passage à ceux que l'infanterie allait pousser devant elle.

Elle partit au galop et l'infanterie, déployant les deux tiers de son effectif en tirailleurs, gardant l'autre tiers comme troupe de soutien, marcha sur le premier douar qui était devant elle.

Alors le premier cri d'alarme retentit; les Kabyles cherchent à répondre à notre feu, mais jugeant la résistance impossible, ils fuient, entraînant leurs femmes et leurs enfants, vers la seule issue que leur offrait la vallée. Là, ils tombent sous les coups de sabre de nos chasseurs à cheval et les balles de notre goum. Ils laissèrent plus de 150 cadavres sur le terrain; le reste fut fait prisonnier, ainsi que les femmes et les enfants. Avec eux, nos soldats ramenèrent également un immense troupeau et rentrèrent le soir vers 10 heures. Il y avait près de vingt-deux heures qu'ils marchaient, et ils prirent, ainsi que leur chef, un repos bien mérité.

Cet heureux et hardi coup de main produisit le meilleur effet sur les Arabes, et Canrobert en profita pour achever la soumission des tribus du cercle de Tenès.

Bou-Maza, voyant ainsi son influence diminuer de jour en jour, chercha à prendre sa revanche, et, le 28 janvier, ses cavaliers vinrent faire le coup de feu aux avant-postes du plateau de Tadjena.

Canrobert, ignorant quelles étaient au juste les forces dont disposait le chérif, donna l'ordre au capitaine Lapasset, chef de bureau arabe, de pousser une reconnaissance au nord-ouest du plateau pour se rendre compte de l'importance des groupes qui se montraient sur les monticules de l'oued Sidi-Salen.

Le capitaine Lapasset sortit du camp le 29 à midi ; il avait avec lui le goum, soutenu par trois compagnies d'infanterie, deux du 5e bataillon de chasseurs d'Orléans et une du 36e de ligne. L'ennemi ne nous présente d'abord que peu de forces : ses tirailleurs ripostent mollement et se retirent en combattant, cherchant à nous attirer en avant, afin de pouvoir, à l'abri des ravins et des mouvements de terrain, nous attaquer par derrière et sur les flancs ; mais nos vieux soldats d'Afrique devinaient la ruse et se gardaient de tous les côtés à la fois ; aussi, ne furent-ils pas trop surpris quand Bou-Maza lui-même, débouchant d'un ravin, les attaqua brusquement avec des forces supérieures.

Mais, si furieuse que fût l'attaque, plus acharnée encore fut la défense. Pendant cette sanglante mêlée, ce corps-à-corps de plus d'un quart d'heure, nous perdîmes 9 chasseurs d'Orléans tués et 24 hommes de troupe blessés, dont plus de la moitié par le yatagan. Les Arabes perdaient 12 chefs et un grand nombre des leurs. Parmi les morts, se trouvait le fameux Ben-Hinni.

Ainsi, la reconnaissance avait pleinement réussi ; elle privait le chérif de son meilleur lieutenant et nous apprenait qu'il disposait, de nouveau, de forces importantes.

Canrobert avait heureusement prévu cette nouvelle prise d'armes de Bou-Maza, et, pour mieux tenir tête à ce redoutable adversaire, il avait demandé, depuis quelques jours, des renforts au commandant de la subdivision. Le colonel de Saint-Arnaud lui envoya de suite le 1er escadron du 5e régiment de chasseurs à cheval de France et les compagnies de fusiliers du 2e bataillon du 1er régiment de la légion étrangère, qui arrivèrent sur le plateau de Tadjena le soir de la reconnaissance du capitaine Lapasset.

Dans la matinée du 30, des précautions furent prises pour protéger un convoi venant d'Orléansville; mais l'ennemi ne bougea pas. Alors, à midi, Canrobert sortit du camp et se porta vers l'ouest, dans les montagnes des Chebebia, afin d'atteindre le chérif et de paralyser son action sur ces tribus. La colonne venait de sortir de la vallée de l'oued Sidi-Salen et allait s'engager dans le col qui mène à la vallée de l'oued Sidi-Brahim, quand les éclaireurs Arabes vinrent prévenir le lieutenant-colonel que le chérif était là.

Canrobert s'avance aussitôt et, mettant pied à terre, il observe avec attention, à l'abri d'un mouvement de terrain, la position et la force de l'ennemi. Celui-ci occupait, avec 5 à 600 Kabyles et 200 cavaliers environ, les pentes de la rive droite de l'oued Si-Brahim, en face de nous; un espace de 3 à 400 mètres séparait les Kabyles des cavaliers et un profond ravin partageait en deux cet espace.

Masser la colonne, réunir notre petit convoi, le placer dans une bonne position défensive sous la garde du 1er bataillon du 36e de ligne et du détachement du 3e d'Orléans (1), est l'affaire de quelques minutes, après lesquelles nous nous précipitons sur l'ennemi, avec la cavalerie, le 5e d'Or-

---

(1) Ce détachement, ainsi qu'un autre du 58e de ligne, faisait partie de la colonne depuis le 22 janvier. Ces deux détachements réunis formaient 230 hommes.

léans et la légion étrangère, en colonne échelonnée par pelotons. L'infanterie du chérif était en avant de nous sur notre gauche : c'est sur elle qu'est dirigée l'attaque principale. En vain, elle cherche à nous arrêter par une vive fusillade, facilitée par l'excellence de la position qu'elle occupe sur le contrefort rocailleux et boisé qui, du marabout de Sidi-Brahim, descend sur la berge droite du ruisseau de ce nom. Le lieutenant-colonel la fait aborder de front par le commandant Soumain à la tête du 5ᵉ d'Orléans et de la légion étrangère, pendant que lui-même, suivi de toute la cavalerie et des Arabes du capitaine Lapasset, se porte rapidement sur ses derrières et l'enferme entre lui et notre infanterie.

Cette manœuvre étonne et effraie les Kabyles, qui ne songent plus à résister et cherchent leur salut dans la fuite ; mais elle ne leur était plus facile, entourés qu'ils étaient par nous. Plus du tiers tombe sous les baïonnettes ou les sabres de nos chasseurs. Un grand nombre d'armes, de chevaux de guerre, plus de cent burnous sont enlevés par les soldats qui, ayant à venger la mort de leurs camarades frappés la veille, apportent à l'attaque du chérif autant d'ardeur que d'acharnement (1).

Bou-Maza assista à la destruction de son infanterie sans oser venir la secourir, et, vers 5 heures du soir, il s'enfuit honteusement ; le combat avait duré de 2 heures à 5 heures.

Ce nouveau succès, que Canrobert venait d'obtenir grâce à la hardiesse avec laquelle il poursuivit le chérif et à la rapidité qu'il mit à l'attaquer, assura la soumission d'un grand nombre d'Arabes qui nous apprirent que Bou-Maza s'était réfugié avec les siens dans

____

(1) Archives historiques : Journal de marche de la colonne.

la partie la plus difficile du Dahra, entre le pays des Cheurfa et celui des Adracha.

Le 3 février, la colonne d'Orléansville fit sa jonction avec celle de Tenès à Sidi-Aïssa-ben-Daout. Le projet du colonel de Saint-Arnaud était d'en finir avec le Bou-Maza en réunissant toutes les forces de sa subdivision. Dans la nuit qui suivit leur jonction, les deux colonnes marchèrent sur les Ouled-Younes, tribu insoumise, toujours prête à se révolter, et les attaquèrent au point du jour. Ils furent battus et nos soldats ramenèrent des troupeaux assez considérables.

Mais cette première opération était à peine terminée que le commandant de la subdivision reçut une dépêche du maréchal gouverneur de l'Algérie, lui prescrivant de rentrer à Orléansville le plus vite possible, afin de se tenir prêt à agir contre Abd-el-Kader, qui, comme Bou-Maza, paraissait sur un point pour en disparaître le lendemain.

CHAPITRE VI

1846 : Suite des opérations de la colonne de Tenès. Razzias chez les
Madiouna. Diversion de Bou-Maza. Le camp de Saordoun. Une muraille de 500 mètres construite en deux jours. Faux départ de Bou-
Maza et courte rentrée à Tenès. Défection de Bel-Guebli. Combat du
15 mars où Bou-Maza a le bras cassé. Kaddour-ben-Naka continue la
lutte. Combats des 22, 23 et 24 avril. Ben-Naka est blessé et fait prisonnier. Combat du 10 mai. Canrobert annonce au maréchal Bugeaud
la nouvelle de la pacification du Dahra. Il passe deux mois en France.
Quelques lettres du colonel de Saint-Arnaud. Canrobert est affecté au
64ᵉ de ligne. Expédition contre les Cheurfa et les Ouled-Younes. Construction du bordj d'Aïn-Méran.

1846

Le 5 février, le colonel de Saint-Arnaud reprit donc
le chemin d'Orléansville, abandonnant forcément le
projet d'en finir d'un seul coup avec Bou-Maza et laissant, par suite, Canrobert avec des forces insuffisantes
pour agir avec efficacité. Toutefois, le commandant
du cercle de Tenès continua à tenir la campagne afin
de s'opposer aux manœuvres du chérif dans le
Dahra.

Le 13 du même mois, deux compagnies d'élite du
36ᵉ de ligne et 100 hommes de la légion étrangère,
venus d'Orléansville, portèrent les forces de la colonne
de Tenès à 1.200 hommes environ. Canrobert résolut
alors de reprendre l'offensive en attaquant la puissante

tribu des Madiouna, de la subdivision de Mostaganem, qui avait toujours fourni des vivres et des combattants à notre adversaire. De plus, le commandant de la colonne de Tenès était assuré, dans cette expédition, du concours des habitants de la ville de Mazouna.

Canrobert n'opérait de razzias chez les Arabes que parce qu'il n'y avait pas d'autres moyens de les réduire ; il trouva de précieux auxiliaires dans les habitants de Mazouna, qui le déchargèrent de cette triste besogne.

Le 15, à 11 h. 1/2, les deux tiers des hommes les plus valides, l'artillerie et la cavalerie, sortent du camp et s'avancent vers les Madiouna. Ils sont suivis de près par 800 habitants de la ville de Mazouna qui, bloqués étroitement depuis plusieurs mois, saisissent avec empressement l'occasion de se venger et de renouveler leurs approvisionnements. Les beaux vergers et les habitations des rebelles sont livrés au pillage, principalement sur la fraction d'El-Mazis.

Cette opération s'était faite tranquillement malgré un assez grand nombre de groupes ennemis qui commençaient à se réunir vis-à-vis de nous, lorsque notre mouvement rétrograde vers le camp sembla donner aux Arabes le signal de l'attaque. Une fusillade vive s'engagea à l'arrière-garde. Nos tirailleurs se retiraient en bon ordre, mais ils avaient abusé de leurs cartouches, dont ils étaient sur le point de manquer. Les Arabes s'en étant aperçus se précipitèrent sur eux et cherchèrent à les entourer sur un petit plateau de la rive droite de l'oued Tancer. Canrobert, qui avait sous la main 30 chasseurs à cheval et 25 Mokrasni du capitaine Lapasset, les lança sur l'ennemi qui, pris de revers et d'écharpe, fut roulé sous les pieds des chevaux, ce qui donna à nos tirailleurs la facilité de se rapprocher du gros de la colonne. Nous n'eûmes qu'un tué et trois blessés. Parmi ces derniers était le capi-

taine Lapasset, chef du bureau arabe, atteint légèrement
d'un coup de feu à la main au moment où il tuait un
Kabyle avec son sabre (c'était le troisième Arabe tué par cet
officier dans la même affaire) (1).

Le 16, une seconde razzia fut opérée sur les Bou-
Alahli, autre fraction des Madiouna, et réussit encore
mieux que celle de la veille ; quand, soudain, le 21,
Canrobert apprend que Bou-Maza, qu'il croyait toujours devant lui, venait de tenter une diversion sur
les derrières de la colonne, cherchant à enlever la
smala des M'talassa, d'où il avait été repoussé, se
rabattant sur celle à peine ébauchée des Ouled-Abdallah, sur l'oued Dahlia, qu'il avait dispersée, et se
réfugiant ensuite chez les Ouled-Kiah. « C'était 28
lieues que ce hardi partisan venait de faire en moins
de 20 heures (1). »

Levant immédiatement le camp, Canrobert vint se
montrer à nos alliés, afin de les rassurer par sa présence. Le 23, étant sur la position de Saordoun, chez
les Sbéah, il fut frappé des avantages militaires de ce
lieu situé entre deux ravins profonds, à pentes inac-
cessibles, formant le V et dominant la plaine environ-
nante (1). Il eut l'idée de fermer ce retranchement naturel par une muraille en pierres sèches, allant de l'un
à l'autre ravin. C'était un mur de 500 mètres de longueur qu'il s'agissait de construire en très peu de
temps, car la colonne, aujourd'hui à Saordoun, pou-

____

(1) Archives historiques de la guerre : Journal de la colonne de Tenès.

vait très bien recevoir, le lendemain, l'ordre de courir immédiatement après l'insaisissable chérif.

Heureusement, Canrobert savait et pouvait demander tout à ses soldats.

La muraille, commencée le 23, fut terminée le 25. Il ne fallut donc que deux jours à ces maçons improvisés pour la construire : on peut dire qu'ils menèrent cette besogne militairement.

Cependant, les Madiouna, qui avaient préféré laisser ravager leur pays plutôt que de faire leur soumission, y rentrèrent derrière nous. Ils s'établirent au-dessous du Ksa, sur les deux rives de l'oued Morglas. Le 27, Canrobert les surprit dans cette position et leur aurait certainement fait beaucoup de mal, si son infanterie était arrivée à temps au point de jonction de la colonne; mais, entraînée par l'appât de nombreux troupeaux et de populations qui fuyaient vers les Beni-Zenthis, elle se mit à leur poursuite et n'arriva pas assez tôt pour fermer les débouchés du haut Morglas, par lequel s'échappèrent des partis considérables qui gagnaient de vitesse nos fantassins (1). Néanmoins, le capitaine Lapasset, qui eut à supporter le choc des Arabes et qui mérita les honneurs de la journée, revint avec un troupeau d'un millier de moutons, bœufs ou chèvres, et quelques chevaux de guerre.

Le 1er mars, la nouvelle se répandit que le chérif Bou-Maza et l'agha de l'émir Abd-el-Kader, El-Azeri, ne pouvant plus se maintenir dans le Dahra, venaient de

---

(1) Journal de la colonne.

gagner la rive gauche du Chélif, afin de se réunir, dans les montagnes du Tell, à El-Hadji-Seghir, autre lieutenant d'Abd-el-Kader. Canrobert profita de l'éloignement de ces chefs de l'insurrection pour venir ravitailler sa colonne à Tenès, où elle arriva le 4. Mais il était dit qu'elle ne se reposerait pas encore, car, le lendemain, à onze heures du matin, une dépêche du colonel de Saint-Arnaud prescrivait à Canrobert de se reporter en toute hâte sur le Chélif, vers le Kramis des Sbéah, pour y couper la retraite à Bou-Maza et l'empêcher de pénétrer de nouveau dans le Dahra (1).

En effet, l'infatigable adversaire de Canrobert n'ayant pas rencontré El-Hadji-Seghir et sachant que la colonne d'Orléansville marchait au sud, tandis que celle de Tenès s'acheminait vers cette ville, était rapidement venu sur le bas de l'oued Isly, menaçant en même temps Orléansville et le Dahra.

Une heure après le reçu de la dépêche du colonel de Saint-Arnaud, et malgré une pluie torrentielle, Canrobert donnait l'ordre du départ de Tenès. Le lendemain 16, et toujours sous une pluie battante, la colonne arrivait, vers 5 heures 1/2 du soir, à Beradja, où tous les chefs alliés des Beni-Madoun, la frayeur peinte sur le visage, vinrent conter au chef de la colonne que Bou-Maza n'était qu'à deux petites lieues de leurs smalas, ravageant tout sur son passage. Canrobert aurait bien voulu marcher de suite contre le chérif, mais ses troupes étaient harassées et il aurait été impru-

---

(1) Journal de la colonne.

dent de ne mettre en ligne que les quelques soldats d'élite sur lesquels il pouvait toujours compter. Il donna simplement les ordres nécessaires pour préserver, pendant la nuit, les tentes des Beni-Madoun et chargea quelques-uns de leurs plus habiles cavaliers d'observer les mouvements de l'ennemi.

Le 7, à 3 heures du matin, nous reprenions notre marche en avant et, au petit jour, l'avant-garde de la colonne s'arrêtait sur le plateau de Tadjena. Là, Canrobert, qui plongeait ses regards sur tout le pays, apprit que Bou-Maza s'était également mis en marche avant le jour pour reculer vers Sidi-Aïssa-ben-Daoud. « Cette marche rétrograde de Bou-Maza était d'autant plus fâcheuse que le colonel de Saint-Arnaud, qui avait été prévenu de son mouvement en avant, annonçait au chef de la colonne de Tenès qu'il marchait à grands pas sur les derrières du chérif avec l'espoir fondé de le prendre entre lui et nous (1). »

Ainsi, une fois de plus, le fin lieutenant d'Abd-el-Kader avait déjoué nos projets; mais les poursuites incessantes de l'actif commandant de Tenès commençaient néanmoins à porter leurs fruits, car un lieutenant de Bou-Maza, Bel-Guebli, le même que Canrobert avait battu le 8 décembre précédent, vint offrir sa soumission. C'était une véritable défection pour le chérif, d'autant plus que la décision de Bel-Guebli entraîna celle des fractions encore dissidentes des Ouled-Abdallah.

-----

(1) Journal de la colonne.

Le 10, les deux colonnes de Tenès et d'Orléansville se rencontrèrent à Titaouin ; le 14, elles marchèrent sur Sidi-Yacoub, et le 15 elles vinrent chez les Madiouna en passant par Sidi-Kraliffa. Là, le colonel de Saint-Arnaud, qui avait pris le commandement des deux colonnes, apercevant l'ennemi couronner les crêtes voisines et parcourir la petite vallée de l'oued Morglas, donna l'ordre au lieutenant-colonel Canrobert de partir avec les zouaves, de s'emparer de la montagne sur la rive gauche du ruisseau et de rejeter, s'il le pouvait, les Kabyles dans la vallée, où les spahis du capitaine Fleury et 150 Arabes à cheval les attendraient pour les sabrer (1).

Déloger les Kabyles et les rejeter sur la cavalerie, ainsi qu'il leur avait été prescrit, n'aurait été qu'un jeu pour les zouaves que Canrobert animait, et l'opération promettait un heureux résultat sans l'ardeur de nos cavaliers. N'attendant pas que Canrobert ait chassé les Kabyles de la position qu'ils occupaient, spahis et Arabes se portèrent trop rapidement en avant et bientôt l'ennemi, qui leur avait masqué une partie de ses forces, les entoura brusquement. Ils purent heureusement gagner les hauteurs assignées aux zouaves. Là, ils mirent pied à terre et se défendirent énergiquement jusqu'à l'arrivée de Canrobert, qui, à son tour, tomba sur les Kabyles que le colonel de Saint-Arnaud, à la tête des chasseurs d'Orléans, chargeait d'un autre côté.

-----

(1) Journal de la colonne.

Après cette lutte opiniâtre, Français et Kabyles s'observèrent en silence pendant près d'une heure ; puis Canrobert, avec les zouaves et deux compagnies de chasseurs d'Orléans, monta jusqu'au Ksa et refoula les soldats du chérif, qui lâchèrent pied.

Malgré la témérité de notre cavalerie, heureusement secourue par Canrobert, nos pertes furent insignifiantes (2 tués et 5 blessés, et parmi ces derniers M. Biess, capitaine de spahis); celles de l'ennemi, au contraire, étaient très sensibles.

Le combat semblait donc terminé et nous avions gagné la plaine de l'oued Morglas, « lorsque plusieurs groupes de beaux cavaliers arabes viennent s'engager contre une compagnie de zouaves et les carabiniers du 5e d'Orléans, qui couvraient la queue et le flanc gauche de la colonne en marche sur le camp. A la suite d'une décharge de grosses carabines, nous apercevons le plus brillant de ces groupes s'agiter, tourbillonner et disparaître. *C'était le chérif Bou-Maza lui-même qui venait d'avoir le bras cassé (1)* ».

Les jours suivants furent employés par les deux colonnes à razzier le pays des Madiouna : « rigoureuse et triste nécessité à laquelle nous contraignent l'obstination et la mauvaise foi d'un ennemi barbare (1) ».

Le 23, la colonne du colonel de Saint-Arnaud reprit le chemin d'Orléansville afin de suivre les opérations que le duc d'Aumale projetait, dans l'Ouarensenis, contre Hadji-Séghir, que Bou-Maza n'avait pu rencontrer.

---

(1) Journal de la colonne.

Cette expédition mettait de nouveau le Dahra en péril, et, le 29 mars, Canrobert, avec 938 combattants, quitta Tenès, où il était depuis quatre jours seulement.

Incapable de tenir la campagne, Bou-Maza avait abandonné le commandement à Kaddour-ben-Naka, l'un de ses lieutenants, et ce dernier semblait trouver quelque appui dans le pays. Il fallut donc que la vaillante petite colonne de Tenès reprît ses marches de nuit afin de tomber, à l'aube, sur l'ennemi qui la croyait loin de lui. C'est ainsi qu'elle surprit plusieurs petites fractions des bords de la mer, le 2 avril, et que, cinq jours plus tard, elle enleva les principaux chefs des Ouled-Abdallah, qui donnaient asile à une trentaine de cavaliers du chérif.

Cependant, malgré son activité, Canrobert n'avait pas des troupes suffisantes et, le 22, les Kabyles, confiants dans leur nombre, l'attaquèrent dans son camp, à Sidi-Kraliffa. Ils furent vigoureusement reçus par nos soldats, mais la manière dont ils menèrent l'attaque fit présumer des efforts plus sérieux de leur part pour la nuit et le lendemain.

Canrobert prit les plus grandes précautions, et, comme il savait que le colonel de Saint-Arnaud n'opérait plus dans le sud, il envoya, à la nuit close, un courrier à cet officier supérieur auquel il proposait de prendre l'ennemi entre les deux colonnes de Tenès et d'Orléansville.

C'est vers midi que les Arabes prononcèrent leur attaque du 23 avril, et ils ne tardèrent pas à former une masse d'environ 300 cavaliers et 1.000 Kabyles.

Nos grand'gardes tinrent les cavaliers éloignés pendant deux longues heures; mais les Kabyles se mirent à leur tour à nous attaquer brusquement en poussant des cris affreux et en prenant pour objectif les hauteurs de Sidi-Kraliffa, clef de notre position. La lutte dura encore deux nouvelles heures pendant lesquelles les Arabes ne purent entamer nos lignes. Enfin, vers 5 heures du soir, la cavalerie ennemie étant complètement battue, Canrobert put porter toute son attention sur les Kabyles qui continuaient leur attaque avec la même fureur. « Il essaya de les faire tomber dans un piège. A un signal convenu, les quatre compagnies de la légion engagées font rapidement un mouvement rétrograde laissant ainsi à l'ennemi la facilité de gagner le plateau pour la possession duquel il luttait avec tant d'acharnement. Les plus hardis ou les moins méfiants y arrivèrent et ils allaient de là ouvrir leur feu sur le camp, lorsque le lieutenant-colonel lança contre eux les chasseurs à cheval du capitaine d'Allouville et les mokrasni du capitaine Lapasset, qu'il avait tenus masqués derrière un pli de terrain entre le plateau de Sidi-Kraliffa et le camp. Atteindre les Kabyles, les précipiter dans le ravin est pour nos cavaliers l'affaire d'un instant, et cette belle charge vint clore glorieusement la journée (1). »

Fatigués et très maltraités, les Arabes se retirèrent, tandis que Canrobert prenait, pour la nuit, les mêmes précautions que la veille. Puis il envoya un nouveau

---

(1) Journal de la colonne.

Canrobert.

courrier au colonel de Saint-Arnaud. La mission de ce cavalier était des plus périlleuses, car il s'agissait de traverser les lignes ennemies. Ce fut un Arabe qui se dévoua, et le nom de ce brave indigène, « ne mettant d'autres conditions au sacrifice de sa vie que celle d'avoir soin de sa vieille mère », mérite d'être cité : il s'appelait Hadj-Aber (1).

Le lendemain (24 avril), la colonne se mit en marche de grand matin, dans la direction de Sidi-Aïssa-ben-Daout ; elle était suivie par l'ennemi. Nous marchions lentement afin de permettre aux Arabes de s'engager franchement avec notre arrière-garde. Cette manœuvre avait pour but de les occuper et de ne pas penser à leurs derrières, par où la colonne d'Orléansville devait les surprendre. Cette manœuvre réussit parfaitement, et lorsque Canrobert, qui, sa lunette à la main, observait constamment l'horizon, aperçut enfin la tête de la cavalerie du colonel de Saint-Arnaud, il ordonna de s'arrêter. Puis, faisant brusquement volte-face, il chargea les Arabes à la tête de ses cavaliers, soutenus par trois compagnies des chasseurs d'Orléans, sans sacs. Complètement ahuris par cette attaque et par celle de la cavalerie d'Orléansville, qui eut lieu presque en même temps, les Kabyles songèrent à peine à se défendre.

Mais les grandes difficultés du terrain nous enlevèrent une partie de nos avantages et permirent aux Kabyles de

---

(1) Journal de la colonne ; ce journal ne dit pas si Hadj-Aber accomplit heureusement sa mission.

s'échapper par de nombreux ravins où ils laissèrent cependant beaucoup de morts. Leur chef lui-même, Ben-Naka, ayant reçu une balle qui, après avoir brisé le bras, est entrée dans la poitrine, est tombé de cheval et a été pris (1).

Cette défaite des Arabes les démoralisa complètement et nous permit de châtier les tribus qui prêtaient leur appui au chérif. Mais la pluie, qui tomba sans discontinuer pendant plusieurs jours, empêcha encore une fois de plus les deux chefs des colonnes d'Orléansville et de Tenès de profiter de la réunion de leurs forces pour terminer enfin l'insurrection du Dahra en nous emparant de Bou-Maza, son principal moteur, dont nous connaissions la position certaine chez les Achacha (2).

Le 5 mai, le colonel de Saint-Arnaud retourna au chef-lieu de sa subdivision, laissant à Canrobert le 2e bataillon du 53e de ligne, ce qui portait le contingent de la colonne de Tenès à 1.367 combattants.

Canrobert, qui devait opérer avec le colonel Pélissier, commandant la colonne de Mostaganem, se porta le soir même à Sidi-Yacoub, où il reçut, le lendemain matin, la soumission des chefs de la grande tribu des Madiouna. Le 7 et le 8 mai, il rayonna autour du camp pour faire du fourrage, et le soir de cette deuxième journée reçut une lettre du colonel Pélissier, l'informant de son entrée dans le Dahra. Le 9, les deux

____

(1) L'*Akhbar* du jeudi 7 mai 1846.
(2) Journal de la colonne.

colonnes firent leur jonction sur la rive droite de
l'oued Riahs.

Le 10, d'accord avec le colonel Pélissier, Canrobert
marchait sur les Achacha, seule grande tribu qui
était restée en armes. Il se mit à la tête de douze compagnies sans sacs qui gravirent avec peine les pentes
qui mènent au plateau des Achacha ; quand elles
furent au sommet, le lieutenant-colonel les disposa en
éventail, avec ordre de marcher dans la direction de
la mer. En vain les Kabyles embusqués se défendaient-
ils avec courage, les douze compagnies avançaient
toujours en rétrécissant de plus en plus le cercle dont
elles enveloppaient les Arabes. Bientôt ces derniers
sont acculés à la mer ; ils s'y précipitent, gagnent le
large pour échapper à nos balles et trouvent tous la
mort dans les flots.

Ce nouvel acte de vigueur assura la soumission des
Achacha. Dès lors, la mission de la colonne était terminée et, le 25 mai, laissant au chef de bataillon de
Caprez le soin de la reconduire à Tenès, Canrobert,
avec sa cavalerie, rejoignit cette place pour y saluer le
maréchal Bugeaud et lui annoncer la pacification du
Dahra. Cette bonne nouvelle ne pouvait être qu'agréable au gouverneur de l'Algérie, qui, de son côté, venait
de soumettre toutes les montagnes de l'Ouarensenis et
du Tell (1).

Il y avait près de 6 mois que Canrobert dirigeait la
colonne de Tenès sans avoir jamais pris une minute de

______

(1) Journal de la colonne.

repos. Le maréchal Bugeaud lui accorda un congé de deux mois pour venir en France.

Le colonel de Saint-Arnaud, dans une lettre du 26 mai 1846, adressée à son frère, lui dit :

Cette lettre te sera remise par le lieutenant-colonel Canrobert, commandant supérieur de Tenès, dont mes lettres et les journaux t'ont souvent rappelé le nom. C'est un des officiers de l'armée d'Afrique que j'aime et que j'estime le plus : vieille amitié de dix ans, qui date de la brèche de Constantine. Reçois-le comme un ami. Il te parlera de nos courses, de nos combats, et des faits et gestes de la subdivision. Canrobert m'a promis d'aller voir mon fils au collège, facilite-lui-en les moyens...

Et dans une autre missive (1) le commandant de la subdivision d'Orléansville écrit :

Tu as vu enfin Canrobert ; c'est un vrai Duguesclin, qui a dû te convenir.

Enfin, dans sa correspondance du mois de septembre (2), de Saint-Arnaud nous apprend que Canrobert fut accueilli partout avec la plus grande sympathie :

Canrobert, qui est venu ici prendre mes ordres pour les opérations que je vais entreprendre, m'a apporté des lettres de ma mère, de ma famille et de mon fils. *Il a vu à Paris le duc d'Aumale* qui lui a parlé de moi dans les termes les plus flatteurs...

C'est le 16 septembre que Canrobert revint à Tenès

------

(1) Lettre du 8 août 1846.
(2) Lettre du 19 septembre 1846, datée d'Orléansville.

sur le *Vautour*, bateau à vapeur faisant le service entre Alger et Oran ; il venait d'être affecté au 64e de ligne et maintenu à son poste.

Dès le lendemain, il se rendit à Orléansville pour s'entendre avec le colonel de Saint-Arnaud au sujet d'une expédition contre les Ouled-Younes et les Cheurfa, qui ne payaient pas l'impôt. En même temps, l'on devait construire, à Aïn-Méran, un bordj pour notre agha.

Rentré au chef-lieu de son commandement, le 21 septembre, il en sortit de nouveau, le 24, avec le 5e bataillon de chasseurs d'Orléans, le 3e escadron du 1er chasseurs d'Afrique, une pièce de montagne servie par 8 artilleurs, 17 hommes du train des équipages et 20. mulets (1).

Le 27, cette petite colonne fit sa jonction avec celle d'Orléansville au lieu dit « Aïn-Méran ». Réunies, elles formaient un effectif d'environ 2.000 combattants (74 officiers et 1.955 hommes de troupe).

L'infanterie, forte de plus de 1.500 hommes, fut placée sous les ordres de Canrobert.

Mais aucun beau fait d'armes n'illustra cette expédition. Les Arabes s'enfuirent, virent leurs villages dévastés et se décidèrent alors à entrer en pourparlers avec nous. Le colonel de Saint-Arnaud, voyant les choses s'arranger, quitta la colonne dont il laissa le commandement à Canrobert, et tandis que ce dernier recevait la soumission des Cheurfa, la construction

---

(1) *Journal de Tenès*, Archives historiques de la guerre.

du bordj s'acheva tranquillement. Le 28 octobre, il était terminé; Canrobert y laissa un bataillon pour protéger l'agha et revint à Orléansville.

Deux jours après, il retournait à Tenès, escorté seulement par deux chasseurs à cheval (1), preuve de la tranquillité du pays.

(1) *Journal de Tenès*, section historique.

CHAPITRE VII

1847

Le 20 janvier 1847, à midi et demi, le canon mit en émoi la population de Tenès. C'était un signal de détresse donné par le bateau à vapeur *l'Etna*, venant d'Alger, échoué sur les rochers du cap Tenès.

Tandis que le commandant du port envoyait au secours de ce navire toutes les embarcations disponibles, Canrobert, qui pensait et veillait à tout, fit partir un détachement à travers les rochers, par un chemin très difficile, pour porter des vivres aux naufragés et contribuer à leur sauvetage. Lui-même vint voir si les ordres qu'il avait donnés étaient bien exécutés.

Grande fut sa surprise quand, parmi les voyageurs de l'*Etna*, il vit les généraux d'Arbouville et Pélissier, dont la présence et le calme, en ce moment critique, aidèrent puissamment à rassurer les 500 passagers qui furent tous sauvés (1).

Canrobert garda près de lui ces deux visiteurs imprévus pendant trois jours. Le 24, ils reprirent, sur l'*Euphrate*, le chemin d'Oran, qu'ils avaient dû interrompre si brusquement, emportant le meilleur souvenir de l'hospitalité du commandant supérieur de Tenès.

Peu de temps après, Bou-Maza fit de nouveau parler de lui et reparut au sud de l'Ouarensenis. Les Cheurfa et les Ouled-Younes ayant fait mine de vouloir le soutenir, le colonel de Saint-Arnaud, prenant Canrobert comme second, se mit à la tête d'une colonne d'un millier de combattants environ, ravagea leur pays une fois de plus et tout rentra dans l'ordre. Ce fut plutôt une promenade militaire qu'une expédition.

C'en était fait de la puissance de Bou-Maza. Le bordj d'Aïn-Méran — « position militaire magnifique, qui servira de magasin et de point de ravitaillement en cas de guerre (2) » — empêchait le remuant chérif de soulever les populations du cercle de Tenès et du Dahra.

Traqué partout, il se fit enfin prendre, le 13 avril

---

(1) *Journal de Tenès*, section historique.
(2) De Saint-Arnaud, Lettres.

1847, chez le caïd des Ouled-Younes qu'il croyait seul, mais où il trouva quatre mokrasnis (1) du bureau arabe d'Orléansville, qui le menèrent au colonel de Saint-Arnaud. Ce dernier en avisa immédiatement le gouverneur de l'Algérie, qui télégraphia au ministre de la guerre : « Une dépêche de Milianah m'annonce que le célèbre Bou-Maza est tombé entre les mains de M. de Saint-Arnaud. Je donne l'ordre de le conduire sous bonne escorte à Tenès, d'où il viendra à Alger. »

De son côté, le colonel de Saint-Arnaud écrivit à son frère : « Bou-Maza est entre mes mains; il est ici depuis deux heures. C'est un beau et fier jeune homme! Nous nous sommes regardés dans le blanc des yeux... »

Enfin, le 17 avril 1847, Canrobert et le chef arabe qu'il poursuivait depuis deux ans se trouvèrent face à face à Tenès, et, pour employer l'expression de M. de Saint-Arnaud, il est probable qu'ils se regardèrent également dans le blanc des yeux.

Car, quoi qu'en dise le commandant supérieur d'Orléansville, dans une lettre du 17 avril (2), le véritable adversaire de Bou-Maza fut Canrobert plutôt que M. de Saint-Arnaud, qui, à différentes reprises, dut abandonner la lutte contre le chérif, pour défendre d'autres points de la subdivision d'Orléansville, laissant alors Canrobert seul contre les entreprises de l'agitateur infatigable du Dahra.

---

(1) Cavaliers des bureaux arabes.
(2) Voir les lettres de M. de Saint-Arnaud.

Bou-Maza ne resta qu'un jour à Tenès. Le 18 avril, il fut dirigé sur Alger, d'où on l'embarqua pour la France, d'après les instructions du ministre de la guerre.

Le 8 juin suivant, Canrobert passa avec son grade au 2ᵉ régiment d'infanterie. C'est pour être agréable à M. d'Aurelles de Paladine, qui venait d'être promu lieutenant-colonel, et permettre à cet officier supérieur de rester au 64ᵉ de ligne, que le commandant supérieur de Tenès accepta cette permutation.

Qui croirait que cette complaisance faillit retarder l'avancement de Canrobert?

La chose est pourtant vraie, car le 2ᵉ de ligne, que Canrobert ne rejoignit jamais d'ailleurs, ne faisant pas partie de l'inspection d'Alger, le général Baraguey d'Hilliers ne voulut pas inspecter le lieutenant-colonel de ce régiment.

Ce fut le duc d'Aumale qui trancha la difficulté en recommandant lui-même Canrobert au ministre. Cette lettre est assez importante pour qu'on la reproduise dans toute sa longueur :

Alger, le 7 octobre 1847.

Monsieur le Ministre,

Les besoins spéciaux du service en Algérie exigent fréquemment que des officiers supérieurs ou autres soient détachés de leurs corps pour remplir divers emplois.

Les services rendus dans ces positions ne sont point toujours connus ni surtout appréciés à leur juste valeur par les chefs de corps, et c'est le devoir du commandement que de veiller aux intérêts des officiers qui lui viennent en aide par un concours souvent précieux.

C'est à ce titre que j'ai à vous entretenir aujourd'hui de M. Canrobert, lieutenant-colonel du 2e de ligne. Cet officier supérieur, qui s'acquitte, depuis plusieurs années, avec une grande distinction, des fonctions de commandant du cercle de Tenès, est inconnu au 2e de ligne, régiment qu'il n'a jamais rejoint et dans lequel il est passé par permutation, pour ne pas cesser d'appartenir à l'armée d'Afrique. Monsieur le lieutenant général, comte de Baraguey-d'Hilliers, inspecteur général d'infanterie dans la province d'Alger, n'a pas cru devoir s'occuper de M. Canrobert pour le motif que le 2e de ligne ne faisait point partie de son inspection. — Je ne puis demander à M. l'inspecteur général de la province de Constantine de faire concourir, avec les officiers qui ont bien servi sous ses ordres, un lieutenant-colonel dont toute la carrière appartient à la province d'Alger. Je crois donc devoir vous demander d'user de la faculté qui vous est laissée par l'article 82 de l'ordonnance du 16 mars 1838 et d'ordonner d'office l'inscription de M. Canrobert sur le tableau d'avancement des officiers de son grade.

Recevez, Monsieur le Ministre, l'assurance de mon respectueux attachement.

Le lieutenant général gouverneur général
de l'Algérie.

H. D'ORLÉANS.

Cette intervention du gouverneur général de l'Algérie fut efficace, et le 8 novembre 1847 — c'est-à-dire un mois après — Canrobert était promu colonel du 3e léger. Mais, par décision du même jour, on l'affecta de nouveau au 2e de ligne.

Le 15 décembre 1847, M. le lieutenant-colonel Feray, qui venait d'être désigné pour commander le cercle de Tenès, débarquait dans cette place. Canrobert resta dix jours avec son successeur. Enfin, le 25 décembre, accompagné du général de Saint-Arnaud, il quitta cette ville, à l'embellissement de laquelle il avait contribué et dont il avait assuré la tranquillité par ses courses incessantes à travers le pays.

Tenès, à cette époque, comptait 205 constructions en pierre achevées, 64 non achevées, et 95 baraques en bois. Le produit de la douane et des contributions diverses, pendant ce mois de décembre 1847, s'éleva à 20.974 fr. 45 (1).

1848

Le mois suivant, un ordre de la division de Constantine annonçait que « M. Certain-Canrobert, colonel du 2ᵉ de ligne, prendrait, à dater du 23 janvier 1848, le commandement de la subdivision de Batna ».

Il y avait près de deux ans que cette subdivision était calme; mais, à la nouvelle de la proclamation de la république en France, une certaine effervescence se produisit dans le Bellezma, à l'ouest de Batna, puis elle s'étendit un peu partout et des bruits malveillants sur l'état de la métropole, semés adroitement par les chefs arabes, diminuaient, de jour en jour, l'autorité de nos caïds. Ces derniers commençaient eux-mêmes à douter de notre puissance et, par suite, percevaient mal les impôts.

Canrobert, heureusement, avait fait ses preuves dans le Dahra. Il commença d'abord par faire arrêter

---

(1) *Journal de Tenès*, section historique.

sept des principaux dissidents du Bellezma (1) ; puis il organisa une colonne à la tête de laquelle il se proposa de parcourir le pays.

Cette colonne était composée de 705 hommes du 2e régiment de la légion étrangère (2), de 1.079 soldats du 43e de ligne, de 628 tirailleurs algériens, de chasseurs d'Afrique, de spahis, etc. Le total des combattants s'élevait à 88 officiers, 2.868 hommes de troupe, 329 chevaux et 150 mulets. Parmi les officiers se trouvaient Bourbaki, alors chef de bataillon aux tirailleurs algériens, le chef d'escadrons Pouget, du 3e chasseurs d'Afrique, le capitaine d'artillerie de Larminet (3).

Canrobert quitta Batna le 10 mai. Il suivit les bords de l'oued Baya, dans la direction sud, et campa, le 12 au soir, au pied du Djebel-Zaouk. Là, il apprit que les Arabes avaient fui devant lui et s'étaient réfugiés chez les Beni-Smiloul.

Afin de leur infliger une sévère leçon, le commandant de la subdivision de Batna résolut de détruire une dachéra qu'ils avaient construite, en 1845, non loin du lieu où la colonne venait d'établir son camp. C'était une espèce de fort situé sur le bord d'un ravin profond, n'ayant qu'une porte d'entrée ; l'intérieur était divisé en un grand nombre de petites cellules, dans lesquelles on ne pouvait pas se tenir debout, servant de magasins l'été et d'habitations l'hiver (4).

---

(1) *L'Akhbar* du 7 mai 1848.

(2) Canrobert était colonel de ce régiment depuis le 31 mars 1848.

(3) Journal de la colonne.

(4) Journal de la colonne (Section historique du ministère de la guerre). Cette dachéra était située près du village de Soufrou-el-Ura.

Les Kabyles croyaient cette dachéra imprenable, tant les chemins pour y arriver étaient impraticables. Mais, nous l'avons déjà dit, guidés par Canrobert, nos soldats ne connaissaient aucune difficulté: le 13, à la pointe du jour, ils escaladèrent les rochers, pénétrèrent, sans rencontrer de résistance, dans le magasin des Kabyles où ils firent une ample provision de tapis, de tentes et de riches étoffes. Puis ils partirent après avoir mis le feu à ce qu'ils ne purent emporter. Cette razzia demanda environ douze heures, et le soir, à 6 heures, nos soldats rentraient au camp.

Quand ils apprirent que leur dachéra était pillée et brûlée, les habitants du territoire de Batna comprirent de suite que Canrobert était leur maître. La lutte fut ainsi terminée avant d'être commencée et, dès le 15, le colonel commandant la subdivision commença à recevoir la soumission de différentes tribus. Dix jours plus tard, il fit grouper tous les Beni-Oudjena près de son camp et leur fit connaître le montant des contributions qu'ils auraient à payer. Enfin, pour se les attacher définitivement, il donna aux Arabes qui étaient venus lui demander l'aman les biens des insoumis (1).

Voici, d'ailleurs, comment un journal d'Alger, l'*Akhbar* du 11 juin 1848, rendit compte de cette courte expédition:

Le colonel Canrobert vient de terminer sa course chez les Beni-Oudjena. Toute cette tribu, à l'exception de deux petites fractions, a fait sa soumission et a payé le hokor de

(1) Journal de la colonne.

cette année. 12 familles des principaux meneurs ont été envoyées à Batna comme otages, et sont campées sous la surveillance directe du caïd de cette ville. Le colonel commandant a rétabli les relations entre les cheiks et les caïds des Oulad-Mounen, Oulad-Azouz et Oulad-Zien, et il a commencé la perception des contributions.

En somme, quoiqu'elle eût été très utile, cette expédition n'aurait nullement attiré sur elle l'attention publique, si Canrobert ne l'avait pas terminée par un coup de théâtre tout à fait imprévu.

En faisant leur soumission, les Arabes l'informèrent qu'Ahmed, l'ancien bey de Constantine, s'était réfugié, depuis près de trois ans, dans le village de Kbaiche, pays des Ouled-Abd-el-Rhaman, d'où il avait des relations avec les chefs les plus importants de la division de Constantine. Ahmed cherchait à nous créer des difficultés, espérant toujours reconquérir son autorité, et il n'était pas étranger à l'insoumission des Arabes dont les biens venaient d'être distribués à nos amis.

Canrobert pensa alors, avec raison, qu'en supprimant l'ancien bey il supprimerait ainsi l'âme de l'insurrection.

Sitôt cette idée conçue, Canrobert la mit à exécution sans perdre une minute. Le 4 juin, il fit prévenir le commandant de Saint-Germain, commandant supérieur du cercle de Biskra, de surveiller les passages sud de l'Aurès, afin d'empêcher toute évasion possible par le Sahara. Puis, le même jour, il se met à la tête des compagnies d'élite disponibles qu'il a sous la main, du bataillon de tirailleurs indigènes, de deux escadrons du 3ᵉ chasseurs d'Afrique et d'un peloton de spahis. Il s'engage dans des montagnes qui semblent infranchissables, situées derrière Menah, et vient s'établir sur l'oued Abdalla, dans la vallée de ce nom. Il avait, en outre, emmené une demi-batterie d'artillerie (ayant une réserve de 1.000 cartouches), des mulets et des vivres pour une semaine.

Le but du commandant de Batna est d'arriver à Kbaiche tout à fait à l'improviste et de surprendre Ahmed, ainsi que ses alliés. Aussi se repose-t-il à peine et, dans le milieu de la nuit du 4 au 5, il quitte le camp avec sa cavalerie, trois compagnies du bataillon de tirailleurs et une compagnie d'élite de la légion étrangère; tous les fantassins reçoivent l'ordre de laisser leur sac.

La petite colonne franchit alors des chemins de montagnes à peine praticables. Le 5, à 10 heures du matin, elle arrive au pied nord de l'Amar Khaddou, à 5 heures aux environs de Kbaiche. C'est à ce point juste que Canrobert reçut une lettre d'Ahmed, lui demandant l'aman (1).

En effet, devant les habiles dispositions prises par Canrobert « l'ex-bey Ahmed, voyant toute fuite impossible, lui écrivit qu'il se mettait entre ses mains, la fortune lui étant décidément contraire » (2).

Mais, n'attendant même pas la réponse à sa lettre, il se remit entre les mains du commandant de Saint-Germain, plus rapproché de lui.

____

(1) Journal de la colonne.
(2) Lettre du général Blangini au gouverneur général de l'Algérie.

Canrobert.   7

De sorte, dit Camille Rousset dans *La Conquête de l'Algérie*, qu'il en fut d'Ahmed comme d'Abd-el-Kader qui, ayant voulu se rendre à Lamoricière, avait rencontré d'abord le colonel Montauban.

Le 7 juin 1848, Canrobert reçut à Biskra, des mains du commandant de Saint-Germain, Ahmed et sa smala. Il y avait près de onze ans que l'ancien capitaine adjudant-major du 47e de ligne avait été blessé à Constantine. C'était donc une revanche qu'il obtenait ; revanche d'autant plus éclatante qu'elle était inattendue et que la soumission d'Ahmed était sincère. Car, las de se cacher, las de vivre de privations, il ne chercha plus jamais à troubler notre influence auprès des Arabes pendant tout le temps où il vécut à Alger, où on l'avait autorisé à se retirer.

Quelques jours après (décision du 15 juin 1848), Canrobert fut placé à la tête du régiment des zouaves, en remplacement de M. Ladmirault, qui venait de recevoir les étoiles de brigadier. Le 17 août suivant, le ministre décida qu'il serait chargé du commandement d'Aumale.

1849

Au commencement de l'année 1849, Canrobert somma les Beni-Yala, qui venaient d'assassiner le caïd des Oulad-Bellil, notre allié, d'avoir à lui livrer l'assassin ; ils refusèrent de lui donner satisfaction.

Connaissant parfaitement les mœurs arabes, le commandant d'Aumale autorisa les cavaliers des pays environnants à faire des razzias chez les Beni-Yala, qui, en quelques jours, se virent enlever leurs femmes et leurs enfants, leurs bœufs de labour et leurs troupeaux (1). Réduits à la dernière extrémité, leurs chefs vinrent alors à Aumale implorer l'aman du colonel. Il promit de leur pardonner à condition qu'avec une somme d'argent déterminée ils livreraient non plus l'assassin du caïd seulement, mais tous les malfaiteurs du pays et particulièrement deux des leurs qui venaient, tout récemment, de détrousser une caravane. Ils souscrivirent à toutes les conditions qui leur furent imposées. Mais, comme ils tardaient à s'exécuter, Canrobert, ne laissant pas à d'autres, cette fois, le soin de les châtier, sortit d'Aumale avec des forces respectables. Ils se décidèrent alors, avant d'être battus, à donner une partie de ce qui leur avait été demandé.

A la suite de ce nouveau succès, Canrobert fut proposé pour le grade de commandeur de la Légion d'honneur dans les termes suivants :

M. le colonel Canrobert est un officier supérieur vigoureux, distingué et actif ; il a donné maintes fois des preuves de son courage et de son intelligence dans les différentes expéditions qu'il a commandées dans le Dahra. Il a amené, en juin 1848, la reddition de l'ex-bey de Constantine, étant à Batna, et, depuis qu'il commande Aumale, il a obtenu tout récemment un résultat très satisfaisant sur les Beni-Yala. J'appuie vivement la proposition faite en sa faveur.

Signé : Général BLANGINI.

Proposition approuvée à Alger, le 24 janvier 1849, par le gouverneur général de l'Agérie.

Signé : Général CHARON.

---

(1) L'*Akhbar* du 4 janvier 1849.

La trève fut de courte durée, car les Beni-Yala, se sentant soutenus par les Guetchoula, ne payaient toujours pas l'amende qui leur avait été imposée à la suite de l'assassinat du caïd des Oulad-Bellil.

Depuis longtemps, les Guetchoula, qui étaient établis sur les pentes nord du Djurjura, nous mettaient au défi en donnant asile à tous les fanatiques qui provoquaient au soulèvement les tribus soumises. A cette époque se trouvait parmi eux le derviche Si-Tahar, qui cherchait à semer la révolte dans plusieurs tribus.

Sur les ordres du général Charon, gouverneur général de l'Algérie, le général Blangini, qui commandait à Alger, réunit à Aumale une colonne dont il confia le commandement de l'infanterie au colonel Canrobert. Cette colonne était forte de 3.000 baïonnettes, 300 sabres, 4 obusiers de montagne, 350 mulets du train.

Le 15 mai, elle se mit en marche en se dirigeant sur le bordj Bouïra. Le général Blangini était indécis sur la route qu'il devait suivre.

Inquiets de ce mouvement, les Beni-Yala vinrent le trouver le 16 et commencèrent immédiatement à payer leur amende. Cette soumission permit alors au général commandant la colonne de se porter sur les Guetchoula, chez lesquels de nombreux contingents avaient été réunis par le chérif Si-Djoudi, des Beni-bou-Derar (Zouaoua).

Le 19 mai, la colonne quittait l'oued Djemmaa pour gagner la vallée du bordj Boghni. Là, des cavaliers arabes envoyés en reconnaissance revinrent au bout de peu de temps annoncer que les hauteurs dominant à droite la route du bordj Boghni étaient couvertes de Kabyles en armes.

Il fallait donc les déloger pour atteindre le bordj Boghni où le général Blangini avait fixé le lieu du bivouac.

A notre approche, les Kabyles se replièrent comme s'ils refusaient d'accepter le combat ; mais c'était une tactique et bientôt ils nous attaquèrent à notre arrivée sur le plateau. Il fallut plusieurs charges de cavalerie conduites par le lieutenant-colonel Durrieu pour permettre à l'infanterie d'arriver au bivouac.

Alors, menés par Canrobert, nos fantassins se portèrent en avant pour rejeter les Kabyles dans l'oued Theriza et les forcer à repasser sur la rive droite de ce cours d'eau. Grâce à ce mouvement, le général Blangini put reconnaître tous les contreforts du Djurjura, des Beni-Ismaïl jusqu'à l'oued Boghni, se rattachant au grand pic ; il aperçut toutes ces montagnes, séparées par des ravins profonds et escarpés, couvertes de Kabyles embusqués dans des bois d'oliviers et de figuiers.

La reconaissance de ce terrain, sur lequel les Kabyles paraissaient disposés à accepter le combat, faite (dit le général Blangini), je donnai l'ordre à M. le colonel Canrobert de ramener les troupes au bivouac. Il était nécessaire de se hâter de profiter du dernier moment de la journée (1) pour prendre des dispositions pour que les troupes ne fussent pas inquiétées pendant la nuit.

Dans ce but un abri en terre et pierres sèches fut fait

____

(1) Il était 6 heures du soir.

pour y établir la grand'garde faisant face à l'ennemi. Pendant que ce travail s'exécutait, les Kabyles revinrent en masse pour fondre sur l'arrière-garde des troupes que le colonel Canrobert ramenait au bivouac. Il fut alors nécessaire de faire un retour offensif, qui eut un plein succès; les troupes purent rentrer au camp sans être suivies et la nuit se passa tranquillement (1).

Ainsi, de l'aveu du général Blangini, le succès de la journée était principalement dû au colonel Canrobert.

Il n'est donc pas inutile, en rappelant que l'infanterie commandée par le colonel des zouaves s'élevait à 3.000 baïonnettes, de dire que les tribus kabyles présentes aux combats du 19 mai et du lendemain étaient les suivantes :

Beni-Ouassif	700
Beni-Yeuni	300
Beni-Aïssi	1.200
Benni-Zennenzar	600
Maatka	400
Flissas-Tehatas	600
Beni-Yala	100
Oulad-Aziz	100
Beni-Meddour	100
Beni-Sedka (Zouaoua)	4.000
Oulad-ali-Harzou	200
Guetchoula	3.000
TOTAL	11.300 (2).

---

(1) Lettre du général Blangini au gouverneur, datée du bivouac de Bordj-Boghni, le 25 mai 1849.

(2) Extrait de la lettre du général Blangini au gouverneur, du 25 mai.

En somme, près de 12.000 Arabes se battirent dans leurs montagnes contre 3.000 Français (c'est-à-dire dans la proportion de 4 contre 1) et durent reculer devant eux. Il est vrai qu'ils étaient menés par Canrobert.

Le lendemain, la lutte fut également chaude et dura de 10 heures du matin à 4 heures du soir; mais enfin les Kabyles finirent par lâcher pied et se retirèrent dans différentes directions sans chercher, comme la veille, à troubler par un retour offensif nos colonnes d'attaque quand elles se replièrent.

Nos pertes étaient de 11 tués et 105 blessés. De l'aveu des Kabyles, les leurs furent de 500 hommes hors de combat, tant tués que blessés; le derviche Si-Tahar était parmi les morts.

Les journées des 19 et 20 mai — termine le général Blangini dans sa lettre du 25 — ont été signalées par de nombreux traits de bravoure. Officiers, sous-officiers et soldats ont rivalisé d'ardeur et de dévouement.....

C'est à l'ordre avec lequel les mouvements ont été exécutés et à l'impétuosité mise dans l'attaque que je dois le succès complet que j'ai obtenu. M. le colonel Canrobert, commandant l'infanterie de la colonne, et M. le lieutenant-colonel Espinasse, du 22e léger, se sont élancés à la tête des troupes et ont soutenu dans cette circonstance leur belle réputation.....

Le 21, le général Blangini reçut Mohamed ou Amran, le chef le plus influent des Guetchoula, qui venait au-devant de lui pour demander la paix. Le général dicta ses conditions, qui furent acceptées.

La colonne rentra alors à Aumale à petites journées,

afin que le commandant eût le temps de régler quelques difficultés relatives au paiement de l'impôt dans le pays des Flitta ; elle fut dissoute le 6 juin.

Mais, avant de quitter la colonne Blangini, nous conterons l'anecdote suivante qui prouvera combien Canrobert était aimé de ses zouaves. C'était dans l'une des journées de Bordj-Boghni ; une compagnie déployée tenait en respect une nuée de Kabyles embusqués de l'autre côté d'un ravin profond et large de plus de 150 mètres.

Canrobert, que l'intensité de la fusillade inquiète, arrive au galop de son cheval. Il se rassure en voyant ses zouaves également bien abrités. Seul un sous-lieutenant est debout.

Canrobert lui crie de sa plus grosse voix :

« Embusquez-vous, Monsieur de Norvins ! Pourquoi restez-vous debout ?

— Et vous, mon colonel, pourquoi êtes-vous là à cheval ? lui répond audacieusement le jeune officier que les zouaves approuvent en disant :

— Il a raison, le lieutenant ! (1) »

(1) *La Légion étrangère*, par le capitaine Blanc.

CHAPITRE VIII

1849

Quand ils surent que le général Blangini était retourné à Alger, les Beni-Yala refusèrent encore une fois de remplir leurs engagements, et Canrobert, après en avoir averti le général commandant la division d'Alger une première fois, lui écrivit de nouveau :

Aumale, 28 juin 1849.

A Monsieur le général Blangini, commandant la division d'Alger.

Mon général, dans ma dépêche du 23 de ce mois, en vous rendant compte de la nouvelle révolte des Kabyles Beni-

Yala, j'avais l'honneur de porter à votre connaisance que ne pouvant, vu la faiblesse de ma garnison, châtier par les armes ces rebelles incorrigibles, je faisais dévorer et enlever leurs moissons par nos Arabes et nos Kabyles amis de la subdivision. Les sous-lieutenants Beauprête et Camatte du bureau arabe d'Aumale, que j'ai chargés de diriger les détails de cette opération, s'en acquittent avec autant de zèle et d'intelligence que de prudence. Grâce à leur concours, cette première peine infligée aux Beni-Yala aura reçu son effet à peu près complet demain 29 du courant et, après-demain 30, je renverrai chez eux les Arabes et les Kabyles que j'avais convoqués à la *moisson des grains de l'ennemi commun* (1).

Puis dans cette même lettre, Canrobert décrit l'état des Beni-Yala, qui commencent à se diviser : « La majorité veut venir à nous, mais elle en est empêchée par une minorité énergique. » Enfin, il demande des forces pour écraser les rebelles :

Puissiez-vous ne voir, mon général, dans la détermination que m'imposent les circonstances, que mon désir ardent d'assurer, sans conteste, notre domination sur le versant sud du Djurjura, dont naguère le versant nord s'est si humblement incliné devant votre épée !

Dès le lendemain, le gouverneur général de l'Algérie écrivit au Ministre de la guerre,

... M. le colonel Canrobert, dit le général Charon, a orga-

---

(1) Nous avons déjà fait remarquer que Canrobert avait pour principe de faire faire les razzias par des Arabes amis; mais nous appelons tout spécialement l'attention du lecteur sur cette façon de désigner une razzia : « Faire la moisson des grains de l'ennemi commun. » Canrobert avait certainement le mot pour rire.

nisé contre les Beni-Yala une invasion de leur territoire par les tribus soumises... Vous n'avez peut-être pas oublié que cette tactique, employée l'automne dernier par le colonel Canrobert contre cette tribu turbulente, l'avait amenée à se tenir à peu près tranquille (1)...

Voici quelle fut la réponse du Ministre :

Paris, le 10 juillet 1849.

(Direction du personnel et des opérations militaires. Bureau des opérations militaires et de la correspondance générale.)

Monsieur le gouverneur général, j'ai reçu votre lettre du 24 juin (état-major général, n° 37)...

J'approuve les ordres que vous avez donnés au colonel Canrobert au sujet des Beni-Yala, de la subdivision d'Aumale. Il convient en effet de faire rentrer cette tribu dans l'obéissance. On ne doit pas braver comme elle l'a fait l'autorité française sans en recevoir le châtiment tôt ou tard. *La première opération organisée par le colonel est bonne.* Il faut en espérer les mêmes résultats que l'année dernière...

Or, quand cette lettre arriva à Alger, Canrobert venait d'obtenir un succès *personnel* bien plus important sur les Beni-Yala, que le Ministre permettait « de faire rentrer dans l'obéissance ».

Autorisé par le général Charon, gouverneur général de l'Algérie, à profiter du passage à Aumale de 3 bataillons (2) se rendant de Sétif à Alger, Canrobert organisa une colonne ainsi composée :

---

(1) Cette lettre, qui (comme les autres, d'ailleurs) est conservée à la section historique de la guerre, porte l'annotation suivante : « Approuvé l'opération du colonel Canrobert. »

(2) 1er bataillon du 12e de ligne, 2e bataillon du 51e, et 3e bataillon de zouaves.

Un bataillon du 12ᵉ de ligne (capitaine-adjudant-major Belard);

Un bataillon du 51ᵉ de ligne (commandant de Lanoë);

Deux bataillons de zouaves (commandants de Lorencez et de Lavarande);

3ᵉ section, 6ᵉ batterie, du 12ᵉ d'artillerie (sous-lieutenant Perrin);

Un détachement de sapeurs des 2ᵉ et 3ᵉ régiments du génie;

2ᵉ escadron du 1ᵉʳ régiment de spahis;

4ᵉ compagnie du train des équipages militaires.

L'effectif de cette colonne était exactement, au départ, de 65 officiers, 2.780 hommes de troupe, 135 chevaux et 162 mulets (1).

Elle quitta Aumale le 3 juillet et vint camper le lendemain à Kef-Rédjela, au pied d'un contrefort du Djurjura au-dessus duquel s'élevaient les villages des Beni-Yala. Il était midi.

Laissant ses troupes se reposer, Canrobert partit avec les spahis pour reconnaître les chemins qui mènent à Sameur, principale ville des Beni-Yala, et se faire une idée assez juste du Djurjura.

Pendant ces mouvements, dit Canrobert, nos éclaireurs arabes coupaient tous les chemins qui donnent accès aux Beni-Yala sur la vallée de l'oued Sahel, empêchaient les Kabyles de descendre pour nous reconnaître et ne permettaient à aucun habitant de la plaine de s'aboucher avec eux. J'espérais par ces précautions laisser ignorer à l'ennemi la présence de ma colonne et le tenir dans l'incertitude sur l'attaque que je projetais. Rentré à mon camp à 7 heures du soir, je réunis près de moi tous les chefs de corps et de

----

(1) Journal de la colonne (section historique).

service... Je partis le 5 à 1 h. 1/2 du matin avec le reste de mes troupes (1) sans sacs ni bagages pour gravir les pentes de Sameur. Mes espions m'avaient rapporté que les Beni-Yala avaient garni de retranchements formés de pierres sèches et d'abatis les points les plus difficiles du chemin qui du Kef-Redjela conduit à leur ville. Je devais donc m'attendre à une certaine résistance et prendre en conséquence mes mesures; ma colonne d'attaque avait en tête mes deux bataillons de zouaves (1er et 3e) précédés par une avant-garde du même corps et de sapeurs du génie; après les zouaves marchaient l'artillerie, le bataillon du 12e de ligne, mes cacolets et enfin le bataillon du 51e de ligne, suivis des spahis; toutes ces troupes pleines d'ardeur s'avançaient dans le meilleur ordre.

Voulant réunir de mon côté le plus de chances possibles de succès en partageant l'attention des Kabyles et les laissant dans l'indécision sur le point où ils auraient à supporter nos coups, j'avais fait partir en même temps que moi M. le sous-lieutenant Beauprête avec 400 hommes du goum. Cet officier devait descendre l'oued Sahel en longeant sa rive droite jusqu'au Kef-el-Ameur, situé à 10 kilomètres environ en aval de mon camp du Kef-Redjela. Il devait, là, franchir la rivière et faire une fausse attaque par Sameur en suivant le chemin d'Oudebir situé à l'est de la ville kabyle; cette démonstration, habilement dirigée, me servit beaucoup.

Rien ne paralysa la marche de ma colonne sérieuse jusqu'à 5 heures du matin; à cette heure, nous étions arrivés sur les crêtes au-dessus de Tigrens, à une lieue et demie environ de Sameur. Là, le pays devient plus tourmenté et les bois qui le couvrent plus épais. Quelques coups de feu dirigés sur mon avant-garde m'apprirent que nous touchions au premier des retranchements dont on nous avait parlé. Ce retranchement, formé d'un mur en

----

(1) Canrobert n'avait laissé, pour défendre le camp, que 500 hommes environ et 50 chevaux.

pierres sèches à hauteur d'appui et de branches super-posées, s'étendait, en barrant le chemin que nous suivions, depuis la crête de l'arête de Krisou jusqu'au ravin de ce nom qu'il avait à sa droite, sur un développement de 150 mètres environ. Je dirigeai contre lui deux attaques : une sur la gauche, sur le chemin même en suivant l'arête, et l'autre sur la droite en suivant le ravin de Tigrens, dont l'escarpement protégeait nos soldats. Cette double attaque, formée par les trois compagnies d'avant-garde appuyées immédiatement par le 1er bataillon de zouaves conduit par le chef de bataillon de Lorencez, s'effectua à l'arme blanche, au pas de course et sans tirer un coup de fusil. Cette impétuosité étonna les Kabyles qui garnissaient les retranchements : ils prirent la fuite après plusieurs décharges qui tuèrent deux zouaves et en blessèrent huit.

A quelque distance en arrière de ce premier obstacle, s'en trouvait un autre derrière lequel s'établirent les Kabyles. Je fis enlever celui-là par le 3e bataillon de zouaves, conduit par M. le chef de bataillon Lavarande.

Pendant ce temps, le 1er bataillon prenait haleine et se préparait à relever le 3e contre des retranchements ultérieurs. Ces mouvements successifs et par relais (si je puis m'exprimer ainsi) des deux bataillons de zouaves amenèrent ces braves soldats jusque sur les crêtes qui dominent Sameur à l'ouest et qui n'en sont plus séparées que par un ravin à portée de fusil. Là, je leur fis faire halte et les deux chefs de bataillon purent rallier leurs troupes et former deux colonnes d'attaque sur deux sentiers qui conduisent à Sameur. Durant ce temps, les deux pièces d'artillerie de montagne commandées par le lieutenant Perrin prenaient position et lançaient des obus dans la ville, où les Kabyles étaient réunis en grand nombre. Sur la gauche du point où j'avais arrêté les zouaves et établi mon artillerie, se trouve une grande hauteur, chaînon détaché d'un grand contrefort du Djurjura nommé Tdanioult, d'où le feu des Kabyles plongeait sur nous, et qu'il fallut naturellement enlever avant de prononcer la dernière attaque contre Sameur. Deux compagnies du 3e bataillon de zouaves, suivies du 1er bataillon du 12e de ligne, s'acquittèrent avec ardeur de cette mission.

Rien ne devait plus nous arrêter dans notre mouvement offensif : la charge fut battue et les deux bataillons de zouaves, appuyés par le 2e bataillon du 51e de ligne, franchirent rapidement l'espace qui les séparait de Sameur, en chassèrent les Kabyles et les poursuivirent jusque sur une arête de rochers qui s'étend au nord de Sameur et parallèlement à la crête supérieure du Djurjura (1)... »

Canrobert ne laissa pas aller ses soldats plus loin, s'attendant toujours à voir la forte tribu des Zouaoua venir défendre les Beni-Yala (2).

D'ailleurs, le but du commandant de la subdivision d'Aumale était atteint: il avait « détruit le repaire des rebelles », repaire que, dans leur langage emphatique, ils avaient qualifié d'*antre du lion*.

Cependant, avant de rejoindre son camp, il fit encore détruire le village d'Amboud et le gros bourg d'Adjiba, malgré l'énergique résistance de leurs habitants. Puis la colonne se replia sur Kef-Redjela, où elle rentra vers 7 heures du soir sans que les Beni-Yala, terrifiés, aient tenté un seul retour offensif.

Le gouverneur général de l'Algérie, dès qu'il eut connaissance de cette nouvelle, écrivit au général Blangini :

Veuillez féliciter de ma part M. le colonel Canrobert sur

____

(1) Extrait d'une lettre de Canrobert au général Blangini, datée du camp de Kef-Redjela, le 7 juillet 1849.

(2) Ils vinrent, quelques jours plus tard, ainsi qu'on va le voir en suivant le récit de la colonne de l'oued Sahel.

la manière intelligente et hardie dont il a dirigé cette opération. Dans mon rapport au Ministre, j'ai appuyé sur le
zèle et l'activité qui ont été déployés... J'approuve la mesure qu'a prise M. le colonel Canrobert en restant plusieurs
jours sur l'oued Sahel et je suppose qu'il conservera les
trois bataillons qui sont en passage dans sa subdivision
tout le temps nécessaire pour montrer dans la vallée que
nous pouvons être forts partout...

Signé : V. CHARON (1).

Ainsi qu'on peut le voir dans la lettre qui précède,
la colonne n'était pas rentrée de suite à Aumale. En
effet, le 8 juillet, jour où les Beni-Yala vinrent faire
leur soumission, Canrobert reçut la visite du chérif
Si-ben-Ali, qui venait le prier de descendre l'oued
Sahel afin de terminer quelques différends survenus
chez les Beni-Melikeuch.

Le camp fut donc transporté de Kef-Redjela à Tablazt, sur l'oued Sahel, où, le 11 juillet, les Beni-Melikeuch vinrent promettre fidélité à la cause française.

Je leur accordai l'aman à des conditions très douces (2),
et me félicitai d'avoir dû à l'influence de Si-ben-Ali, chérif,
ce bon résultat, sans que j'eusse été contraint de l'exiger
par la force.

Je me disposais à quitter, ce soir-là même, mon bivouac
de Tablazt pour revenir sur mes pas vers le haut de l'oued
Sahel, lorsque, à 4 heures du soir, les Beni-Melikeuch
m'envoyèrent prévenir que Si-Djoudi (3) et les Zouaoua

---

(1) Archives historiques : Correspondance de la division d'Alger,
année 1849, juillet.

(2) Lettre de Canrobert : Correspondance de la division d'Alger,
12 juillet 1849.

(3) Chef puissant des Zouaoua.

venant d'arriver chez eux et s'opposant à leur soumission aux Français, je devais regarder comme non avenue leur démarche pacifique du matin.

Le chef des Zouaoua, qui avait ainsi l'audace de s'imposer à une de nos tribus kabyles et de lui dicter ses volontés presque en ma présence, portait l'outrecuidance jusqu'à me faire dire que, si je voulais renoncer à mes prétentions sur les Beni-Melikeuch et me retirer, il allait, de son côté, repasser les crêtes du Djurjura sans inquiéter ma colonne.

La réponse de Canrobert ne se fit pas attendre. C'est à peine s'il laissa dormir ses soldats et, le 12, à 2 heures du matin, il leur fit gravir les pentes qui mènent au pays des Beni-Melikeuch, qui s'étaient retranchés en avant de leurs villages. Au point du jour, l'attaque eut lieu sur trois points différents, mais rapprochés : les zouaves sur les ailes, le 12e et le 54e au centre. La lutte fut violente surtout sur la droite :

Sur ma droite, où était le 3e bataillon de zouaves, les habitations qui se trouvaient là, situées dans de profonds ravins aux berges boisées, offraient aux Kabyles un puissant moyen de résistance. Il fallut leur arracher, pour ainsi dire, maison par maison, et livrer, dans quelques-unes, des combats corps à corps, où l'avantage ne resta du côté des zouaves que par le dévouement des soldats, judicieusement et intrépidement dirigés par leurs officiers. Leur chef de bataillon, M. de Lavarande, s'est montré là homme de guerre aussi habile que courageux (1)...

Mais enfin nous restâmes les maîtres et les Zouaoua, qui étaient environ 5 ou 6.000, étonnés et déconte-

---

(1) Rapport de Canrobert au général commandant la division d'Alger.

Canrobert. 8

nancés, cessèrent de tirer et nous observèrent à distance.

A 10 heures du matin, les troupes rentraient au camp, où les Beni-Melikeuch ne tardèrent pas à venir implorer leur pardon, tandis que Si-Djoudi, la rage au cœur, s'éloignait avec ses Zouaoua.

Le pays étant décidément pacifié, Canrobert reprit le chemin d'Aumale, où il arriva le 18 juillet.

Cette expédition de l'oued Sahel ne dura que quinze jours. Elle n'en jeta pas moins un nouvel éclat sur la renommée de Canrobert, et un journal d'Alger fit la remarque suivante, tout à l'avantage du colonel des zouaves :

C'est un fait très digne d'attention que le seul contingent d'un cercle puisse pénétrer dans le cœur de la Kabylie et y opérer avec avantage. Naguère, il ne fallait pas moins de 15.000 hommes pour aller de ce côté (1).

Quant au général Charon, gouverneur général de l'Algérie; il venait d'écrire au ministre de la guerre, le 14 juillet, c'est-à-dire avant de connaître les brillants résultats du combat du 12 :

....Dans ma lettre précitée, je vous entretenais de M. le colonel Canrobert, des zouaves, commandant la subdivision d'Aumale. J'exprimais le regret que cet officier supérieur n'eût pas une ancienneté suffisante pour qu'il me fût possible de le proposer pour le grade de général de brigade. Depuis cette époque, six mois se sont écoulés et chaque jour j'ai pu apprécier davantage les brillantes qualités de

---

(1) *L'Akhbar* du 17 juillet 1849.

cet officier supérieur, dont je ne saurais trop faire l'éloge...
La nomination du colonel Canrobert au grade supérieur
serait, dès à présent, la récompense de services très
remarquables et de qualités militaires tout à fait hors
ligne.

Mais, quand il connut le combat du 12, le général
Charon adressa au général Blangini la lettre assez
curieuse que voici dans toute son originalité :

Alger, le 7 juillet 1849.

Mon cher général, je vous ai demandé par le télégraphe
des nouvelles de M. le colonel Canrobert, et je suis impa-
tient de savoir la suite de son affaire avec les Beni-Melikeuch. Après l'événement, j'aurais préféré sans doute que
le colonel se contentât de son succès chez les Beni-Yala et
n'allât pas plus loin. On pouvait craindre, en effet, que
les Zouaoua, qui n'avaient pas été prêts pour aider cette
tribu, le fussent, comme ils l'ont été pour appuyer les
Beni-Melikeuch.

Mais cette chance défavorable n'était pas la seule; on
pouvait compter sur l'effet du premier succès sur l'influence de Si-Ali-Chérif.

Après la bravade de Si-Djoudi, M. le colonel Canrobert
a fait pour le mieux. Une retraite sans combat eût été
déplorable.

J'aime les hommes résolus, et si M. le colonel Canrobert
l'a été un peu trop en descendant jusqu'à Ackbou, je
l'absous pour s'en être tiré comme il l'a fait. Donnez-lui
ce correctif à l'invitation que vous lui adresserez de ma
part, *pour être plus circonspect à l'avenir.* Je ne saurais
apprécier, avant un nouveau rapport, les conséquences
de cette affaire. Je désire beaucoup qu'elle puisse être terminée pour le mieux, et vos instructions au commandant
de la subdivision d'Aumale devront être rédigées en conséquence.

Recevez, etc.

V. CHARON.

Cette lettre, il faut le reconnaître, tombait bien mal, puisqu'elle fut écrite au moment où Canrobert rentrait à Aumale après avoir obtenu toutes les satisfactions désirables des tribus de sa subdivision.

De quelle façon l'invitation du gouverneur général lui fut-elle communiquée? Nous l'ignorons malheureusement, mais voici la réponse qu'il adressa au général Blangini :

Aumale, le 20 juillet 1849.

Mon général,

J'ai l'honneur de vous accuser réception de votre dépêche en date du 17 de ce mois, dans laquelle vous voulez bien me féliciter sur la vigueur que j'ai déployée dans mon combat du 12 contre les Zouaoua et les Beni-Melikeuch, tout en m'engageant à être plus *circonspect* (1) à l'avenir. Me permettrez-vous de vous dire, mon général, que la vigueur est toujours facile à un chef lorsqu'il commande à des troupes aussi aguerries que celles que vous m'avez confiées? Mais cette vigueur sans la prudence et la circonspection serait stérile et même funeste; aussi, mon général, tout en courbant la tête devant les reproches que vous croyez devoir m'adresser, j'ose vous prier de croire que la prudence ne m'a jamais abandonné; la prise de Sameur avait terrifié les gens de la vallée de l'oued Sahel jusqu'à Ackbou, il était sage de chercher à profiter du succès. Si-Ben-Ali-Chérif m'y engageait de toutes ses forces et ma pointe vers Ackbou avait, en effet, eu, dès le 11, une réussite complète puisque les Beni-Melikeuch étaient venus à mon camp : il n'a fallu rien moins que la présence d'une grosse fraction de Zouaoua, avec lesquels nous n'aurions rien dû avoir à démêler, pour arrêter *momenta-*

---

(1) Ce mot a bien été souligné par Canrobert, ainsi que ceux que nous soulignons plus loin.

nément le bon vouloir de cette seule tribu dissidente. Le combat que j'ai livré à Si-Djoudi et aux siens me présentait toutes les chances favorables. Je ne me compromettais *en rien* en me portant sur nos iniques agresseurs, qui n'ont pu, malgré leur nombre, préserver de la destruction les villages des Beni-Melikeuch, et qui, s'ils m'ont fait essuyer quelques pertes, en ont éprouvé, eux, de si accablantes qu'ils n'ont pas osé me suivre à mon retour au camp et dans ma marche pour remonter l'oued Sahel. Du reste, mon général, je connaissais la topographie de la rive gauche de l'oued Sahel, qui est une vallée d'un accès presque partout facile à la cavalerie et dans laquelle les cinq cents chevaux de ma colonne auraient fait payer cher aux Kabyles leur témérité s'ils avaient osé y descendre ; la seule difficulté que j'avais à vaincre après mon combat contre les Kabyles était de gagner mon camp de Tablazt en partant des hauteurs des Beni-Melikeuch, sur lesquelles j'avais concentré mes troupes après l'incendie de leurs villages. Et, ainsi que j'ai déjà eu l'honneur de vous en rendre compte dans mes rapports, cette difficulté était singulièrement amoindrie par la configuration même du terrain sur lequel devait s'opérer ma retraite : il me présentait une véritable *double caponnière* sur laquelle tous les efforts des cohues irrégulières des Zouaoua seraient nécessairement venus se briser.

J'ose donc espérer, mon général, que si mes troupes ont mérité vos éloges par leur courage, vous serez assez bon pour penser que leur chef ne les a pas aventurées inconsidérément et qu'il conserve encore des droits à la confiance dont vous l'avez si souvent honoré. Il a besoin de cette confiance pour continuer à rendre quelques services dans le poste important où vous l'avez placé.

Je suis avec respect, mon général, votre dévoué serviteur.

Le Chef des zouaves, commandant la subdivision d'Aumale,
CANROBERT (1).

-----

(1) Archives historiques de la guerre.

Le général Blangini, qui estimait beaucoup le commandant de la subdivision d'Aumale, le nota de la sorte à l'inspection du mois de septembre suivant : « M. le colonel Canrobert est un officier supérieur d'une grande distinction, capable, instruit, zélé et fort honorable, qui, depuis de longues années, rend de brillants services à l'armée d'Afrique, où depuis longtemps il a des commandements soit de colonnes, soit de cercles, etc.; commande depuis un an la subdivision d'Aumale, poste difficile, qu'il occupe avec savoir et distinction. — Officier fort méritant à avancer. — Septembre 1849. — Général Blangini (1). »

Ces notes prouvent suffisamment que ce fut pour la forme seulement que le général Blangini transmit à Canrobert l'invitation du gouverneur général de l'Algérie.

C'est également vers cette époque que Si-ben-Djoudi, le chef des Zouaoua, qui ne pardonnait pas à Canrobert son échec du 12 juillet, appuya de toute son autorité un imposteur du nom de Mohammed-ben-Abdallah-Boucif, qui se faisait passer pour Bou-Maza et cherchait à soulever le pays.

Bientôt le faux prophète menaça assez sérieusement les tribus de l'oued Sahel, que Canrobert venait de soumettre, pour que ce dernier abandonnât précipitamment Alger, où il se trouvait, emmenant avec lui, à Aumale, un escadron du 1er chasseurs d'Afrique (2).

---

(1) Archives administratives de la guerre.
(2) *L'Akhbar* du 16 septembre 1849.

Canrobert avait heureusement sous ses ordres un officier dans lequel il avait la plus grande confiance : c'était le lieutenant Beauprête, qui devint rapidement colonel et fut assassiné par un Arabe.

Dès qu'il avait appris le mouvement des Zouaoua et du faux Bou-Maza, le jeune lieutenant était parti à la tête d'un goum de 350 cavaliers ; Canrobert lui envoya 200 autres cavaliers et c'est avec ces seuls éléments composés en partie d'indigènes qu'il battit, le 3 octobre, les rebelles dont les forces s'élevaient à plus d'un millier de combattants.

Mohammed-ben-Abdallah fut tué et, le 7 octobre, Canrobert écrivait au général commandant la division d'Alger :

..... La tête du chérif, exposée ce matin sur le marché d'Aumale avec un écriteau approprié à la circonstance, produit un effet prodigieux sur les imaginations musulmanes ; cette tête, qui n'est pas trop décomposée grâce à une légère préparation, vous sera apportée demain au soir ou après-demain matin..... (1).

De nouveau la division d'Alger se trouvait pacifiée, et le gouverneur général de l'Algérie put porter toute son attention sur la division de Constantine, où Bou-Zian, enfermé dans le village de Zaatcha, tenait tête, depuis le mois de juillet, d'abord au colonel Carbuccia, puis au général Herbillon, commandant la division.

Le colonel Carbuccia ayant voulu, le 16 juillet, prendre la place de vive force avec des troupes insuf-

______

(1) Archives historiques.

fisantes, fut repoussé, et Bou-Zian profita de cette victoire pour enrôler sous sa bannière les populations de l'Aurès et des Zibans. Le siège de Zaatcha fut alors décidé et, le 7 octobre, le général Herbillon vint l'investir avec 4.000 hommes environ et d'immenses convois.

Mais le siège semblant vouloir traîner en longueur, le général Charon résolut d'envoyer au général Herbillon une nouvelle colonne commandée par Canrobert, ainsi qu'il résulte de la lettre suivante portant la date du 25 octobre :

.....Je fais partir d'Aumale M. le colonel Canrobert avec 2 bataillons, un de zouaves et un du 16ᵉ léger (ce dernier mis en route par suite des ordres que j'ai donnés à Mostaganem), 1 escadron de spahis, 1 section d'artillerie de montagne.

M. le colonel Canrobert prendra à Bou-Saada le rôle de M. le colonel Barral. Il perfectionnera l'établissement commencé, agira sur les Ouled-Nayls insoumis ; au besoin, il obtempérerait à l'invitation de M. le général Herbillon et irait se joindre à lui. J'en avertis le général..... (1).

Canrobert quitta Aumale le 27 octobre. Il mit sept jours à franchir avec sa colonne la distance qui sépare Aumale de Bou-Saada, c'est-à-dire 32 lieues. Ce qui le retardait dans sa marche, c'était le choléra.

Le fléau était apparu à Aumale le 10 octobre. Canrobert en rendit immédiatement compte au général Blangini. « .....J'espère, disait-il, que ce cas sera

---

(1) Archives historiques : Lettre du gouverneur de l'Algérie au Ministre de la guerre.

isolé..... » Mais le mal fit des progrès rapides et le 20 octobre, c'est-à-dire sept jours avant le départ de la colonne, voici ce que le commandant de la subdivision d'Aumale écrivait au général commandant la division d'Alger :

Le chiffre des atteints du fléau depuis l'invasion jusqu'au moment où je vous écris est de 180, dont 90 morts et 3 guéris.

La colonne emportait donc avec elle les germes de cette terrible maladie; à chaque étape, des tombes étaient creusées où l'on enterrait les nombreux soldats que la mort fauchait. On comprendra facilement qu'avec un tel ennemi à combattre la marche devait s'effectuer lentement.

Une histoire curieuse que nous avons lue dans différents auteurs mais que nous n'avons vérifiée officiellement nulle part est la suivante : on prétend qu'arrivé devant Bou-Saada, Canrobert s'ouvrit un passage à travers les tribus arabes qui étaient venues pour le combattre en leur disant : « Fuyez! J'amène la peste avec moi! »; et les Arabes de fuir épouvantés.

C'est beau comme paroles, mais nous le répétons, rien ne prouve qu'elles aient été prononcées.

D'ailleurs, M. le capitaine Blanc, dans *La Légion étrangère*, dit simplement que Canrobert envoya aux Arabes un message ainsi conçu : « Mes soldats ont la peste. Si vous me laissez passer, je l'emporte avec moi; si vous m'arrêtez, je vous la donne. Choisissez. »

Cette deuxième version, beaucoup moins emphatique, serait plutôt la vraie.

Le 2 nòvembre, Canrobert arrivait donc à Bou-Saada. Le lendemain, tandis que ses troupes prenaient un peu de repos, il reconnut la partie de la ville occupée par les insurgés et compléta, dans la partie soumise, l'établissement des cinq cents hommes de la garnison placés sous les ordres du commandant Saurin. Mais, pour ne point perdre de temps, il ne chercha pas à s'emparer des quartiers insoumis et reprit sa marche le 4 novembre (1).

Il s'avança d'abord avec beaucoup de circonspection, car le général Herbillon, qui lui avait écrit, le prévenait qu'il aurait probablement à s'ouvrir un passage à travers les populations rebelles qui l'entouraient. Ces craintes ne se justifièrent pas et ce fut, au contraire, Canrobert qui les surprit le 8 novembre et leur prit 2.500 moutons et 1.500 chèvres qu'il amena le même jour devant Zaatcha (1).

Or, le 30 octobre, le général Charon avait écrit au général commandant la province d'Alger :

... Je suis un peu ému de savoir que M. le colonel Canrobert soit parti avec si peu de vivres (15 jours) ; c'est plus qu'il ne lui en faut pour rejoindre M. le général Herbillon, mais celui-ci pourrait être embarrassé de l'arrivée d'un renfort *sans biscuits*.

Ce que craignait le gouverneur n'arriva donc pas et Canrobert fut doublement le bienvenu ; car, avec le regain de courage que sa seule présence allait donner

____

(1) Archives administratives.

aux soldats, il apportait une nourriture saine dont les assiégeants avaient grand besoin.

Le 15 novembre, le lieutenant-colonel Lourmel amenait un nouveau renfort qui porta l'effectif des troupes assiégeant Zaatcha à 8.000 hommes environ, dont il fallait défalquer près de 1.000 malades.

Le général Herbillon disposa alors son armée en trois petites brigades ou colonnes dont il confia le commandement aux colonels Barral, Canrobert et Dumontet; puis il décida que le lendemain, 16 novembre, une partie des troupes quitteraient le camp pour surprendre des tribus nomades qui inquiétaient nos derrières et cherchaient à couper nos communications.

A 2 heures du matin les soldats désignés s'éloignèrent de Zaatcha.

Canrobert avait sous ses ordres le 5ᵉ bataillon de chasseurs à pied (*son bataillon*), deux bataillons de zouaves, deux pièces de montagne, etc.

Le général Herbillon, qui dirigeait l'opération, avait confié le commandement d'une autre petite colonne au colonel Barral, et celui de la cavalerie au colonel de Mirbeck.

A la pointe du jour, nous traversions l'oued Djeddi, près de l'oasis d'Ourlel, et, à peine la rivière passée, nous apercevions, appuyée à l'oasis, une nuée de tentes de toutes les dimensions, où reposaient les nomades.

Le général Herbillon donne alors au colonel Barral l'ordre d'attaquer le centre de la position tandis que la cavalerie enveloppera la droite.

Surpris, les Arabes cherchent à fuir et sont reçus vigoureusement par Canrobert, qui longe la gauche de l'oasis et achève de les mettre complètement en déroute.

Maître de toutes les tentes, le général en fit brûler un grand nombre et rentra au camp où il ramena 1.800 chameaux et 15.000 moutons.

Les travaux d'attaque furent alors poussés avec la plus grande activité.

Le 24 novembre, jour où Canrobert était justement de tranchée (1), les Arabes, qui préméditaient leur attaque depuis plusieurs jours très probablement, cherchèrent à nous surprendre à midi, heure à laquelle on relevait la garde de tranchée. Se jetant en masse sur l'extrême droite du cheminement, ils parvinrent à repousser la garde du poste établi dans le boyau à droite de la batterie n° 12 et vinrent jusque sur les pièces de cette batterie. Un combat corps à corps eut lieu et nos artilleurs débordés par le nombre durent reculer. Soudain, Canrobert, qui avait vite rassemblé deux bataillons, tomba à son tour sur les Arabes qu'il venait de tourner et les reconduisit dans Zaatcha l'épée dans les reins. L'alerte, malgré la rapidité du colonel des zouaves à exécuter son mouvement tournant, avait duré trois quarts d'heure environ.

Cette attaque des insurgés, qui pouvait se renouveler, décida le général Herbillon à brusquer l'assaut, qu'il fixa au surlendemain. Mais avant de donner ses

---

(1) *Journal des attaques exécutées devant Zaatcha,* par le chef de bataillon du génie Le Brettevillois. (Section historique de la guerre.)

drnierse ordres il s'assura par lui même de l'état des brèches et des différents points qui offriraient le plus de difficultés. Il avait presque terminé cette inspection lorsque Canrobert arriva près de lui.

Désignant alors les deux maisons de Bou-Zian et du cheik Bou-Azouz, qui, avec leurs murs très épais, ressemblaient à deux forteresses, le général Herbillon expliqua au colonel des zouaves « que ce serait là où se réfugieraient les plus exaltés et que, par suite, c'était la position la plus difficile à emporter.

— Eh bien, mon général, répondit Canrobert, si toutefois vous n'avez rien décidé, laissez-moi monter à l'assaut de ce côté ».

Cette faveur lui fut accordée.

Le 25 au soir, trois brèches étaient praticables. Le général Herbillon décida qu'elles seraient abordées par trois colonnes d'assaut qui s'élanceraient le lendemain matin, au moment où, par un coup de canon, Bourbaki annoncerait qu'il occupait la position lui permettant d'empêcher, à la fois, les assiégés de s'échapper et leurs amis du dehors de les secourir.

La colonne de Canrobert était composée de : 250 hommes du 5ᵉ bataillon de chasseurs à pied, 100 hommes d'élite du 16ᵉ de ligne, 530 zouaves, une section d'artillerie de montagne (lieutenant Perrin), et 30 sapeurs du génie sous les ordres du capitaine Schnœgel.

Canrobert fit lever ses hommes le 26 au point du jour ; puis, après les avoir fait ranger dans leur ordre de bataille, il constitua un détachement de dix-huit hommes de bonne volonté, pris dans tous les corps. Ces dix-huit hommes étaient commandés par le sergent Royer du régiment des zouaves (1); ils devaient se présenter, à découvert, aux premiers coups, à l'ouverture de la sape, et Canrobert les suivait immédiatement ayant à ses côtés quatre officiers d'ordonnance pour porter ses ordres.

C'est à 7 heures du matin que les clairons sonnèrent la charge; mais, un peu avant ce signal, Canrobert électrisa ses soldats par quelques paroles énergiques.

Préciser lesquelles serait difficile, et nous préférons citer les auteurs suivants que d'affirmer l'authenticité de propos dont le maréchal ne se souvenait peut-être pas lui-même.

M. Perret, dans *Les Récits algériens*, s'exprime ainsi :

S'adressant à ses zouaves, un peu avant le signal, le chevaleresque Canrobert s'écrie : « Mes amis, souvenez-vous que, quoi qu'il arrive, il faut que nous montions sur ces murailles et que, si la retraite sonne, elle ne sonne pas pour les zouaves. » Puis, mettant le sabre à la main, d'un geste superbe il en jeta le fourreau au loin en disant : « Nous n'en avons pas besoin aujourd'hui ! »

Plus humoristique, M. Chadeuil, dans l'*Echo de la guerre*, fait le récit suivant :

Au moment de monter à l'assaut, il réunit ses soldats et leur dit : « Enfants, si vous entendez sonner la retraite, vous saurez que ce n'est pas pour les zouaves. » Mais, ajoute

____

(1) M. Royer, l'un des rares survivants de Zaatcha, qui a bien voulu nous donner ces renseignements, est actuellement commandeur de la Légion d'honneur et lieutenant-colonel commandant l'Ecole de tir et d'instruction militaire de Lille.

M. Chadeuil, rien n'est agile comme un zouave, et le colonel étant un peu gros et pas très leste : « Rappelez-vous que je veux être le premier sur la brèche. Vous me porterez, vous me soutiendrez, vous me pousserez, vous me jetterez par-dessus les barricades, mais il faut que j'arrive! »

Enfin, M. Camille Rousset fait parler notre héros de la façon suivante dans *La Conquête de l'Algérie* :

Canrobert vient de haranguer ses hommes : « Eh bien, zouaves, ce n'est pas une bicoque comme celle-là qui arrêtera des guerriers comme vous! Il faut la prendre, ententendez-vous? ou y rester tous. Tambours, clairons : *la charge!* Bonne chance, mes amis, et *en avant!* »

La charge est sonnée; Canrobert fait sortir de la sape 25 hommes du 5e bataillon de chasseurs à pied, conduits par le lieutenant Liotet, et, dès qu'ils se sont emparés d'une maison à gauche de la brèche, il fait marcher les 18 hommes du sergent Royer et s'élance derrière eux suivi de toute la colonne d'assaut.

L'élan qu'il imprima à ses soldats fut tel qu'en peu d'instants la brèche fut franchie et que la colonne arriva au centre de la ville, malgré le feu des Arabes et les obstacles de toute nature qu'ils avaient préparés pour nous arrêter.

C'est seulement quand il eut rejoint les colonels Lourmel et Barral, qui commandaient les deux autres colonnes d'attaque, que Canrobert songea à regarder autour de lui.

Des dix-huit hommes qui le précédaient, seize étaient tués (dont dix en sortant de la brèche) et deux blessés : le zouave Lamy, mort dernièrement étant général de brigade en retraite, et le chasseur à pied Ricard, qui survécut peu de temps à ses blessures (1).

Enfin, des quatre officiers d'ordonnance qui l'escortaient deux étaient tués : MM. Toussaint, capitaine de spahis, et Rosetti, sous-lieutenant de spahis, et les deux autres : MM. Besson, capitaine d'état-major, et Chard, lieutenant de zouaves, étaient blessés.

Seul, Canrobert resta debout avec le sergent Royer.

Enfin, après un combat acharné, la maison de Bou-Zian fut prise.

Un zouave lui coupa la tête, apporta ce sanglant trophée au colonel Canrobert et le lui jeta entre les pieds. La tête du plus jeune fils de Bou-Zian fut également apportée au colonel (2).

Après le combat, les quelques maisons de Zaatcha qui restaient debout furent rasées; puis, le 28 novembre, le général Herbillon dirigea ses troupes sur Biskra.

Deux jours après, le général Charon, gouverneur de l'Algérie, signa l'ordre n° 130, ainsi conçu :

M. le colonel Canrobert, du régiment des zouaves, commandant la subdivision d'Aumale, devant s'établir jusqu'à nouvel ordre à Batna, avec deux bataillons de son régiment, pour augmenter les forces de cette subdivision, en prendra le commandement comme le plus ancien des colonels employés dans cette partie du territoire.

---

(1) Ces renseignements nous ont été fournis par M. Royer; nous nous sommes fait un devoir de ne rien y changer.

(2) *La Conquête de l'Algérie*, par Camille Rousset.

CHAPITRE IX

Le 10 décembre 1849, la proposition faite par le général Blangini, au mois de janvier précédent, fut prise en considération : Canrobert reçut la cravate de commandeur de la Légion d'honneur, et voici comment un journal de l'Algérie, *l'Akhbar* du 27 décembre 1849, commenta cette récompense :

L'armée applaudira, nous n'en doutons point, à la promotion au grade de commandeur de M. le colonel Canrobert : la vigueur qu'ont prise les opérations devant Zaatcha depuis le moment où cet officier supérieur a rejoint l'armée de siège, l'intrépidité qu'il y a déployée, justifieraient cette nouvelle distinction, quand ses services passés ne l'auraient pas méritée.

Quand il reçut cette distinction, le colonel des

zouaves venait de soumettre par une simple promenade militaire toutes les tribus de la subdivision de Batna qui avaient participé à l'insurrection; sa seule présence à la tête de ses zouaves inspirait une terreur salutaire aux Arabes, et tous consentirent à payer l'impôt, sauf les habitants de Narah.

Fiers de la position qu'ils occupaient au milieu de montagnes qu'ils supposaient infranchissables, ils manifestèrent des intentions hostiles à la cause française. Ils ne connaissaient pas la vigueur du commandant de Batna et durent certainement le regretter, à peine un mois plus tard, ainsi qu'on va le voir.

Dès qu'il fut informé de leurs projets de résistance, Canrobert réunit les troupes dont il disposait :

5e et 8e bataillons de chasseurs à pied ;

2 bataillons de zouaves ;

2 bataillons du 8e de ligne ;

1 bataillon de la légion étrangère ;

1 escadron de chasseurs d'Afrique ;

1 escadron de spahis ;

4 pièces de montagne.

Ces troupes, décimées au siège de Zaatcha, épuisées par les marches qu'elles venaient de faire dans la subdivision, ne formaient qu'un effectif de 4.000 hommes environ.

Le plan de Canrobert, qui se mit en marche le 25 décembre, était de descendre la vallée de l'Abdi en soumettant les villages qu'il rencontrerait. Cette opération se fit sans résistance de la part des Kabyles; le 31, nous étions en vue de Narah, et nous campions au lieu dit *Chelna*, sur l'oued Abdi.

Là, Canrobert prit toutes ses dispositions pour s'emparer de la place de vive force. Mais, afin de mieux tromper les Arabes sur ses intentions, il dit à des parlementaires qui étaient venus le trouver :

Je ne peux pas vous attaquer attendu que je n'ai ni assez de monde, ni assez de canons ; mais je vais détruire vos jardins et, dans trois mois, quand vos arbres seront couverts de fruits et vos champs de récolte, je recommencerai.

(Puis, prenant le sabre-baïonnette d'un chasseur à pied) : Comment croyez-vous pouvoir résister à des armes pareilles, le jour où j'aurai des soldats assez nombreux pour vous attaquer ?

1850

Les Arabes partirent convaincus qu'ils occupaient une position inexpugnable. Or deux jours après (5 janvier 1850), aux premières lueurs du matin, trois colonnes attaquaient Narah par trois côtés différents.

Canrobert marchait avec l'avant-garde de la colonne du centre, dont il avait confié le commandement au chef de bataillon Bras-de-Fer, commandant le 8e bataillon de chasseurs à pied.

Surpris, les avant-gardes kabyles se replient sur Narah, mais Canrobert se met à leur poursuite et, suivi du 8e bataillon de chasseurs, il entre avec eux par la porte de Narah et rejoint les deux autres colonnes d'assaut dont les attaques avaient pleinement réussi. A 9 heures, jardins et maisons étaient en cendres et vingt-un coups de canon, résonnant dans les montagnes, apprenaient notre nouvelle victoire aux Arabes consternés, qui désignèrent cette année de 1850 par les mots *Am-Kamroubert :* c'était l'année de Canrobert !

Le 16 janvier, Canrobert rentrait à Batna; l'expédition n'avait duré que vingt-deux jours. Sans cette rapidité, la colonne aurait été arrêtée, dans les montagnes, par la neige qui tomba en abondance le surlendemain de la prise de Narah.

Peu de jours après, les zouaves apprenaient que leur colonel avait reçu les étoiles de général de brigade, à la date du 13 janvier 1850, avec ordre de se rendre immédiatement en France. Canrobert était adoré de ses zouaves, qui, tout en étant heureux de son avancement, le virent partir avec regret.

Je doute jamais (dit le capitaine Blanc dans *Les Souvenirs d'un vieux Zouave*) que le colonel Canrobert ait inspiré ce qu'on appelle de la *crainte* à son régiment. Il répandait autour de lui quelque chose de plus salutaire que ce sentiment, qui transforme celui qui le cause en un maître exécré et celui qui le ressent en un esclave cherchant à tromper son tyran. Ce qui dominait les soldats, c'était l'amour pour leur chef. Ce n'étaient pas ses punitions *disciplinaires* qu'ils redoutaient (des hommes de cette trempe sont au-dessus de ces craintes), mais bien la peine qu'ils causeraient à leur colonel.

Ces lignes, écrites par un zouave, sont, à notre avis, le plus bel éloge qu'on puisse faire de celui qui commanda les zouaves pendant plus de dix-huit mois.

Arrivé à Paris, le nouveau général reçut (décision du 8 mars 1850) le commandement d'une brigade de la 1re division active des troupes, à Paris. Ces troupes étaient alors placées sous les ordres du général Changarnier.

Ce dernier connaissait Canrobert, qu'il avait inspecté en Algérie et à qui il avait donné les notes suivantes, au mois d'août 1843, alors que Canrobert était à la tête du 5e bataillon de chasseurs d'Orléans :

Développant par l'étude et la réflexion son aptitude pour notre métier, le commandant Canrobert est un officier supérieur très distingué dont on doit attendre d'excellents services.

1851

Les deux généraux se revirent avec plaisir et leurs relations furent des plus cordiales, ainsi que le prouve cette lettre écrite par Canrobert au général commandant les troupes de Paris, à l'occasion du 1er janvier 1851 :

Depuis déjà bien des années vous avez patronné ma carrière ; je ne l'ai jamais oublié, pas plus que ces nombreux exemples d'héroïsme que vous nous avez donnés, à nous, soldats de guerre, qui avons eu le bonheur de combattre sous vos ordres et pour qui votre estime sera toujours une des plus nobles et des plus ambitionnées récompenses (1).

Mais nous arrivons à une période de la vie de Canrobert où ses ennemis (qui n'en a pas?) ont trouvé matière à des attaques sans mesure. Il a, disent-ils, participé au coup d'Etat et, d'orléaniste qu'il semblait

____

(1) *Changarnier*, par le comte d'Antioche.

devoir être en raison des protections que lui accorda la maison d'Orléans, il devint bonapartiste.

Admirateur passionné de celui dont j'écris l'histoire, je me fais un devoir, non pas de le défendre (il n'en a pas besoin), mais de ramener les faits à leur juste portée.

Tout d'abord, examinons :

1° Quels sont les hommes qui ont facilité les projets du prince Louis-Napoléon ?

2° Quels sont les hommes qui ont réellement aidé au coup d'Etat ?

A ces deux questions nous répondrons :

1° Le 17 novembre 1851, l'Assemblée nationale avait à discuter la proposition suivante, dite des questeurs, déposée par MM. Baze, général Leflô et de Panat :

Sera promulgué comme loi, mis à l'ordre de l'armée e· affiché dans les casernes, l'article 6 du décret du 11 mai 1848, dans les termes ci-après :

« *Article unique.* — Le président de l'Assemblée nationale est chargé de veiller à la sûreté intérieure et extérieure de l'Assemblée. »

A cet effet, il a le droit de requérir la force armée et toutes les autorités dont il juge le concours nécessaire.

Ses réquisitions peuvent être adressées directement à tous les officiers, commandants ou fonctionnaires, qui sont tenus d'y obtempérer immédiatement, sous les peines portées par la loi.

Cette proposition, qui avait pour but de paralyser l'action du président de la République, que l'on soupçonnait de vouloir faire un coup d'Etat, fut repoussée par 408 voix contre 300. L'Assemblée, par ce vote, empêcha le pouvoir exécutif d'entrer en lutte ouverte et immédiate avec la représentation nationale, et si elle eût pris le parti contraire, peut-être cette dernière n'aurait-elle pas été surprise, ainsi qu'elle le fut, le 2 décembre, après l'arrestation de ses membres les plus énergiques et les plus actifs.

Qu'on se représente seulement Changarnier (qui fut un de ceux que l'on enferma) arrivant, même à la dernière heure, auprès de Canrobert et, lui disant : « Aux termes de la proposition votée le 17 novembre dernier, l'armée doit obéir au président de la Chambre. Suivez-moi, car l'Assemblée est en péril ! »

Mais non, la Chambre, en butte à des tiraillements, repoussa l'arme qu'on lui offrait et s'endormit dans une fausse sécurité. Quand elle s'éveilla, il était trop tard.

2° Les véritables hommes du coup d'Etat sont trop peu nombreux pour ne pas être connus :

De Morny, de Persigny, Fleury, de Saint-Arnaud, Magnan et de Maupas, voilà ceux qui reçurent les confidences du prince et l'aidèrent à renverser le gouvernement.

Quant à Canrobert, il ne fit qu'exécuter les ordres de ses chefs, car un militaire ne doit pas discuter, quel que soit son grade ; sinon, que deviendrait la discipline ? En admettant qu'il eût résisté, on l'enfermait comme Changarnier, Cavaignac, de Lamoricière, Leflô, etc. ; le coup d'Etat avait lieu quand même, mais Canrobert, dont la carrière était brisée, ne nous conservait pas l'armée de Sébastopol et, plus tard, après la reddition de Metz, nous n'avions pas, pour planer au-dessus de nos tristesses, le souvenir de l'héroïque défense de Saint-Privat.

Cependant, si Canrobert ne fut pas un des hommes du coup d'Etat, il n'en fut pas moins l'objet de soins et de prévenances de la part du président de la République :

Il lui montrait dans une perspective prochaine le sommet de la hiérarchie militaire, une position magnifique auprès du chef de l'Etat. Un jour, à la fin d'un dîner, il lui jeta, dit-on, ces paroles avec une affectation marquée : « Sous l'Empire, un homme de votre trempe était maréchal à 35 ans, et, sous ce gouvernement d'avocats, il vous a fallu 25 ans pour devenir général de brigade... (1) »

Canrobert, tout en restant correct, ne sortait cependant pas des limites que sa position lui imposait et, s'il faut en croire le colonel Charras, le Président de la République se servit d'une femme, Mme K..., pour faire parler le jeune général et savoir ce qu'il ferait quand l'heure du coup d'Etat aurait sonné.

Il y avait depuis quelque temps à l'Elysée une sorte d'escadron volant... M. Canrobert y avait distingué et il poursuivait de ses amoureux hommages une intrigante de haut parage, russe de naissance, déjà connue par plus d'une aventure... Spirituelle, belle encore en dépit de sept lustres plus qu'accomplis, elle avait affiché la passion la plus vive pour le chef du pouvoir exécutif, en 1848, mais elle avait été froidement éconduite. Depuis, elle était tombée dans les bras de M. Bonaparte et, de là, dans ceux de nous ne savons quel individu de son entourage. Elle fut invitée à

---

(1) *Les Aides de camp du 2 Décembre*, par le colonel Charras.

user de ses grâces et de ses charmes pour gagner à la cause bonapartiste M. Canrobert, toujours hésitant. Elle se mit à l'œuvre sur-le-champ, et bientôt elle acquit un certain empire sur cet ardent poursuivant de son cœur, jusque-là dédaigné.

Or, à la suite du vote du 17 novembre, Canrobert dit à Mme K... qu'à l'avenir il n'obéirait qu'à un ordre signé par le ministre de la guerre. Aussitôt elle écrivit au Président :

Il sort de chez moi à l'instant : nous le tenons, mais il faut prendre garde qu'il ne nous échappe encore; j'y ferai de mon mieux, faites comme moi (1).

On le tenait, en effet, puisque le ministre de la guerre, M. de Saint-Arnaud, et le général Magnan (qu'on avait substitué à Changarnier), c'est-à-dire les chefs directs de Canrobert, étaient du complot.

Quelques jours après (26 novembre), le général Magnan réunit tous les officiers généraux placés sous ses ordres et leur dit :

Messieurs, il peut se faire que d'ici à peu de temps votre général en chef juge à propos de s'associer à une détermination de la plus haute importance. Vous obéirez passivement à ses ordres. Toute votre vie, vous avez pratiqué et compris le devoir militaire de cette façon-là.....

Enfin, le général Magnan ajouta qu'il promettait de n'agir que sur les ordres exprès de son supérieur (2).

Ainsi, et comme nous le disions plus haut, on eut

____

(1) Colonel Charras : *Les Aides de camp.*
(2) Vermorel : *Les hommes de 1851*, page 353.

soin de rappeler aux généraux qui, comme Canrobert, devaient diriger les troupes dans les journées de décembre, qu'ils n'avaient d'ordres à recevoir que de leurs chefs et qu'ils devaient exécuter ces ordres quels qu'ils fussent.

Enfin, nous arrivons au 2 décembre. C'est ce jour-là, à 5 h. 1/2 du matin seulement, que Canrobert reçut l'ordre de prendre position, avec sa brigade, sur la place de la Madeleine et aux environs.

Il ne quitta pas cette position de la journée et c'est là qu'il apprit les événements de la matinée : arrestation des représentants, etc. Mais, comme on avait toujours peur, malgré son obéissance à ses chefs, de le voir se refuser à rester à la tête de ses soldats, Mme K... fut envoyée près de lui et, dit toujours le colonel de Charras :

Dans l'après-midi, on le vit se promener sur le boulevard, pendant plus d'une heure, en face des troupes, à la vue de tous, donnant le bras à Mme K..., qui, amoureusement penchée sur lui, l'excitait au crime en irritant ses désirs.

Enfin, nous arrivons à la journée du 4 décembre, c'est-à-dire à la fusillade du boulevard.

Le général Carrelet, commandant la division dont Canrobert faisait partie, s'exprime ainsi dans un des rapports qu'il adressa au général Magnan :

A la hauteur du boulevard Poissonnière, des coups de feu sont partis des maisons de droite et la troupe a riposté; il s'en est suivi une vive fusillade. Les chevaux de l'artillerie, nullement habitués au feu de la mousqueterie, se sont cabrés et défendus, ont brisé les rais et les avant-trains. En un clin-d'œil, la batterie qui accompagnait le général Canrobert a été mise hors d'état de lui rendre service ; elle a même forcé cet officier général à se dégarnir d'un bataillon qu'il a dû lui laisser comme soutien lorsqu'il s'est porté en avant.

De ce rapport il résulte clairement que Canrobert ne fut pas du nombre de ceux qui se servirent de leur artillerie.

Maintenant donna-t-il l'ordre de tirer le premier? Nous en doutons absolument et, à notre avis, ce fut au contraire sur lui que l'on tira. Ce qui nous fait penser que l'on visa particulièrement Canrobert, c'est qu'il eut son clairon d'ordonnance tué à ses côtés.

Ce clairon, nommé Danot, s'était battu avec Canrobert quand il commandait le 5ᵉ bataillon de chasseurs ; il l'avait porté à l'ordre du bataillon pour sa belle conduite.

Or, quelque temps avant le coup d'Etat, pendant une manœuvre au Champ-de-Mars, le général reconnut son ancien clairon et s'écria :

« Quoi, c'est toi, mon brave Danot! et tu es encore de ce monde?

— Oui, mon général, et tout prêt à me faire tuer pour vous si l'occasion s'en présente !

— Eh bien, n'oublie pas de venir me parler si jamais nous prenons les armes, et je tâcherai de te faire décorer. »

Voilà pourquoi, le 4 décembre suivant, Danot se plaça près de son général en qualité de clairon d'ordonnance, et, lorsque le feu commença, « une balle dirigée évidemment contre Canrobert » frappa le pauvre Danot, qui tomba raide mort aux pieds de son ancien commandant (1).

Telle fut l'exacte participation de Canrobert au coup d'Etat. Que nos lecteurs, s'ils en ont le temps, lisent, comme nous, tout ce qui a été écrit sur les journées de Décembre ; ils y verront qu'un soldat brave et loyal, comme le fut toujours le maréchal, ne figura point parmi ceux qui enivrèrent la troupe pour l'exciter au crime.

Une dernière fois, nous tenons à le répéter, Canrobert ne fit qu'obéir (*il le devait, d'après la discipline*) à ses chefs, qui étaient les amis du prince, lequel disposait de l'armée depuis le vote du 17 novembre 1851, depuis le jour où Michel (de Bourges) fut applaudi par la gauche après avoir dit :

Le péril, c'est que la République commence à être inauguurée, voilà le péril. Vous avez peur de Napoléon Bonaparte, et vous voulez vous sauver par l'armée. L'armée est à nous et je vous défie, quoi que vous fassiez, si le pouvoir militaire tombait dans vos mains, de faire un choix qui fasse qu'aucun soldat vienne ici pour vous contre le peuple... (2).

Le 17 février 1852, Canrobert, tout en conservant le commandement de sa brigade, fut nommé aide de camp du Président de la République. Il hésita longtemps, dit-on, à accepter cette position et ce n'est que

---

(1) H. de Mauduit : *Révolution militaire dn 2 décembre* 1851.
(2) Eugène Tenot : *Etude historique sur le coup d'Etat.*

sur les instances du colonel de Lourmel, son ami, qu'il finit par consentir à être attaché à la personne de Louis-Napoléon.

Vers la fin de l'année, il fut atteint par un mal d'yeux qui l'obligea de se reposer pendant un mois, du 7 novembre au 7 décembre, à Ruffec, dans le département de la Charente.

1853

Promu général de division par décret du 14 janvier 1853, Canrobert, le mois d'avril suivant (décision du 27 avril), reçut le commandement de la division d'infanterie réunie au camp d'Helfaut, près Saint-Omer.

Le général de la Motte-Rouge, qui était alors sous les ordres de Canrobert, en fait le portrait suivant dans ses *Souvenirs et Campagnes* :

De taille peu élevée ; au corps et aux épaules larges ; à la tête bien attachée, au front très développé et dénudé jusqu'aux tempes, et à la partie postérieure de la tête entourée d'une couronne de cheveux châtains tombant en boucles sur la nuque ; les yeux grands, vifs, spirituels, pleins de bonté bienveillante ; le nez large, les narines bien ouvertes, la moustache relevée des deux côtés de la bouche, le menton accentué, le teint chaud ; le tout formant une physionomie aussi militaire que sympathique ; à la parole franche, facile, entraînante, pleine de charme et de bonhomie dans la conversation ; la pose du corps droite, un peu cambrée : tel était, à cette époque, le général Canrobert.

C'est donc au camp d'Helfaut, où il entra le 20 mai,

que Canrobert, qui jusque-là n'avait fait en Afrique qu'une guerre tout à fait spéciale (marches rapides, surprises de nuit, etc.), commença à acquérir l'expérience nécessaire pour arriver à diriger une armée nombreuse. Car, vers la fin du mois d'août, pour donner un plus grand développement aux manœuvres dont il avait la direction, l'effectif des troupes qu'il commandait fut augmenté d'une brigade d'infanterie de ligne et de deux batteries d'artillerie; le tout formait un corps d'environ 10.000 hommes. Canrobert en désirait davantage, mais le maréchal de Saint-Arnaud, qui avait toujours le portefeuille de la guerre, refusa de lui envoyer un second régiment de cavalerie et une autre batterie d'artillerie.

L'instruction des troupes dura cinq mois environ, pendant lesquels Canrobert reçut la visite du prince Napoléon, qui suivit les manœuvres en juin et en juillet, et celle de l'empereur, accompagné de l'impératrice, qui assistèrent à la revue du mois de septembre.

Le 27 du même mois, le camp fut levé et le général Canrobert revint à Paris.

CHAPITRE X

1854

Dès la fin du mois de janvier 1854, il était question, un peu partout, d'une guerre probable contre la Russie.

Le général Bosquet disait, dans ses *Lettres,* « que l'Empereur allait adopter l'idée de se saisir de Constantinople avec un corps de 25 à 30.000 Français auquel les Anglais ajouteraient 10 à 15.000 hommes... »

Bientôt le conflit devint à peu près certain et, le 23 février 1854, le général Canrobert fut nommé commandant de la 1re division d'infanterie de l'armée d'Orient.

Le 19 mars suivant, il sortait du port de la Joliette

avec l'importante mission d'aller le premier déterminer la destination à donner au corps expéditionnaire. Après une journée de relâche à l'île de Malte, il débarquait à Gallipoli le 31.

Là, Canrobert voit le pacha de Roumélie; il s'entend avec lui pour l'établissement d'un service d'estafettes entre Gallipoli et les montagnes, donne les premières instructions pour la réception et l'installation de nos troupes. Quatre jours lui suffisent pour régler ces nombreux détails et il quitte Gallipoli pour gagner Constantinople.

Mais les merveilles de Stamboul ne détournent pas Canrobert de la tâche qu'il s'est imposée; dès qu'il a vu le sultan et ses ministres, il retourne à Gallipoli après avoir écrit en France :

Le bon vouloir du gouvernement turc nous est assuré sur tous les points, mais faut-il ajouter la même foi à son pouvoir? Les rouages de l'administration sont tels que la moindre affaire exige de longs jours pour être réglée...

Enfin le 7 mai, le maréchal de Saint-Arnaud, commandant en chef, débarque à son tour à Gallipoli où sont réunies toutes nos troupes. Le lendemain, il se rend à Constantinople où, quelques jours plus tard, arrive lord Raglan, le commandant en chef de l'armée anglaise.

Mais, de leur côté, les Russes n'avaient pas perdu leur temps et, franchissant le Danube sur deux points, ils repoussaient le corps d'observation des Turcs, commandé par Omer-Pacha, et mettaient le siège devant Silistrie.

Aussi, le 1er juin, la 1re brigade de la division Canrobert, commandée par cet officier général lui-même, se dirige-t-elle sur Varna. Ce mouvement, qui fut également exécuté par la 1re division anglaise (général Brown), avait pour but de tenter, avec les troupes d'Omer-Pacha, une diversion sur Silistrie afin d'y faire entrer des vivres et des troupes fraîches.

Cette diversion permettait au gros des armées alliées de gagner Varna à leur tour et d'attaquer franchement les Russes avec des forces imposantes.

Mais, tout à coup, on apprend que le théâtre de la guerre est déplacé, car les Russes, abandonnant le siège de Silistrie, ont repassé le Danube après avoir détruit leurs batteries, leurs redoutes, leur camp retranché. Et cependant, la veille de ce départ inopiné, Canrobert avait reçu une lettre d'Omer-Pacha lui annonçant qu'en présence des forces considérables concentrées autour de Silistrie, la diversion projetée lui semble impossible.

En apprenant cette nouvelle, le maréchal de Saint-Arnaud s'écriait : « Les Russes me volent en se sauvant ! »

C'est alors seulement que fut projetée l'expédition de Crimée et l'attaque de Sébastopol. Mais, avant de rien tenter, il fut convenu qu'une commission spéciale dont faisaient partie le général Canrobert, les colonels Trochu, Lebœuf et le commandant Sabatier, irait étudier quel serait le lieu le plus favorable au débarquement des troupes. En même temps, elle devait chercher à reconnaître les dispositions prises par l'ennemi pour empêcher ce débarquement.

Embarquée le 19 juillet à bord du *Caradoc*, la commission (qui comprenait également le général Brown, le lieutenant-colonel Lake, les capitaines Lovel et Wetterall, de l'armée anglaise) rentra à Varna le 28 du même mois. Un conseil fut aussitôt réuni sous la présidence du maréchal de Saint-Arnaud. Canrobert et sir Georges Brown y furent appelés et déclarèrent que la Katcha semblait être le point où l'on pourrait débarquer sans trop de dangers.

Le lendemain, 29 juillet, Canrobert quittait de nouveau Varna sur le *Cacique* et faisait voile pour Kustendje, afin de rejoindre la 1re division, qui, pendant sa mission sur les côtes de Crimée, avait été envoyée dans la Dobrutscha.

Cette funeste expédition a été dépeinte d'une originale façon par le général Bosquet dans une lettre qu'il écrivit au général Rivet :

Mangalia, le 27 juillet 1854.

Yusuf a donc inventé d'essayer, au fond de la Dobrutscha, d'enlever des partis russes et il a obtenu la sortie des 1re, 2e et 3e divisions : Canrobert(1) à Mangalia, sur la mer ; moi à Bazardjik, au centre, et le prince à gauche ; le tout pour appuyer les bachi-bouzouks de Yusuf, qu'on n'appelle plus ni bachi-bouzouks, ni *spahis d'Orient*, mais bachi-yusufs. Cette cavalerie irrégulière est affreusement mauvaise, au dire des officiers turcs eux-mêmes.

Après le mouvement fait, ordre est venu à Canrobert (2)

---

(1) Le général Bosquet aurait dû écrire : La division Canrobert, commandée par le général Espinasse.

(2) Même observation.

de marcher par la droite vers Kustendje, et à moi vers Mangalia, chassant de là Canrobert et chassé moi-même de Bazardjik par le prince. C'est très joli! très joli! et ces dames françaises de Constantinople doivent trouver cela charmant.

Seulement,.. ce sont des tours de force que ces marches que je viens de faire et je sens de grosses larmes dans les yeux, larmes de rage, quand je songe que tout cela est pour le roi de Prusse, pour Yusuf, pour rien enfin... Je m'étonne que nous, qui n'avons pas d'intérêt à détruire la marine russe, qui avons à combattre l'armée de terre pour obtenir l'évacuation des principautés et surtout de nouveaux traités de garanties pour l'avenir, je m'étonne que nous donnions dans les idées anglaises, comme la mode vient d'en prendre....

Cette lettre écrite sur les lieux de l'expédition prouve suffisamment son inutilité. Mais laissons Canrobert rejoindre le général Espinasse, qui commandait la 1re division par intérim, et qui, après s'être avancé jusqu'à Kergeluk, s'était replié sur son camp de Pallas, d'où il évacuait ses nombreux malades sur Kustendje.

Canrobert arriva au bivouac de Pallas le 31, à 10 heures du matin :

De toutes parts, dans ce camp décimé par la plus affreuse maladie, des acclamations s'élèvent, les bras se tendent vers lui; les mourants veulent se relever pour aller au-devant de leur général, car il semble toujours aux malheureux que tout événement nouveau doit apporter une amélioration à leurs souffrances; en outre, peu de généraux ont été aimés des soldats comme l'est le général Canrobert.

Quel funèbre tableau s'offrit à ses yeux! De tous côtés sous les tentes-abris étaient étendus des fiévreux. De toutes parts on entendait des gémissements; la mort glanait indistinctement dans tous les rangs. C'est ainsi qu'il la retrouvait, sa belle division, si fière, si martiale et qu'il avait quittée pleine d'animation, de vie, de bouillante ardeur!

Sans prononcer un mot, il joignit les mains, et les officiers qui l'entouraient virent des larmes rouler dans ses yeux. Puis il se mit à parcourir le camp, parlant aux uns, relevant le courage des autres, ranimant les malades par l'espoir de prochains combats, se penchant sur tous ceux qui allaient mourir (1).

Le choléra, qui s'était d'abord déclaré à Gallipoli au commencement de juillet, d'où il avait gagné Varna, s'était abattu comme un coup de foudre sur la colonne de la Dobrutscha. Le climat malsain de cette région permit au fléau de se développer avec une effrayante rapidité.

Canrobert a hâte de quitter ce lieu maudit; dans la nuit du 31 juillet au 1er août, il fait évacuer plus de 800 malades sur Kustendjé; puis il donne l'ordre de lever le camp à 6 heures du matin. Mais chaque jour l'épidémie allait en progressant et bientôt les officiers de tous grades, les généraux eux-mêmes abandonnèrent leurs chevaux pour aider au transport des malades. Enfin la division finit par atteindre Mangalia où Canrobert fit lire le touchant ordre du jour suivant :

Chefs et Soldats,

Le fléau qui depuis dix jours n'a cessé de peser sur nos rangs a à peu près disparu. La Providence, en vous l'envoyant, a voulu éprouver votre courage, votre résignation;

---

(1) De Bazancourt, *Expédition de Crimée.*

ces vertus de l'homme de guerre ont été chez vous au-dessus du mal dont il lui a plu de vous frapper. A l'exemple de vos pères, à Jaffa, vous avez montré devant le choléra le même front serein qui rendit les glorieux vainqueurs des Pyramides et de Monthabor encore plus grands devant la peste qu'ils ne l'avaient été devant l'ennemi, et attira sur eux l'attention de l'histoire.

Je vous remercie, mes camarades, de votre dévouement. J'en rends compte à votre général en chef, dont la sollicitude vous suit, et qui, après avoir pourvu à vos besoins, m'écrivait : « Je vous loue du calme et de l'ordre qui ont régné dans votre colonne au milieu des circonstances difficiles où se révèle la véritable valeur de ceux qui commandent et de ceux qui obéissent ».

Chefs et Soldats, vous avez été ce que vous serez toujours : les enfants d'élite de la France, fermes devant le danger, sous quelque forme qu'il se présente, et sans cesse prêts à donner à votre patrie et à votre Empereur une existence qui leur appartient et qui est entre les mains de Dieu.

Sous peu nous aurons gagné des contrées saines où votre santé sera complètement rétablie, et, après les regrets donnés à nos compagnons qui ont succombé, il ne nous restera plus de ces mauvais jours que le souvenir des vertus qu'ils ont fait ressortir en vous, vertus qui font l'orgueil et la consolation de votre général et sont le sûr garant de vos prochains succès contre l'ennemi.

Bivouac de Mangalia, 7 août 1854.

CANROBERT.

Plus de cinq mille hommes de la 1re division ont quitté le rang, écrivit Bosquet au général Rivet ; cinq frégates à vapeur ont dû les aller chercher en partie ; le reste s'est traîné jusqu'ici ; 41 officiers, plus de 2.000 soldats morts, etc.; les *spahis d'Orient* morts, déserteurs, licenciés ; la colère de l'armée sur le dos de Yusuf, d'Espinasse et d'autres peut-être... Voilà le résultat de la campagne de la Dobrutscha!

Enfin la division Canrobert arrive à Varna, et, le 25 août, le maréchal de Saint-Arnaud signe un ordre du jour dans lequel il annonce à nos soldats que l'expédition de Crimée est définitivement décidée : « Bientôt, leur dit-il, nous saluerons ensemble les trois drapeaux réunis flottant sur les remparts de Sébastopol. »

La semaine suivante (1er septembre) la division Canrobert était embarquée et gagnait la rade de Baltchick, à 24 kilomètres nord-est de Varna, où les escadres française, anglaise et turque furent réunies trois jours plus tard. Enfin le 5 septembre tous les bâtiments à voiles gagnent la haute mer et se dirigent vers l'*Ile des Serpents*, îlot de la mer Noire, situé en face du Danube, que doivent également rejoindre les vapeurs.

C'est de ce point que, le 8 septembre, les membres de la première commission, dont Canrobert faisait toujours partie, montèrent sur le *Primauguet* et le *Caradoc* afin d'explorer de nouveau Eupatoria, la Katcha et les autres lieux de débarquement.

Le 11, la commission revenait à l'Ile des Serpents : « Tout ce qu'elle rapporte est fort rassurant, écrit le maréchal de Saint-Arnaud ; les Russes nous attendent à la Katcha et à l'Alma, mais ils n'ont pas fait de préparatifs de défense exorbitants : ils ont des camps, des troupes sur ces deux points, toutefois rien de bien formidable (1) ». On discuta alors quel serait exactement le lieu de débarquement. Le maréchal de Saint-Arnaud préférait la Katcha, mais il finit par céder

---

(1) De Bazancourt, *Expédition de Crimée.*

à l'avis de la commission, qui trouvait que le point le plus favorable était *Old-Fort*, entre la Katcha et l'Alma.

Après cette décision, la flotte reprit sa marche pour se diriger sur le point convenu. Mais le commandant en chef de l'armée française, qui lutte en vain contre la maladie dont il doit mourir quelques jours plus tard, commence à douter de ses forces. Le 12 septembre, il écrit au ministre de la guerre pour le prier de lui nommer un successeur, et, le lendemain, il va désigner le général Morris, le plus ancien de grade des officiers généraux du corps expéditionnaire, quand il reçoit la visite du général Canrobert.

« Monsieur le maréchal, lui dit-il, vous êtes très prèoccupé de savoir quel sera votre successeur dans le cas où votre santé ne vous permettrait pas de conserver le commandement en chef ; dans les circonstances actuelles, il est de mon devoir de vous faire connaître la décision de l'Empereur : ce successeur, c'est moi. »

Et le général remet au maréchal de Saint-Arnaud une lettre ainsi conçue :

A Monsieur le général Canrobert, etc.

Par ordre de l'Empereur, vous prendrez le commandement en chef de l'armée d'Orient, si quelque événement de guerre ou de maladie empêchait le maréchal de Saint-Arnaud de conserver ce commandement.

Signé : Maréchal VAILLANT,
ministre de la guerre.

En effet, depuis le 12 mars 1854, jour de son départ de Paris, le général commandant la 1re division d'infanterie était porteur de cette lettre confidentielle. « Bien souvent, dit M. de Bazancourt (1), le maréchal, par une sorte de pressentiment, avait sondé le général Canrobert à ce sujet; mais celui-ci, fidèle aux instructions qu'il avait reçues, n'avait jamais laissé soupçonner au maréchal le pli dont il était porteur. »

Quand il eut connaissance de cette désignation, le maréchal tendit ses deux mains au général en lui disant :

« Que je vous remercie, mon cher Canrobert, et quel tourment cruel vous m'ôtez de l'esprit! »

Toutefois, M. de Saint-Arnaud ne crut pas devoir divulguer cette communication. Il inscrivit sur le journal qu'il tenait depuis son départ de Varna : « 13 septembre. — Lettre close et confidentielle, Canrobert. » Dans cette même soirée du 13, Canrobert et le général de Martimprey examinèrent une dernière fois si l'ennemi n'avait pas pris position sur la plage où nous devions débarquer le lendemain.

Enfin, le 14 septembre 1854, anniversaire de l'entrée de Napoléon Ier à Moscou (1812), pendant qu'une fausse tentative de débarquement se faisait en face la rivière l'*Alma*, puis à l'embouchure de la *Katcha*, le véritable débarquement avait lieu à Old-Fort.

C'est le vaisseau *La Ville de Paris*, sur lequel se trouve le général Canrobert, qui doit donner le signal

______

(1) *Expédition de Crimée.*

d'aborder, et, bien longtemps avant l'heure fixée, tous les yeux sont fixés sur ce bâtiment.

A 8 heures 10 du matin, ce signal paraît, mille acclamations se font entendre et la mer se couvre de petites embarcations qui se dirigent vers le rivage.

Vingt minutes plus tard, *Canrobert saute le premier sur le sol de la Crimée* et y plante le drapeau français.

A midi, le débarquement était terminé sans que les Russes, trompés par la diversion de la 4e division sur l'Alma et la Katcha, eussent fait aucune tentative pour s'y opposer.

Le succès de l'expédition dépendant surtout de la rapidité de nos mouvements, le maréchal de Saint-Arnaud aurait voulu quitter Old-Fort dès le 17. Mais à cette date, les Anglais n'étaient pas encore prêts à se mettre en marche et Canrobert, accompagné des généraux Thiry et Bizot, monta sur le *Primauguet* afin de s'assurer des mesures de défense prises par les Russes du côté de l'Alma et de la Katcha. Ces trois généraux rentrèrent dans la soirée.

Le 19 au matin, les Anglais étant prêts, les alliés se mettent en marche. La division Canrobert tenait la tête de la colonne française. A une heure de l'après-midi, elle arriva sur les hauteurs qui dominent la rive droite de la vallée de l'Alma ; devant elle, sur les hauteurs de la rive gauche, on apercevait distinctement les lignes russes. Vers cinq heures, toutes les troupes étant campées au point qui leur avait été assigné, le maréchal de Saint-Arnaud expliqua à ses généraux quel était le plan qu'il avait arrêté, d'accord avec lord Raglan, commandant en chef de l'armée anglaise : Les Anglais attaqueront la droite des positions que défend le prince Menschikoff ; la 2e division française (général Bosquet), renforcée de la division turque, les tournera sur la gauche ; et Canrobert, soutenu par la 3e division, engagera la lutte au centre des Russes, sur le bord de la berge escarpée de la rivière, vis-à-vis du village de Bourliouk.

Le lendemain, dès 5 heures 1/2 du matin, la division Bosquet commença son mouvement ; les autres divisions étaient également sur pied ; seules, les lignes anglaises ne donnaient pas signe de vie.

Vivement surpris de cette inaction des soldats de lord Raglan, Canrobert, vers 6 heures 1/2, se rendit, avec le prince Napoléon, auprès du général de Lacy-Evans et lui expliqua que ce retard pouvait permettre à l'ennemi d'écraser la division Bosquet.

« Je n'ai pas reçu d'ordre », répondit sir de Lacy-Evans.

La situation était grave. Canrobert vint immédiatement en rendre compte au maréchal de Saint-Arnaud, qui dut faire arrêter le mouvement du général Bosquet ; en même temps, le général en chef envoya le colonel Trochu, son aide de camp, auprès de lord Raglan.

« Une partie de mes troupes n'est arrivée au bivouac que fort avant dans la nuit. » Telle fut la réponse du chef de l'armée anglaise. « Toutefois, ajouta-t-il, allez dire au maréchal qu'en ce moment les ordres sont portés sur toute la ligne. »

Par suite de ce retard des Anglais, le général Bosquet ne put reprendre sa marche en avant que vers onze heures. Cet arrêt n'eut heureusement aucune suite fâcheuse. Car ne voyant qu'une partie des troupes alliées s'avancer, Menschikoff se doutait bien que l'attaque de Bosquet ne serait pas la principale ; de plus, le général russe croyait (mais, cette fois, à tort), que sa gauche était impraticable pour notre artillerie.

Mais s'il ne craignait rien sur sa gauche, le prince ne s'en garda que mieux au centre, afin de riposter sûrement à l'attaque de Canrobert et de la 3e division.

Soudain, le canon français tonne où Menschikoff ne l'attendait pas. Bosquet vient d'accomplir un tour de force et, à ce signal, toute l'armée se met en marche.

Canrobert a formé sa division sur deux lignes, en colonne, déployant les 1er et 9e bataillons de chasseurs à pied en tirailleurs, en avant de la brigade Espinasse (1re).

En vain, les Russes veulent s'opposer à la marche de sa division, ils sont repoussés, notamment le 33e régiment de Moscou qui éprouve de grandes pertes.

L'Alma est traversée, les chasseurs à pied, suivis du 7e de ligne, du 1er régiment de zouaves (colonel Bourbaki) et du reste de la division, arrivent sur le plateau et s'arrêtent à 700 mètres environ d'une construction en pierres inachevée, sorte de tour destinée à recevoir un télégraphe : c'est le centre des Russes, la clef de leur position.

Ordre est donné aux zouaves (1er et 2e régiments) de s'emparer de cette construction derrière laquelle on aperçoit des milliers de fantassins russes, soutenus par de l'artillerie.

Les zouaves s'élancent; bientôt leur drapeau flotte au sommet de la tour du télégraphe et Canrobert accourt pour appuyer ce hardi mouvement. Il donne des ordres pour que la réserve de son artillerie soit mise en batterie quand, soudain, on le voit tomber de cheval, sans mouvement, renversé par un éclat d'obus qui l'a blessé à la main et à la poitrine :

Un long cri de douleur, de désespoir et de colère parcourt les rangs et la lutte devient plus vive encore et plus acharnée, car il faut venger le général, l'ancien colonel des zouaves depuis longtemps l'admiration des soldats, à cause de sa bravoure chevaleresque et leur idole à cause de sa sollicitude de tous les incidents. Mais Canrobert est revenu à lui ; ses premières paroles sont pour demander un cheval. A peine pansé, il se remet en selle, reprend la tête de ses troupes enthousiasmées et, par l'enlèvement du mamelon et de la tour du télégraphe, assure enfin la victoire au drapeau français (1).

La bataille était gagnée en effet et, le lendemain, le maréchal de Saint-Arnaud écrivait dans son rapport à l'empereur :

..... Le général Canrobert, auquel revient en partie l'honneur de la journée, a été blessé légèrement par un éclat d'obus qui l'a atteint à la poitrine et à la main.

Et au ministre de la guerre :

..... La 1re division a gravi les hauteurs par ses pentes

---

(1) *Nos Zouaves*, par Paul Laurencin.

les plus roides avec une ardeur dont son chef, le général Canrobert, lui donnait l'exemple. Cet honorable officier général a été frappé à la poitrine d'un éclat d'obus ; mais il a pu rester à cheval jusqu'à la fin de l'action et sa blessure n'aura aucune suite fâcheuse...

Enfin, dans une lettre adressée à Madame la maréchale de Saint-Arnaud, le maréchal lui dit :

..... Carobert va bien, mais sa contusion est forte ; il l'a échappé belle.....

CHAPITRE XI

Le maréchal de Saint-Arnaud, qui ne put profiter de sa victoire, faute de cavalerie, désirait du moins achever de démoraliser les Russes en ne leur laissant pas une minute de répit. Mais les Anglais, par leur lenteur, lui firent perdre la journée du 22 septembre.

Le 23, on se mit en marche. L'armée traversait la plaine de la Katcha, ne perdant pas de vue la flotte, qui suivait le littoral. Tout à coup, des détonations sourdes et précipitées se firent entendre du côté de Sébastopol où l'on se dirigeait. Le *Roland*, qui fut immédiatement envoyé aux renseignements, constata que les Russes venaient de fermer le port de Sébastopol en faisant couler bas sept bâtiments dont les carcasses englouties formaient une digue infranchissable.

Cette suprême détermination des Russes détruisait le concours que l'armée de terre pouvait attendre de la flotte. Ne pouvant plus attaquer Sébastopol par le nord, les deux généraux en chef modifièrent leur plan d'attaque et résolurent de tourner la place, à l'est, de s'emparer de Balaclava, par terre, et de prendre Sébastopol par son côté sud.

Le 25, c'était au tour des Anglais de marcher en tête de la colonne. Ils commencèrent par lever le camp à neuf heures au lieu de sept heures. Or, on disait que le général Gortchakoff voulait nous barrer le passage, et Canrobert, devant l'interminable attirail de nos alliés, craignait avec raison qu'ils fussent surpris, perdus dans leurs bagages. Il eut alors l'idée de faire passer les zouaves immédiatement derrière les Anglais avec mission expresse de leur marcher sur les talons.

L'idée fut bonne, s'il faut en croire l'auteur auquel nous l'empruntons (1) :

Les zouaves bousculèrent les lambins aux cris de : *go english, leste!* Et ceux-ci, qui professaient pour les bonnets rouges une admiration qui leur défendait de se fâcher, répondirent par le sacramentel : *bono zouave !*

Le 26 au matin, le maréchal de Saint-Arnaud, défini-

____

(1) Paul Laurencin : *Nos Zouaves.*

tivement terrassé par le choléra, fit venir Canrobert dans sa tente, au camp de Makensie :

— Vous m'avez fait connaître, général, les instructions de Sa Majesté qui vous confie le commandement en chef de l'armée, dans le cas où ma santé me forcerait à l'abandonner. A partir d'aujourd'hui prenez ce commandement ; en le déposant entre vos mains, général, j'ai moins de regrets de le quitter.

Très ému, Canrobert s'inclina et, simplement, mais avec des paroles sortant du cœur, il fit comprendre au maréchal combien il regrettait de ne pas rester sous ses ordres.

Trois jours après, le maréchal de Saint-Arnaud rendait le dernier soupir, sur le *Berthollet*, où on l'avait transporté.

Ce ne fut que le 26 au soir, vers 4 heures, lorsque les troupes arrivèrent au camp de la Tchernaïa, que le général Canrobert, réunissant autour de lui les officiers généraux et les chefs de corps ou de service, leur apprit l'état désespéré du maréchal et la remise du commandement en chef.

— Dans les circonstances où nous nous trouvons, termina Canrobert en se tournant vers le général Forey, je regrette vivement que la volonté de Sa Majesté n'ait pas confié le commandement à celui d'entre nous auquel il appartenait par droit d'ancienneté et qui l'eût si dignement rempli ; mais je sais les devoirs qu'impose à votre nouveau chef cette succession du passé, et j'y emploierai tout ce que Dieu m'a donné de forces et de courage, tout ce que j'ai dans le cœur de dévouement à la France et à l'Empereur.

Le général **Forey**, le plus ancien en grade, répondit alors :

— C'est avec une grande confiance, Général, que l'armée tout entière accueille son nouveau chef, celui que la volonté de l'Empereur appelle à sa tête ; je suis le plus ancien général de division parmi tous ceux qui vous entourent, et c'est à ce titre que je viens vous dire de compter sur mon dévouement de soldat et de vieux camarade ; vous n'aurez pas dans toute l'armée de lieutenant plus soumis.

Vivement touché par cette bonne réponse, Canrobert tendit la main au brave général Forey ainsi qu'à tous les officiers généraux, puis il dit aux autres officiers :

— Messieurs, je ne puis vous tendre la main à tous, mais je le fais du fond du cœur en serrant celle de vos dignes chefs (1).

Dès le 27 septembre Canrobert envoya les généraux Bizot et Thiry, commandants supérieurs du génie et de l'artillerie, reconnaître Sébastopol.

Le lendemain il écrivit au ministre de la guerre :

Balaclava, le 28 septembre 1854.

Le maréchal de Saint-Arnaud, gravement malade, m'a remis le commandement de l'armée conformément aux ordres de l'Empereur. Aujourd'hui je fais des vivres à Balaclava et je commencerai, dans l'après-midi, mon mouvement vers Sébastopol. L'ennemi n'ayant pas reparu depuis

____

(1) De Bazancourt, *Expédition de Crimée.*

Canrobert.   11

la victoire de l'Alma, notre marche tournante vers le sud de Sébastopol s'est opérée sans aucune difficulté. Etabli sur les plateaux qui précèdent la place, je recevrai, par les baies du cap de Chersonèse, mes vivres et mon matériel de siège.

Le commandant en chef de l'armée d'Orient,
Général CANROBERT.

Tandis que Canrobert établit ses troupes sur le plateau de la presqu'île de Chersonèse et qu'il presse le débarquement du matériel de siège, les Russes, sous la protection de la formidable artillerie dont ils disposent dans Sébastopol, construisent, nuit et jour, des ouvrages avancés dont quelques-uns se relient aux fortifications permanentes.

Mais avant de suivre les travaux des assiégés et des assiégeants, il convient d'examiner si Canrobert pouvait s'emparer de la place par un hardi et vigoureux coup de main.

Dans une lettre, datée du 25 août, le maréchal de Saint-Arnaud avait dit :

...Je mènerai les choses si vigoureusement en Crimée que ce sera bientôt fini. Je ne veux pas que cela dure plus d'un mois.

Dans une autre, du 11 septembre, il ajoutait :

...Je compte être sous Sébastopol le 25 septembre. Tout sera fini le 27 octobre avec la protection de Dieu.

C'est sur l'affirmation de ces deux lettres que quelques historiens ou « faiseurs de dictionnaires » ont reproché à Canrobert de n'avoir pas été aussi vite en besogne que son prédécesseur. Il n'est donc pas inutile, à ce sujet, de recueillir les opinions émises par le général Fay, le général Bosquet et le maréchal Niel.

Le général Fay, dans les *Souvenirs de la Campagne de Crimée*, s'exprime ainsi :

... Peut-être, en effet, après la victoire de l'Alma, le maréchal aurait-il pu décider à cette attaque le général anglais, qui, de lui-même, avec son caractère méthodique, ne l'eût pas entreprise ; mais la mort de notre premier chef ne permettait pas à son successeur de prendre une pareille responsabilité aux premiers jours de son commandement. D'ailleurs, pour beaucoup de bons esprits, même fort résolus, *c'était un véritable coup de dé.*

Le général Bosquet a écrit :

...Nous frappons aux portes de Sébastopol, mais les Russes se défendent et il y aura de la gloire à entrer. *Nous n'allons pas si vite que ces terribles guerriers en robe de chambre* qui ont si bien trompé l'Empereur en lui annonçant la prise de la ville.

Enfin voici l'opinion du maréchal Niel :

...Tenter d'enlever de vive force une ville déjà en partie fortifiée, dont les rues peuvent être barricadées et dans laquelle les défenseurs sont soutenus par le feu des vaisseaux, *c'était, en cas d'échec, risquer le salut de l'armée alliée.*

L'avis de ces trois officiers généraux nous paraît suffisant pour édifier le lecteur et lui permettre d'apprécier si Canrobert fit bien de ne pas sacrifier la vie de ses soldats en ne cherchant pas à tenter un assaut dont les chances de succès semblaient plus que douteuses.

C'est dans la nuit du 9 octobre que Canrobert fit commencer les travaux de tranchée qui devaient durer onze mois.

L'ouverture de la tranchée, écrivit-il au ministre de la guerre, s'est faite dans la première nuit sur un développement d'environ 1.000 mètres, sans que nos travailleurs fussent inquiétés... Nous concentrons tous nos efforts sur la construction d'une sorte de grand front bastionné qui doit servir d'appui à notre gauche et où, pour profiter des avantages marqués de la position, nous accumulons 56 pièces réparties en cinq batteries...

Huit jours après (17 octobre), nous ouvrions le feu pour la première fois avec 53 pièces de notre côté et 73 du côté des Anglais; les flottes alliées se mirent également de la partie et canonnèrent le sud de la ville et du port.

Cette première journée éclaira les assiégeants sur la nature des obstacles qu'ils auraient à surmonter pour s'emparer de la place. Ils purent se rendre compte de la façon dont ils auraient été reçus s'ils avaient voulu la prendre de vive force.

La place a mieux soutenu le feu qu'on ne le croyait... Le 17, nos troupes ont pris possession du plateau qui se trouve devant le point d'attaque appelé le *Bastion du Mat* et l'occupent; ce soir, nous y construisons le masque d'une batterie de douze pièces et, s'il est possible, celui d'une deuxième batterie à l'extrémité droite au-dessus du ravin. Tous nos moyens d'attaque sont concentrés sur ce point et doivent, je l'espère, le désemparer rapidement avec le concours des batteries anglaises qui contre battent sa face gauche (1).

Lettre du 18 octobre du général Canrobert au ministre de la guerre.

Les Russes ripostaient, en effet, avec vigueur et maltraitaient nos batteries d'une façon terrible. Le 19 octobre, l'une d'elles, la batterie du fort génois, n'avait plus qu'une seule pièce en état. Le général Canrobert vint lui-même féliciter le commandant de cette batterie, M. Penhoat, qu'il porta à l'ordre du jour.

« Tant que je pourrai tirer un coup de canon, je resterai là », avait dit ce brave officier ; et il surveillait le tir de sa dernière pièce aussi froidement qu'au début de l'action. Par ordre du général en chef, la batterie fut supprimée.

Le lendemain, par une nuit noire, les assiégés tentèrent leur première sortie, sans importance, il est vrai, mais pendant laquelle ils parvinrent à enclouer sept de nos pièces.

Aussi le lendemain Canrobert rappelle-t-il à ses troupes « que la vigilance à la guerre et surtout devant une place assiégée, était le premier des devoirs ».

Chaque jour faisait voir un obstacle nouveau.

Nous rencontrons, écrivait Canrobert au ministre de la guerre, le 22 octobre, des difficultés de deux sortes : celles qui résultent de la nature du sol, dont la couche de terre, déjà très insuffisante, diminue au fur et à mesure que nous approchons de la place, et celles qui résultent du nombre et du calibre des pièces d'artillerie que l'ennemi nous offre, sur un front à peu près en ligne droite et très étendu. Sous ce rapport, les ressources qu'il tire de ses vaisseaux immobilisés dans le port, tant comme personnel que comme matériel, sont presque inépuisables, tandis que les nôtres sont nécessairement limitées.

Nous avons vu qu'en coulant bas une partie de ses bâtiments, le prince Menschikoff avait pris une excellente mesure pour la défense de Sébastopol; il eut en même temps une autre idée non moins bonne : ce fut de ne pas s'enfermer dans la place et de gagner Simphéropol, afin de pouvoir tenir la campagne tout en conservant ses communications avec les assiégés. Bientôt, il disposa de forces considérables et, dès le 23 octobre, il commença à inquiéter les hauteurs d'Inkermann et les positions de Balaclava occupées par les Anglais.

Le 25, le général russe Liprandi sortit, au petit jour, du village de Tchorgoun et enleva de petites redoutes défendues par les Turcs. Ces redoutes avaient chacune une pièce de canon dont les Russes s'emparèrent. Enhardis par ce succès, ils prononcèrent leur mouvement sur Balaclava et lancèrent une petite partie de leur cavalerie sur un régiment anglais, le 93e highlanders. Mais ces fantassins attendirent les cavaliers de pied ferme et les firent reculer, tandis que le gros des cavaliers russes était également battu par la cavalerie anglaise.

Canrobert apprit le mouvement des Russes à 7 h. 1/2 du matin. Aussitôt, il se rendit auprès de lord Raglan, sur les plateaux qui bordent la vallée de Balaclava.

L'ennemi, dit Canrobert dans son rapport au ministre, occupait les hauteurs boisées du côté de la Tchernaïa; sa tête de colonne seule était apparente, on pouvait l'évaluer à 20.000 hommes : le reste du corps d'armée était dérobé aux regards par les ravins et les hautes broussailles qui couvrent tous ces terrains. Son intention évidente, celle qu'il aura toujours, était de nous faire descendre jusqu'à lui en quittant nos excellentes positions.

De rapides dispositions ayant été prises pour bien les accueillir, les Russes commencèrent à se retirer. C'est alors que, pour exécuter un ordre mal compris ou mal donné, la cavalerie anglaise, afin de reprendre les canons enlevés aux Turcs fut décimée par les Russes : sur 600 cavaliers qui prirent part à cette malheureuse charge, il n'en revint que 180. Nos chasseurs d'Afrique, par une charge vigoureuse, protégèrent leur retraite.

Le lendemain, 26, les Russes firent une nouvelle tentative sur les lignes anglaises ; lord Raglan avec ses seules forces repoussa cette seconde attaque.

Canrobert résolut alors d'attaquer le *Bastion du Mat*, le 6 novembre, et donna des instructions en conséquence ; mais ce projet fut contrarié par l'armée de secours conduite par Menschikoff.

En effet, le 5 novembre au matin, deux corps d'armée russes commandés par les généraux Liprandi et Dannenberg attaquaient Balaclava et Inkermann, tandis qu'à l'intérieur de Sébastopol, les troupes du général Timofeïff se tenaient prêtes à se jeter sur les travaux d'attaque des assiégeants. Le but des Russes était de nous rejeter sur nos deux ports de dépôt Balaclava et Kamiesch et ce projet pouvait parfaitement réussir, s'ils s'emparaient de la position d'Inkermann.

L'attaque des Russes, qui a lieu sur trois points à la fois, réussit pleinement ; les Anglais, qui ne se gardent nullement sur Inkermann, sont surpris dans leur tente par les balles et la mitraille qui les réveillent désagréablement. Cependant ils se mettent rapidement sur la défensive et cherchent à s'opposer à la marche des Russes.

Dès les premiers coups de feu, Canrobert et le général Bosquet avaient pu se rendre compte des trois attaques simultanées ; mais Canrobert reconnaît bien vite que l'attaque de Balaclava n'est qu'une diversion ; il devine parfaitement, comme Bosquet d'ailleurs, que c'est Inkermann le véritable objectif de l'ennemi. Le général en chef de l'armée française se concerte alors avec lord Raglan, puis il parcourt le champ de bataille.

Voyant un régiment irlandais se retirer pour aller chercher de nouvelles cartouches et jugeant cette position très importante :

Général Rose, dit Canrobert, dites au colonel de placer ses hommes ici, et s'ils n'ont plus de munitions pour faire feu, qu'ils élèvent leurs baïonnettes au-dessus des broussailles, afin de montrer à l'ennemi que ce passage est gardé ; nous allons lui envoyer des cartouches (1).

Puis il s'élance sur un autre point et rencontrant des zouaves qu'amènent les commandants Dubos et Montaudon :

Ce n'est plus de la fusillade qu'il nous faut, leur crie-t-il, c'est de la baïonnette (1).

____

(1) De Bazancourt, *Expédition de Crimée.*

Mais, malgré l'activité de Canrobert à faire marcher ses troupes et la ténacité des Anglais à conserver leur position, les colonnes russes, beaucoup plus fortes que celles des alliés, atteignaient le sommet du plateau d'Inkermann.

En ce moment critique, on raconte que lord Raglan se tourna vers son collègue, et avec ce sang-froid de Romain qui le caractérisait :

— Vos zouaves, dit-il, ont un mot qui exprime très bien ce que nous sommes.

— Nous sommes f..., voulez-vous dire ?

— Non, Milord, lui répondit le général Canrobert (1).

Peu de temps après, Canrobert fut blessé au coude droit par une shrapnell qui venait d'éclater au-dessus de sa tête ; mais comme à l'Alma, il se fit panser sur le champ de bataille et ne cessa pas de diriger son armée.

Enfin les efforts des Français sont couronnés de succès.

L'ennemi fuit en désordre ; nos soldats, fous de massacres et de combats, le poursuivent jusqu'à l'escarpement des carrières qui forment la limite extrême du plateau, et le précipitent pêle-mêle de ces hauteurs abruptes, où chaque homme trouve une mort certaine. Au fond de la vallée, les cadavres s'entassent comme ils s'entassaient tout à l'heure sur le plateau. — L'endroit où eut lieu cet affreux

---

(1) *Journal humoristique du siège de Sébastopol*, par un artilleur. (M. Bazancourt dit à peu près la même chose dans l'*Expédition de Crimée*.

carnage qui mit fin au combat d'Inkermann, conserva depuis le terrible nom d'*Abattoir* (1).

Le lendemain de cette chaude journée, un conseil composé de lord Raglan, Canrobert, des généraux français et anglais, Bosquet, Forey, Bizot, Martimprey, Trochu, Burgogne, England, Airey, Rose et des vice-amiraux Dundas et Hamelin, se réunit chez le généralissime anglais.

Après avoir exposé fidèlement la situation, Canrobert termina ainsi :

Messieurs les généraux et amiraux, vous avez été appelés au sein de ce conseil pour émettre franchement votre opinion ; dans ces conditions, faut-il ajourner l'assaut ou le donner immédiatement ainsi que cela avait été décidé ?

Il n'y eut pas d'hésitation dans le conseil ; tous les avis furent unanimes pour l'ajournement, jusqu'à l'arrivée de renforts ; l'insuccès eût pu devenir un déplorable désastre (1).

Le 8 novembre, Canrobert écrivit en France :

Malgré la résistance acharnée que, lord Raglan et moi, nous nous attendions à rencontrer dans cette vaste et exceptionnelle place, dont les ressources en artillerie et en munitions de tout genre sont immenses, notre confiance dans le succès était grande, lorsque l'arrivée inattendue d'une partie de l'armée du Danube que l'on devait croire retenue vers le Pruth par les Autrichiens et les Turcs, et d'autres renforts arrivés en voiture de l'inté-

---

(1) De Bazancourt.

rieur, formant un effectif d'au moins 100.000 hommes, ont dû appeler toute notre attention contre cette armée.

Elle n'aurait pas manqué de nous prendre en flanc, pendant que l'opération difficile de l'assaut, tout en nous faisant perdre nos meilleures troupes, nous aurait contraints à affaiblir certains points de notre ligne de circonvallation, rendue forcément étendue par suite de la configuration du terrain et des nécessités du siège. *L'assaut a été ajourné.*

Mais s'il retarda l'assaut, ayant à surveiller à la fois et les assiégés et l'armée de Menschikoff, Canrobert n'en développa pas moins ses approches contre Sébastopol et continua à fortifier, par de solides ouvrages, les points faibles de notre ligne de circonvallation.

Le 21, les Anglais nous ayant débarrassés d'embuscades russes, Canrobert, pour les en remercier, porta ce fait d'armes à la connaissance de l'armée française :

Ordre du général en chef.

Dans la nuit du 20 au 21, sur la demande de concours que j'avais adressée au commandant en chef de l'armée anglaise, en lui faisant observer que les tirailleurs russes s'établissaient à couvert, en avant de ses lignes, pour prendre à revers nos tirailleurs, 100 riflemen, conduits par le capitaine Tryon, sont sortis des tranchées anglaises, ont tourné par la gauche les positions occupées par l'ennemi et les ont enlevées, après l'en avoir débusqué. Les Russes, formés en colonnes profondes, ont tenté trois fois de les reprendre à la baïonnette, après avoir fait pleuvoir la mitraille sur le détachement anglais ; nos alliés ont tenu ferme avec l'énergie que nous leur connaissons et sont restés maîtres de la position, où nous pouvons les apercevoir ce matin.

J'ai voulu rendre hommage devant vous à la vigueur avec laquelle s'est accompli ce hardi coup de main, qui a malheureusement coûté la vie au capitaine Tryon. Nous lui donnerons les regrets dus à sa fin glorieuse. Elle resserrera les liens de loyale confraternité d'armes qui nous unissent à nos alliés.

C'est également vers le 21 novembre 1854, que l'on apprit que, par décret du 21 octobre précédent, l'empereur avait élevé Canrobert à la dignité de grand-officier de la Légion d'honneur. Car, dans une de ses lettres, en date du 24 novembre, le général de **La Motte-Rouge** écrit :

Mardi, je suis allé au quartier général faire une visite au général Canrobert, à l'occasion de sa promotion comme grand-officier de la Légion d'honneur.

Canrobert, qui connaissait de La Motte-Rouge depuis son passage au camp d'Helfaut, lui serra cordialement la main et le présenta à l'amiral Bruat en disant :

Amiral, voici le général de La Motte-Rouge, mon ami, qu'on peut présenter à ses amis comme à ses ennemis (1).

Cependant, nos travaux continuaient toujours, et le 27 décembre ils avançaient jusqu'au fond de la baie de la Quarantaine. L'ennemi avait évacué les parties de la vallée de Balaclava, où nous l'apercevions pré-

____

(1) *Souvenirs et Campagnes du général de La Motte-Rouge.*

cédemment en grandes masses. Voulant s'assurer de la direction qu'il avait prise, Canrobert fit pousser, jusque vers le village de Tchergoun, une reconnaissance composée d'une brigade de cavalerie, sous les ordres du général d'Allonville. En même temps, un millier de fantassins écossais et zouaves sortait de Balaclava par la droite de nos positions, et explorait les hauteurs qui s'étendent vers la vallée de Baïdary.

Après ce mouvement, Canrobert écrivit au maréchal Vaillant :

En somme, je pense qu'il n'y a sur la rive gauche de la Tchernaïa que des postes ennemis observant de loin nos positions. Il s'est évidemment produit dans l'armée russe un mouvement dont la cause probable est le débarquement des troupes turques qui se continue à Eupatoria. Je saurai bientôt à quoi m'en tenir à cet égard.

Cette lettre portait la date du 27 décembre.

Le lendemain, Canrobert, qui venait de recevoir une lettre de la reine d'Angleterre relative à la bataille d'Inkermann, fit lire à l'armée l'ordre général suivant :

Le général en chef est heureux d'avoir à faire connaître aux troupes les termes, très honorables pour nos armes, dans lesquels Sa Majesté la reine d'Angleterre apprécie leur conduite à la bataille d'Inkermann :

La reine a remarqué avec une reconnaissante satisfac tion la vigueur avec laquelle les troupes de son allié l'Empereur des Français, sont venues en aide aux divisions de l'armée anglaise, engagée dans un combat si inégal. Sa Majesté est profondément sensible à la coopération cordiale du commandant en chef, général Canrobert, et à la vaillante conduite de cet officier distingué, le général Bosquet. Elle voit, dans les cris avec lesquels les soldats des deux nations s'encourageaient mutuellement pendant l'action, des preuves de l'estime réciproque que cette campagne et les traits de bravoure qu'elle a produits, ont fait naître de part et d'autre.

Sa Majesté la reine d'Angleterre ne pouvait louer d'une manière plus flatteuse l'attitude de l'armée à la bataille d'Inkermann. En marchant à l'aide de nos braves alliés, nous avons rempli un devoir, qu'eux-mêmes accompliraient envers nous avec la vaillance que nous leur connaissons, et dont nous avons eu sous les yeux tant de preuves.

Le général en chef,
CANROBERT.

Nous arrivons à la fin de l'année 1854. Les troupes avaient été fortement incommodées par les pluies, toutefois, le thermomètre n'était pas descendu au-dessous de zéro et la neige n'avait pas encore fait son apparition dans le camp. Mais ce camp n'en était pas moins dans un piteux état et nous empruntons à M. Charles Bocher la description du quartier général du plateau de Chersonèse.

D'après l'installation des généraux, on pourra se rendre compte de celle des soldats :

Situé sur un sol dénudé, où l'on enfonce dans une boue fangeuse et gluante, le quartier général se compose de quelques tentes et baraques en planches à demi-minées par les pluies. On voit sortir de ces habitations de sauvages des officiers avec leurs uniformes relevés de galons et de broderies d'or, ce qui est d'un contraste singulier. Le commandant en chef ne s'est pas choisi une demeure plus digne de sa position. Dur à lui-même, s'il ne l'est pas pour les autres, il couche et travaille sous une simple tente de soldat (1).

Canrobert, qui avait reçu depuis quelque temps le droit de décerner des récompenses, usa de ce droit pour terminer l'année.

Au bruit du canon des assiégés et des assiégeants il passa une revue « s'arrêtant souvent devant les soldats, causant avec eux, leur souriant d'un sourire à la fois plein de bonté et de gratitude ». Puis, la revue passée, les chefs formèrent le cercle et le général en chef leur parla de la patrie, de l'espoir qu'il avait de mener le siège à bonne fin...

Tous, dit-il, en terminant et en enflant sa voix pour que les soldats l'entendissent, tous, je vous remercie au nom de la France et de l'empereur (2).

Un fait à noter parce qu'il fait honneur à la courtoisie de Canrobert, c'est qu'il ne remit pas les récompenses lui-même à la troupe. Il pensa avec raison que les généraux préféreraient les remettre chacun à leur corps d'armée et se priva généreusement du plaisir de faire des heureux.

Enfin, avant de quitter définitivement cette année 1854, il n'est pas inutile de montrer en quels termes, respectueux mais fermes, le général Canrobert fit comprendre au prince Napoléon que son devoir était de

____

(1) *Lettres de Crimée*, par Charles Bocher.
(2) *Expédition de Crimée*, par de Bazancourt.

rester sous Sébastopol, avec l'armée, et non d'aller à Constantinople comme il le fit :

Au quartier général, devant Sébastopol, le 6 novembre 1854.

Monseigneur,

Le désir que m'exprime à l'instant V. A. I. de se rendre momentanément à Constantinople pour y rétablir sa santé me cause un profond et double chagrin : il m'apprend, Monseigneur, que vous êtes dangereusement malade, ce dont je m'étais plu de douter jusqu'à ce jour, et me fait craindre de priver mon armée des services et de la présence d'un prince au nom duquel se rattachent, pour les soldats français, des souvenirs si émouvants. Vous êtes ici parmi eux comme la représentation vivante de la gloire nationale, pour laquelle vous le savez, Monseigneur, ils combattent et meurent journellement avec l'espérance d'obtenir l'approbation de notre auguste Empereur.

Que V. A. I. décide donc ce qu'elle veut faire, mais qu'elle daigne me permettre de la conjurer de nouveau de réfléchir encore à la grave détermination qu'elle va prendre elle-même.

Je suis avec respect, Monseigneur,

Gal CANROBERT.

CHAPITRE XII

Le 4 janvier 1855, lord Raglan adresse au chef de l'armée française une lettre ainsi conçue :

A Son Excellence le général Canrobert.

Devant Sébastopol, 4 janvier 1855.

Général,

J'ai l'honneur de transmettre à Votre Excellence les résolutions unanimes de la chambre des Lords et de celle des

Communes, du 15 du mois dernier, qui expriment la haute valeur qu'elles attachent aux grands et éminents services de Votre Excellence, et à la coopération cordiale et aux brillants exploits de l'armée française. J'ai reçu l'ordre d'être l'interprète de ces sentiments auprès de Votre Excellence et, par votre entremise, auprès des braves soldats qui servent sous vos ordres.

Je suis enchanté qu'une tâche aussi agréable me soit dévolue, que celle d'offrir à Votre Excellence et à l'armée française le tribut de remerciements de la part du Parlement anglais, et je suis heureux de saisir cette occasion, afin de vous assurer que les sentiments que les Chambres ont exprimés sont en harmonie avec ceux de la reine et de toutes les classes des sujets de Sa Majesté ; que l'admiration de la conduite des troupes est universelle, et que tous sont convaincus que la cause dans laquelle les deux nations sont engagées a énormément profité de l'union qui n'a pas cessé de régner entre les généraux en chef des armées de la France et de l'Angleterre, des efforts combinés et de la bonne camaraderie des troupes.

J'ai l'honneur, etc.

Lord RAGLAN.

A cette lettre étaient jointes les deux déclarations, annoncées par le général en chef de l'armée anglaise :

Chambre des Lords.

Die veneris, 15ᵉ decembris 1854.

Résolu, nemine dissentiente.

Par les lords spirituels et temporels en Parlement assemblés.

Que les remerciements de cette Chambre soient rendus au général Canrobert et à l'armée française, pour leur vaillante et heureuse coopération avec les forces de terre de

Sa Majesté, dans l'attaque de l'ennemi à Alma; pour leur assistance énergique et opportune qui a permis de repousser l'ennemi à Inkermann, et pour leurs efforts distingués de concert avec les troupes de Sa Majesté pendant le siège de Sébastopol; et qu'on prie le feld maréchal, lord Raglan, de leur transmettre les présentes résolutions.

Signé : John-Georges Shaw-Lefebre.

Chambres des Communes.

Veneris, 15ᵉ die decembris 1854.

Résolu, nemine contradicente.

Que les remerciements de cette Chambre soient rendus au général Canrobert, etc. (1).

Signé : Denis Le Marchant.

Avec janvier la neige vint, le thermomètre baissa rapidement, et les soldats eurent à lutter contre un nouvel ennemi non moins terrible : le *froid*. D'après une lettre de Canrobert, les Anglais auraient encore plus souffert que nous, par suite de leur manque d'organisation.

L'armée anglaise, écrivait le général Canrobert, sait combattre avec une vaillance qu'on peut appeler sans égale; mais elle est loin d'avoir, pour la guerre, nos prévisions, notre savoir faire et notre industrie. Nos alliés, qui sont bien sur le champ de bataille les plus solides soldats que l'on puisse rencontrer, sont tellement étrangers aux simples notions du service des armées en campagne, pour ce qui concerne les précautions hygiéniques, la ré-

---

(1) Cette résolution est exactement semblable à la première.

partition des heures du repos et du travail, la confection
des travaux de fortification, etc., que leur effectif diminue
sensiblement; mais je le répète, ils savent noblement
racheter ces défauts en face de l'ennemi (1).

Et, dans une autre lettre du 9 janvier, le général en
chef de l'armée française rend compte que lord Raglan
et le lieutenant général commandant le génie anglais, viennent de lui adresser des documents très
détaillés desquels il résulte la nécessité, pour notre
armée, de prendre part à des travaux incombant, dans
le principe, à nos alliés.

Les travaux allaient donc sûrement, mais lentement, et bien souvent l'ennemi, par de fréquentes
attaques de nuit, cherchait à enclouer nos canons et
rendait plus pénible encore le service des tranchées.

Mais Canrobert veille à tout, il ranime les courages
abattus par de bonnes paroles ou des récompenses.
Ces ordres du jour sont courts, mais ils vont droit au
cœur :

Au nom de l'empereur, dit-il, à la suite d'un engagement, je confère la Légion d'honneur au sous-lieutenant
Kerduda qui, tout jeune encore, a montré l'aplomb et
l'énergie d'un vieux soldat en entraînant ses voltigeurs.

Souvent aussi, quand l'ennemi fait un feu d'enfer,
il visite les travaux, en grande tenue, et par sa présence aide les soldats à supporter les dangers de toute
nature auxquels ils sont exposés.

---

(1) Camille Rousset : *Guerre de Crimée.*

Ceux-là ne me contrediront certes pas, qui l'ont vu dans les tranchées de Sébastopol, revêtu de son grand uniforme, parcourant à pas lents tous les travaux, dont il dépassait la crête, aussi tranquillement que s'il avait été dans un salon des Tuileries. Jamais on n'a poussé plus loin le mépris de la mort! (1)

Le 28 janvier, le général Uhrich arriva sous Sébastopol avec les voltigeurs de la garde; le général Niel, de l'arme du génie, vint également en Crimée vers la même époque; et, pour terminer d'énumérer les principaux événements du mois, rappelons que c'est par décret du 13 janvier 1855, que l'empereur conféra la médaille militaire au général Canrobert.

Le général Thoumas dans *Mes souvenirs de Crimée* dit qu'au mois de février le commandant du port de Kamiesch vint dire à Canrobert qu'il n'y avait plus à bord des bâtiments qu'un approvisionnement de trois ou quatre jours de fourrages.

Très ému de cet avertissement, d'autant plus qu'il n'y avait pas de réserve à terre et que le temps, très mauvais, ne permettait pas de compter sur des arrivages, le général en chef fait venir un intendant et lui demande combien il nous reste de jours de fourrages.

Quinze jours, telle fut la réponse.

Mais le commandant du port maintient son dire; on vérifie et il se trouve que « c'est le marin qui a raison ».

____

(1) *La Légion étrangère*, par le capitaine Blanc.

Les chevaux furent mis au quart de ration et un vapeur partit à toute vitesse sur Constantinople.

Le général Thoumas termine cette anecdote par cette phrase du général Bosquet au général Canrobert : « Cela ne marchera pas tant que vous n'aurez pas fait planter deux potences à droite et à gauche de votre tente, portant l'une un intendant et l'autre un officier d'administration. »

Après un conseil tenu le 1er février 1855, et sur l'avis du général Niel, Canrobert décida que des travaux d'approche seraient exécutés devant la tour Malakoff, afin d'attaquer par ce point le faubourg de Karabelnaïa, au moment où l'assaut serait donné à l'ouest de Sébastopol.

De suite, on commença les travaux de cette attaque de droite, dite de la tour Malakoff.

Peû de jours après (11 février), le général Pélissier arriva à son tour au quartier de Chersonèse. Canrobert fit paraître un ordre du jour pour faire connaître la nouvelle organisation de l'armée d'Orient.

D'après les instructions de l'empereur, il y avait deux corps d'armée comprenant chacun quatre divisions, commandés, le premier par le général Pélissier, le second par le général Bosquet. Le général Morris conservait la cavalerie et les commandements supérieurs de l'artillerie et du génie restaient confiés aux généraux Thiry et Bizot.

Vers le milieu du mois de février, le temps devint plus doux et Canrobert écrivit (17 février) :

J'espère que sous peu de jours nous serons prêts. J'espère que nos alliés le seront aussi.

Mais les Russes montraient au moins autant d'activité que les alliés et dès qu'ils virent les préparatifs d'attaque contre la tour Malakoff, ils construisirent rapidement de sérieux travaux de contre-approche à l'extrémité du plateau du Carénage.

Le 23, Canrobert reconnut lui-même ces nouveaux travaux des Russes et, après les avoir examinés longtemps, il résolut de les faire enlever et bouleverser dans la nuit du 23 au 24.

L'opération, qui fut habilement dirigée par le général Bosquet, ne réussit pourtant qu'à demi, car l'ennemi, toujours en éveil, fit donner des réserves considérables qui nous obligèrent à quitter la redoute avant sa complète destruction.

Peu de temps après, un régiment de zouaves de la garde impériale ayant été créé, Canrobert prononça l'allocution suivante en lui remettant son drapeau :

Zouaves de la garde impériale,

Je remets entre vos mains ce drapeau, symbole du patriotisme, de l'honneur militaire et du dévouement au souverain.

Je sais avec quelle énergie vous saurez le défendre. L'empereur en vous plaçant dans sa garde a voulu récompenser en vous les travaux et les vertus d'un corps qui s'est fait une gloire immortelle dans notre jeune armée. Vous serez dans ce nouveau régiment ce que vous avez été jusqu'à ce jour, des modèles d'intrépidité, de dévouement et de patience.

Vous vous recommanderez non seulement par l'élan au jour du combat, mais par la constance dans ces misères, dans ces fatigues de toute nature qui sont la vie habituelle, et l'honneur du soldat. Vous répondrez enfin à toutes les espérances qui reposent sur vous.

Prenez donc ce drapeau et portez-le comme se portent les drapeaux de la France.

Vive l'empereur ! (1)

Le 14 mars, les Français qui avaient 500 bouches à feu prêtes, n'attendaient plus que les Anglais pour essayer de porter un coup décisif.

Je les presse de mon mieux, car je comprends l'impérieuse nécessité de nous lancer sur la partie de Sébastopol qu'il peut nous être permis de prendre ; mais je dois aussi comprendre qu'il m'est interdit d'agir sans le concours de nos alliés. La *grosse affaire* du moment est de nous emparer de vive force du mamelon, au sud de la tour Malakoff, où l'ennemi se retranche fortement sous la protection d'un cercle de feu d'artillerie (2).

Chaque jour de retard était en effet un danger pour nous, car, outre les travaux de défense qu'ils multipliaient sous nos pas, les Russes faisaient de fréquentes sorties pour tâcher de jeter le trouble dans les rangs de nos travailleurs.

Dans la nuit du 22 au 23 mars, ils tentèrent « une sorte d'assaut général contre nos cheminements, et la combinaison paraissait la mieux conçue pour obtenir un résultat considérable (3) ».

Il était environ 11 h. du soir quand les Russes, au nombre de 15.000 à peu près, s'avancèrent en deux colonnes sur nos attaques de droite, devant la tour Malakoff.

____

(1) Cette allocution a été prononcée le 16 mars 1854.
(2) Lettre de Canrobert au ministre de la guerre (17 **mars 1854**).
(3) Lettre de Canrobert au ministre (23 mars 1854).

Trois fois repoussés et trois fois ramenés par les excitations de leurs officiers, les Russes ont dû renoncer à occuper ce point défendu par des compagnies du 3e zouaves..... Les efforts de l'ennemi, qui n'a pu que bouleverser la gabionnade, encore vide que nous avions sur ce point, restés impuissants, se sont portés vers le ravin de Karabelnia, où il a été chaudement reçu par la fusillade et n'a pu pénétrer (1).

Rejetés des lignes françaises, les Russes le furent également des tranchées anglaises et rentrèrent dans la place après une lutte de plusieurs heures. Leurs pertes s'élevèrent à 1.000 ou 1.200 hommes hors de combat ; ils demandèrent et obtinrent une suspension d'armes pour relever leurs morts.

Enfin le 9 avril 1855, six mois après (jour pour jour) l'ouverture de la première tranchée, les batteries anglaises et françaises ouvrent un feu terrible sur la place. Surpris par cette brusque attaque les assiégés ripostent d'abord mollement, mais bientôt ils se mettent à l'unisson et participent énergiquement à cet ouragan de fer et de plomb qui s'abat à la fois sur la ville et sur le camp.

Canrobert pensait soutenir ce feu pendant dix ou douze jours, qui devait faciliter les cheminements des alliés vers la place, diminuer les difficultés que nous offrait l'enlèvement de vive force de certaines de ses contre-approches et permettre enfin à une ou deux colonnes d'assaut de se loger sur quelque point de Sébastopol et d'y planter notre drapeau (1).

____

(1) Lettre de Canrobert au Ministre (23 mars 1855).

Mais la pluie, qui tomba en abondance dans cette même journée du 9 avril, rendit nos tranchées impraticables. Nous dûmes remettre à la soirée du 10 l'enlèvement de plusieurs embuscades russes, pour permettre au génie de comprendre dans nos ouvrages une partie du cimetière de Sébastopol. Cette opération nécessita plusieurs nuits pour être menée à bonne fin.

Dans la nuit du 13 au 14, le général Pélissier prit des dispositions efficaces pour nous assurer la possession du terrain sur lequel le génie devait cheminer vers le bastion central. L'opération se divisait en deux parties : celle de droite, *en avant du* T, dirigée par le général Rivet; celle de gauche vers le cimetière, dirigée par le général Breton. Protégé par cette double opération vigoureusement conduite, le génie a pu accomplir son tracé et pousser ses travaux avec activité (1).

Mais la joie que nous causa ce premier succès fut tempérée par un deuil qui affligea l'armée. Le brave général Bizot, commandant supérieur du génie, qui avait été blessé le 11 avril, succomba le 16 au moment où l'on pensait qu'il était hors de danger. Il fut enterré sur ce sol de Crimée qu'il avait tant fouillé depuis plus de six mois et, tandis que les canons tonnaient, Canrobert s'écria d'une voix émue :

« C'est justement parce que Bizot était un noble caractère, donnant à tous, chaque jour, le modèle du courage, du devoir accompli, du dévouement, de l'abnégation; c'est parce que Bizot avait toutes les vertus

---

(1) Lettre de Canrobert au Ministre (16 avril 1855).

et toutes les mâles qualités, que Dieu, dans sa justice infinie, lui a accordé le suprême bonheur de tomber en soldat, sur la brèche, en face de l'ennemi! »

Cependant, malgré nos efforts, l'artillerie ennemie agissant à très petite distance rendait à peu près impossibles, à moins de pertes continuelles, nos cheminements sur le bastion du Mât. Dans cette situation, nous cherchâmes, à l'aide de fourneaux de mine, à faire une tranchée entre notre troisième parallèle et le saillant du bastion. Le 15 avril, à 8 heures du soir, on mit le feu à 25.000 kilogrammes de poudre contenus dans seize fourneaux qui creusèrent de profonds fossés dans le sol en faisant explosion.

La secousse fut telle que les Russes, croyant à une attaque générale, commencèrent un feu terrible, afin de nous empêcher d'avancer. Cependant les troupes envoyées à cet effet purent s'emparer des *entonnoirs* produits par l'explosion et parvinrent à les relier entre eux en l'espace de deux nuits. Le combat que les Russes nous livrèrent pour essayer de nous chasser de cette position fut appelé le combat des *Entonnoirs*.

Les soldats, enivrés par ces fréquents combats, demandaient l'assaut. Canrobert, dont la phrase favorite était : « Nous entrerons dans Sébastopol par la porte et par la fenêtre (1) », ne demandait pas mieux; mais il était porteur d'instructions secrètes qui le gênaient beaucoup. Ces instructions disaient : « Si l'assaut de

---

(1) *Souvenirs de l'armée d'Orient* et, général de la Motte-Rouge, *Souvenirs et Campagnes*.

Sébastopol est impossible, ou doit coûter trop de monde, sans nous amener à la prise totale de la ville, il faut vous tenir sur la défensive et vous arranger de telle sorte qu'il soit possible de vous prendre deux divisions d'infanterie, la garde impériale et toute la cavalerie, quatre batteries montées et quatre à cheval, pour que toutes ces troupes, jointes à un corps de 40,000 hommes réuni à Maslak, près Constantinople, puissent, au premier signal, opérer extérieurement contre l'ennemi (1) ».

Cependant, les travaux des alliés les avaient tellement engagés avec l'ennemi, que Canrobert réunit en conseil les principaux officiers généraux et, après leur avoir communiqué les instructions qu'il avait reçues, leur demanda leur avis sur la ligne de conduite à adopter. Lord Raglan, qui était présent à cette réunion, fut d'avis, avec le commandant en chef de l'armée française, de donner l'assaut.

Cet assaut fut fixé au 28 avril. Mais pendant un second conseil, tenu pour arrêter les dernières dispositions de l'attaque, le vice-amiral Bruat envoya communication d'une dépêche du ministre de la marine lui annonçant la prochaine arrivée d'une armée de réserve.

Il fut alors décidé que l'on attendrait ce renfort et Canrobert, dans une lettre qu'il adressa au ministre de la guerre, lui apprit à la fois et le projet d'assaut et son ajournement :

---

(1) *Expédition de Crimée*, par M. de Bazancourt.

Il faut renoncer à éteindre le feu de la place. L'armée est trop près de l'ennemi pour rester dans cette situation. Pour en sortir, une attaque générale de Sébastopol avait été décidée pour le 28, tentative très hasardeuse. J'apprends officiellement que le corps de réserve de Constantinople y doit être embarqué le 10 mai. Cette nouvelle nous conduit à ajourner l'assaut.

Canrobert n'en continua pas moins à surveiller les travaux de contre-approche des Russes et dans la nuit du 1er au 2 mai, il les fit attaquer en avant du bastion central.

Mon cher général, écrit-il à Bosquet, le 2 mai, à 7 h. 1/2 du matin : L'ennemi était devenu tellement menaçant en face du centre de nos attaques de gauche que nous avons dû faire enlever cette nuit, de vive force, les ouvrages qu'il avait osé établir et nous y loger. Cette très sérieuse opération a réussi très heureusement. 8 mortiers ont été enlevés aux Russes qui ont éprouvé des pertes considérables... (1).

En même temps il télégraphia au ministre :

Nous avons eu cette nuit une heureuse affaire. L'ennemi avait fortement relié ses travaux entre eux et avec des logements. En avant du bastion central était un ouvrage de contre-approche à double enceinte et fort solide. Nous l'avons emporté. Nous nous y sommes maintenus sous un feu très vif et y sommes définitivement établis...

Jusqu'à cette époque une harmonie parfaite avait toujours existé entre les deux commandants en chef,

____

(1) Archives historiques.

quand une dépêche de l'empereur vint tout troubler.
Elle était ainsi conçue :

Au reçu de cette dépêche, réunissez tous vos moyens
pour vous préparer à attaquer l'ennemi extérieurement ;
concentrez immédiatement toutes vos forces, même celles
de Maslak.

Or lord Raglan venait, non sans peine, de décider
le général en chef de l'armée française à consentir à
l'expédition de Kertch. Cette expédition avait même
reçu un commencement d'exécution.

Canrobert donna aussitôt des ordres pour que l'amiral Bruat revînt à Sébastopol, puis il alla chez lord
Raglan lui annoncer cette nouvelle résolution. Ensuite
il adressa au maréchal Vaillant la lettre *confidentielle*
suivante :

Au quartier général devant Sébastopol, 5 mai 1855.

Monsieur le Maréchal,

Ma lettre en date du 1er mai, n° 46, vous a fait connaître
les conditions dans lesquelles je me suis trouvé placé pour
le coup de main à exécuter du côté de Kertch, vis-à-vis de
lord Raglan, qui s'appuyant sur l'importance qu'attachait
son gouvernement à l'exécution de cette opération à laquelle il entrevoyait de grandes chances de succès m'a
mis dans la nécessité de m'y associer.

Depuis, votre dépêche télégraphique du 2 mai qui mettait le corps de réserve à ma disposition, et celle de l'empereur du 3 mai qui me faisait connaître ses intentions,
m'ont fait considérer cette opération comme inopportune
et j'ai annoncé à lord Raglan que j'invitais l'amiral
Bruat à rentrer immédiatement à Kamiesch, en le priant
d'écrire dans le même sens à l'amiral Lyons. Mon instance

à ce sujet a vivement préoccupé et contrarié lord Raglan, qui a cru cependant devoir s'y rendre..... Aujourd'hui, je reçois votre dépêche télégraphique du 4 mai ; elle me prouve que l'empereur et vous avez jugé comme moi l'opération de Kertch. J'en suis heureux et cette dépêche me rassure au sujet de l'espèce de pression que j'ai dù exercer sur lord Raglan pour l'amener à se rendre à mon vœu sur ce point.

..... Toute opération latérale, même de courte durée, devant disperser nos navires et moyens de toute nature serait, comme le dit votre dépêche télégraphique du 4 mai, un hors-d'œuvre.

Général CANROBERT (1).

Dès lors, les rapports entre lord Raglan et Canrobert devinrent très difficiles. Celùi-ci voulait, d'après les instructions de France, se porter sur la rive de la Tchernaïa afin d'attaquer l'armée de secours et couper ainsi les communications de la ville avec l'intérieur du pays. Celui-là, au contraire, préférait suivre les opérations du siège.

Bref, l'accord était rompu et comme les opérations allaient certainement s'en ressentir, Canrobert puisa dans son patriotisme cette détermination sublime, *unique*, d'abandonner volontairement son commandement.

Le 16 mai, il télégraphia au ministre de la guerre :

Ma santé fatiguée ne me permettant plus de conserver le commandement en chef, mon devoir envers mon souverain et mon pays me force à vous demander de remettre ce commandement au général Pélissier, chef habile et d'une grande expérience. L'armée que je lui laisserai est intacte,

____

(1) Section historique.

aguerrie, ardente et confiante : je supplie l'empereur de m'y laisser une place de combattant à la tête d'une simple division.

Cette dépêche transmise, Canrobert fit venir le général Pélisser :

— Général, lui dit-il, j'ai été longtemps sous vos ordres en Afrique ; aujourd'hui, c'est vous qui êtes sous les miens. De la haute position qui m'était confiée, j'ai dû vous étudier et j'ai reconnu, dans l'homme qui sait obéir sans murmurer, la rare qualité de l'autorité du commandement ; cette autorité, il faut vous apprêter à l'exercer sur une grande échelle (1).

Et devant l'étonnement du général Pélissier, Canrobert expliqua que, par suite des dissentiments qui existaient entre lord Raglan et lui, il croyait de son devoir de se retirer, de se remettre à la tête d'une division.

— Général, interrompit Pélissier, ne faites pas cela, je vous en supplie ; plus tard, vous le regretterez amèrement.
— On ne regrette jamais de faire son devoir, répondit simplement Canrobert (1).

Quand la démission du général en chef de l'armée d'Orient arriva aux Tuileries, on ne sut que penser.

..... L'empereur a été fort ému des termes dont s'est servi le général en chef en donnant sa démission. Le général Canrobert est un noble cœur. Il faut qu'il se soit passé quelque chose que j'ignore pour avoir amené une

____

(1) De Bazancourt, *Expédition de Crimée.*

résolution de cette nature (1) — disait le maréchal Vaillant, ministre de la guerre.

Mais, tout en attendant les explications de Canrobert, on lui répondit par le télégraphe :

Paris, 16 mai, 11 heures du soir.

L'empereur accepte votre démission. Il regrette que votre santé soit altérée; il vous félicite du sentiment qui vous fait demander de rester à l'armée; vous y commanderez, non pas une division, mais le corps du général Pélissier. Remettez le commandement à ce général.

Canrobert ne reçut cette dépêche que dans la soirée du 18. Le lendemain à midi, il remit son commandement au général Pélissier en présence de tout l'état-major :

Celui qui va vous commander, termina Canrobert, est déja connu de tous par ses grands services militaires. Je remets entre ses mains une belle et vaillante armée, qu'il conduira à la victoire, et vous tous, Messieurs les généraux, vous accorderez à mon successeur ce fidèle et infatigable appui qui a secondé et soutenu mes efforts pendant les différentes épreuves que nous avons traversées; pour moi, j'ai demandé à l'empereur et je demande à notre nouveau général en chef, non l'honneur du commandement important d'un corps d'armée pour lequel Sa Majesté a bien voulu me désigner, mais celui de reprendre ma place de combattant à la tête d'une division (2).

Puis il fit dire aux troupes :

(1) Lettre du maréchal Vaillant au général Niel. (Archives historiques.)

(2) De Bazancourt.

Canrobert.   13

Soldats !

Le général Pélissier, commandant le 1er corps, prend, à dater de ce jour, le commandement en chef de l'armée d'Orient.

L'empereur, en mettant à votre tête un général habitué aux grands commandements, vieilli dans la guerre et dans les camps, a voulu vous donner une nouvelle preuve de sa sollicitude et préparer encore davantage les succès qui attendent sous peu, croyez-le bien, votre énergique persévérance.

En descendant de la position élevée où les circonstances et la volonté du souverain m'avaient placé et où vous m'avez soutenu, au milieu des plus rudes épreuves, par vos vertus guerrières et ce dévouement confiant dont vous n'avez cessé de m'honorer, je ne me sépare pas de vous.

Le bonheur de partager de plus près vos glorieuses fatigues, vos nobles travaux, m'a été accordé, et c'est ensemble que, sous l'habile et ferme direction du nouveau général en chef, nous continuerons à combattre pour la France et pour l'empereur.

Au grand quartier général, devant Sébastopol, le 19 mai 1855.

Le général en chef,
CANROBERT.

En même temps, le général Pélissier adressait également un ordre dans lequel il disait à l'armée dont il prenait le commandement :

..... Je suis certain d'être l'interprète de tous en proclamant que le général Canrobert emporte tous nos regrets et toute notre reconnaissance. Aucun de vous, soldats, ne saurait oublier ce que nous devons à son grand cœur. Aux brillants souvenirs d'Alma et d'Inkermann, il a ajouté le mérite, plus grand encore peut-être, d'avoir conservé à notre souverain et à notre pays, dans une formidable campagne d'hiver, une des plus belles armées qu'ait eues la

France. C'est à lui que vous devez d'être en mesure d'engager à fond la lutte et de triompher, et, si, comme j'en suis certain, les succès couronnent vos efforts, vous saurez mêler son nom à vos cris de victoire.

Il a voulu rester dans vos rangs, et, bien qu'il pût prendre un commandement plus élevé, il n'a voulu qu'une chose, se remettre à la tête de sa vieille division. J'ai déféré aux instances et aux inflexibles désirs de celui qui était naguère notre chef et sera toujours mon ami.....

Dans cette même journée, le général Canrobert écrivit deux lettres : l'une au maréchal Vaillant, l'autre à l'empereur.

La première était ainsi conçue :

A Monsieur le maréchal Vaillaint, ministre de la guerre.

Au quartier général, devant Sébastopol, le 19 mai 1855.

Monsieur le maréchal,

J'ai remis aujourd'hui au général Pélissier, conformément à l'autorisation qu'a bien voulu m'en donner l'empereur, le commandement en chef de l'armée.

Je donne par ce courrier en détail, à Sa Majesté, les raisons qui m'ont conduit à prendre cette détermination.

Devant des difficultés sans cesse renaissantes et qui, *en dehors* de mon armée, rendaient, chaque jour, ma tâche plus lourde, il m'a paru que je devais, avant tout, remplir l'impérieux devoir de remettre la direction suprême à un officier général que son âge, ses antécédents militaires, sa capacité, la fermeté de son attitude et de son esprit recommandaient à la confiance de l'armée, en même temps qu'ils le rendaient plus propre que moi à surmonter les difficultés inhérentes à la juxtaposition d'armées alliées ayant chacune *leur chef indépendant.*

L'armée que je lui laisse, Monsieur le maréchal, est sortie des plus rudes et périlleuses épreuves, plus belle, plus remplie d'ardeur et de confiance. Elle honore la France et n'a cessé d'être pour moi une source des plus nobles consolations pour le dévouement dont elle m'a entouré jusqu'à ce jour. Elle est prête à accomplir les plus grandes actions que lui commanderont le service et la gloire de l'empereur.

Personnellement, je vous prie, Monsieur le maréchal, d'obtenir de Sa Majesté la confirmation de la disposition par laquelle le général en chef Pélissier m'a rendu le commandement de mon ancienne division (1re du 2e corps); je suis bien assuré que je n'ai pas à expliquer et à justifier ici le sentiment qui m'a inspiré cette demande, à la réalisation de laquelle j'attache le plus grand prix.

Veuillez agréer, Monsieur le maréchal, l'expression de mon respectueux dévouement.

Général CANROBERT (1).

Enfin dans la lettre destinée à l'empereur, Canrobert s'exprime ainsi :

..... Le peu d'effet relatif produit contre Sébastopol par les nombreuses et excellentes batteries des alliés; la non-attaque de nos lignes extérieures par l'ennemi; la réouverture du feu, attaque qui paraissait très probable et sur laquelle j'avais fondé des espérances d'un succès plus décisif que celui d'Inkermann; les ardues difficultés que je viens d'éprouver pour préparer l'exécution du plan de campagne de Votre Majesté, devenu *presque impossible* par la non-coopération du chef de l'armée anglaise, la position *très fausse* que m'a créée ici, vis-à-vis des Anglais, le rappel subit de l'expédition de Kertch, à laquelle, je l'ai su depuis, ils attachaient une importance capitale, les exceptionnelles fatigues morales et physiques auxquelles, depuis neuf mois, je n'ai pas cessé un seul instant d'être soumis : toutes ces raisons, Sire, ont produit dans mon âme une conviction, celle que je ne devais plus diriger désormais en chef une

---

(1) Cette lettre est *entièrement* de la main du général Canrobert. (Archives historiques.)

immense armée dont j'avais su conquérir l'estime, l'affection et la confiance.....

Cette noble conduite de Canrobert qui abandonnait toutes les prérogatives du commandement en chef et — rentrait dans le rang — causa une profonde impression en France comme en Crimée. Tout le monde le loua et l'admira.

Le général Thiry s'exprimait ainsi en rendant compte de cet important événement :

Vous savez que notre général a abdiqué. Il dit qu'il ne s'entendait plus avec lord Raglan, ou du moins que leurs rapports étaient devenus très difficiles, surtout depuis l'avortement de l'expédition de Kertch, et qu'il a mieux aimé sacrifier sa position que d'y rester, pour être une cause d'embarras et pour nuire au bien général et à la bonne direction des affaires.

Le général Canrobert est un *brave homme* et un homme de cœur. Il n'a même pas voulu commander le 1er corps ; il reprend son ancienne division. *C'est une conduite romaine.* Jadis, ceux qui avaient été consuls devenaient sans diffi culté les lieutenants de leurs successeurs ; mais cette modestie n'est plus guère de notre temps.

CHAPITRE XIII

Le 20 mai, en reprenant le commandement de son
ancienne division, Canrobert lui adressa cet ordre :

Mes camarades de la 1re division, vous m'aviez donné
dans les circonstances les plus rudes et les plus glorieuses
tant de preuves de dévouement, vous m'aviez inspiré une
si grande confiance, qu'en quittant volontairement, et par
devoir pour mon pays, le commandement en chef d'une
armée de 130.000 hommes, j'ai tenu à l'honneur de redeve-
nir votre chef direct et de combattre à votre tête les
ennemis de la France et de l'empereur.

Le 25, sur l'ordre du général en chef, il dirigea une

opération ayant pour but de chasser les Russes des hauteurs qui dominent la rive gauche de la Tchernaïa.

Canrobert, outre sa division, disposait de la division Brunet (5e du 1er corps), des divisions de cavalerie Morris et d'Allonville et de 5 batteries à cheval de la réserve, sous les ordres du colonel Forgeot.

L'opération fut très habilement conduite, l'ennemi battit précipitamment en retraite, nous abandonnant la redoute qu'il avait construite près du pont de Traktir à la suite de nos projets d'attaque du 19 février, et l'armée française s'établit dans une plaine où elle put récolter le fourrage nécessaire à sa cavalerie.

Pendant tout le mois de juin, la division Canrobert conserva son campement sur la ligne de la Tchernaïa. Elle n'assista pas, par suite, à l'heureuse attaque du Mamelon-Vert (7 juin), pas plus qu'à la funeste tentative sur Malakoff, le 18 juin.

Le 4 juillet, elle vint prendre le service du corps de siège en remplacement de la division Faucheux.

Dès lors, Canrobert prit son service de garde aux tranchées tous les trois jours; il était prêt à seconder le général Pélissier avec le plus grand zèle; mais le bonheur de monter à l'assaut de Sébastopol ne lui fut pas donné.

« Quand la Canrobert donnera, Malakoff tombera », tel était le dicton fort répandu sur la 1re division. Elle donna, en effet, et Malakoff tomba, mais ce fut le général Mac-Mahon qui la conduisit à l'assaut.

Car l'empereur, bien qu'il eût nommé Canrobert grand'croix de la Légion d'honneur, le 20 mai 1855, afin de prouver que le passage de son aide de camp au simple commandement d'une division n'était pas une disgrâce, se vit forcé de le rappeler en France pour satisfaire à l'opinion publique.

On disait, en effet, que si la santé du général Canrobert ne lui permettait pas de commander l'armée, il ne pouvait pas davantage commander un corps ou une division; que la dépêche de Canrobert à l'empereur ainsi que la réponse à cette dépêche était une chose arrangée d'avance pour le public...

... C'est donc aux yeux du monde, écrivait le général Mortemart au maréchal Vaillant, une disgrâce dont la nouvelle ébranle la confiance dans le choix de l'empereur, ravale la dignité du commandant et nuit à la subordination dans la haute hiérarchie militaire... (1)

Ce furent, sans nul doute, ces considérations qui décidèrent le ministre de la guerre à télégraphier au général Pélissier :

Dites au général Canrobert que l'empereur, pour raison de santé, *l'engage* à revenir en France.

C'est le 26 juillet que le général commandant la 1re division du 2e corps reçut copie de cette dépêche. Il répondit immédiatement de la tranchée où il était de service :

L'état de ma santé, quoique mauvais, ne peut encore paralyser mon activité. En acceptant ma rentrée en France pour cette cause, je donnerais à notre armée un mauvais exemple, et je me pique, mon général (2), de ne lui en avoir jamais donné que de bons. Si Sa Majesté l'empereur

---

(1) Archives historiques.
(2) Cette lettre était adressée à Pélissier.

et vous, mon général, pensez que la dignité du commandement supérieur ait à souffrir de la modeste position qu'occupe ici celui qui fut pendant si longtemps le général en chef de notre immense armée, et si vous croyez que sa présence en France puisse être plus utile au service du pays et de l'empereur, veuillez ordonner, et je m'inclinerai devant votre décision.

Ainsi, Canrobert allait au-devant des objections qu'on pouvait lui faire et sa lettre, qui avait été transmise à Paris, confirma l'empereur dans sa résolution.

A la date du 28 juillet, il fut répondu au général Pélissier :

L'empereur *ordonne* au général Canrobert de venir prendre son service auprès de sa personne.

Il fallait donc obéir et, le 4 août 1855, Canrobert s'embarqua à Kamiesch pour retourner en France. Tous les officiers généraux ou supérieurs, que leur service ne retenait pas au camp, l'accompagnèrent jusqu'au vaisseau de l'amiral Bruat, où il passa les derniers moments qui précédèrent son départ.

Enfin, il monta sur le courrier de Constantinople et s'éloigna avec regrets de cette terre de Crimée, où il laissait une armée, qui était sienne, achever sans lui l'œuvre gigantesque qu'il avait si bien préparée.

Dix jours plus tard (14 août 1855), l'*Indus* faisait son entrée dans le port de Marseille, et Canrobert débarquait en France au milieu des acclamations de la foule qui était informée de son arrivée. Le 16, il était à Paris et l'on prétend que l'impératrice, dès qu'elle le

vit, s'avança vers lui, la main tendue, en lui disant :
« Je vous félicite, général, au nom de toutes les mères.
Vous, du moins, tout en sachant vaincre, vous avez su
ménager le sang de nos soldats. »

Combien ces paroles étaient justes et méritées, surtout quand on songe aux sacrifices, aux pertes, que
nous coûta l'enlèvement de Malakoff, le 8 septembre 1855.

L'histoire impartiale, a écrit le général Fay, dira la fin
héroïque du vainqueur de l'Alma, qui entreprit et commença avec tant de bonheur l'expédition de Crimée; elle
dira l'audace heureuse de celui qui d'un effort violent a
terminé un siège long et difficile par la prise de Malakoff;
mais elle ne pourra passer sous silence la noble conduite du
général qui eut la lourde tâche du commandement pendant
un hiver rigoureux, au milieu des plus rudes épreuves, et
qui remit ses troupes entre les mains de son successeur
dans un état si florissant, qu'avec elles on pouvait tout
entreprendre. Avare du sang du soldat, sans cesse préoccupé de son bien-être, il avait mis tous ses soins à conserver les meilleurs rapports avec nos alliés, qui ne lui
en tinrent pas toujours assez compte (1).

Le lendemain de son arrivée à Paris, Canrobert fut
élevé à la dignité de sénateur (2).

Le 18 août, la reine d'Angleterre débarquait à Bou-
logne, afin de rendre à l'empereur et à l'impératrice
la visite qu'elle en avait reçue environ trois mois
avant, et, le 19, un grand dîner fut donné aux Tuileries. Canrobert, qui était du nombre des rares invités,
eut l'honneur d'être placé à côté de la reine Victoria,

---

(1) Général Fay, *Souvenirs de la guerre de Crimée.*
(2) Décret du 17 août 1855.

qui s'entretint longuement avec lui du siège de Sébastopol.

Avant son départ, la reine lui conféra elle-même les insignes de grand'croix de l'ordre du Bain (1).

A la fin de l'année, le baron Bonde, homme de confiance du roi de Suède, ayant été chargé par son maître d'offrir à l'empereur l'ordre du Séraphin, cette offre fut bien accueillie et bientôt un amiral suédois, porteur des insignes de cette décoration, les remit à Napoléon III, qui, en échange, conféra le grand cordon de la Légion d'honneur à son cousin de Suède. Canrobert, que l'on désigna pour cette mission, toute pacifique, fut accueilli avec enthousiasme dans toutes les villes du Nord qu'il traversa; les cours de Stockholm et de Copenhague tinrent à lui rendre les plus grands honneurs (2).

Quand il revint en France, un nouveau triomphe lui était réservé. On attendait alors les régiments rappelés d'Orient qui devaient faire une entrée solennelle dans Paris le 29 décembre 1855.

Ce jour-là, à midi, l'empereur arriva sur la place de la Bastille, où les troupes de Crimée étaient massées; Canrobert était avec les officiers généraux qui escortaient le souverain. Mais quand il eut harangué les soldats, Napoléon III se tourna vers Canrobert et lui dit : « Allez vous mettre à la tête de cette armée que vous avez conservée à la France (3). »

---

(1) D'après les statuts de l'ordre, cette décoration n'est accordée que pour services éminents rendus à l'Angleterre.

(2) *Moniteur de l'armée* du 6 décembre 1855.

(3) *Histoire du second Empire*, par Taxile Delord.

Et Canrobert, précédant la vaillante colonne, fut acclamé par la foule, depuis la Bastille jusqu'à la place Vendôme, en suivant la ligne des boulevards et la rue de la Paix, recevant, lui et ses soldats, des bouquets, des couronnes, « tandis qu'aux fenêtres s'agitaient tous les mouchoirs et des yeux tombait plus d'une larme (1) ».

Le mois suivant, la reine d'Angleterre désigna S. A. R. le duc de Cambridge pour remettre à certains titulaires la médaille qu'elle venait d'instituer en souvenir de la campagne d'Orient.

La première distribution des médailles se fit le 15 janvier 1856 dans la cour des Tuileries ; Canrobert reçut la sienne des mains du duc de Cambridge, qui venait également de la remettre au prince Napoléon et la donna ensuite aux généraux Bosquet, Niel, Espinasse, etc. (2).

Enfin, le 18 mars 1856, Canrobert fut élevé à la plus haute dignité de la hiérarchie militaire : l'empereur le nomma maréchal de France, ainsi que les généraux Randon et Bosquet.

A partir de cette époque et jusqu'en 1859, aucun événement important n'est à signaler dans la vie du maréchal Canrobert, qui reçut le commandement supérieur des divisions de l'est à Nancy, le 13 février 1858, et celui du camp de Châlons le 1er juin de la même année.

Le 22 avril 1859, le *Moniteur* publiait la note suivante :

____

(1) *Moniteur de l'armée* du 1er janvier 1856.
(2) *Moniteur de l'armée* du 16 janvier 1856.

L'Autriche n'a pas adhéré à la proposition faite par l'Angleterre et acceptée par la France, la Russie et la Prusse.

En outre, il paraîtrait que le cabinet de Vienne a résolu d'adresser une communication directe au cabinet de Turin, pour obtenir le désarmement de la Sardaigne.

En présence de ces faits, l'empereur a ordonné la concentration de plusieurs divisions sur les frontières du Piémont.

Le même jour, le maréchal Canrobert était nommé commandant du 3e corps de l'armée des Alpes (1).

C'était le prélude d'une guerre contre les Autrichiens au profit du roi de Sardaigne et de l'indépendance italienne.

Canrobert, qui était à Nancy, fut appelé à Paris, le 20 avril 1859, par dépêche télégraphique pour recevoir de la main de l'empereur le commandement qui lui était attribué.

Le 23, il était à Lyon et organisait les trois divisions d'infanterie de son corps d'armée. Ces divisions avaient pour chefs les généraux Renault, Bouat, remplacé par le général Trochu (2), et Bourbaki ; la division de cavalerie fut confiée au général Partouneaux.

Enfin, le 28 au soir, il était à Suze au pied du mont Cenis, où l'attendait le roi Victor-Emmanuel. Ce dernier avait hâte que le maréchal se fût rendu compte de la ligne de défense qu'il avait établie sur la Dora-Baltea et sur laquelle il comptait beaucoup pour couvrir Turin.

Or, les instructions données au maréchal par l'empereur étaient ainsi conçues :

____

(1) Devenue armée d'Italie.
(2) Le général Bouat mourut subitement le 30 avril.

Il est interdit au maréchal Canrobert d'agir isolément et d'engager ses troupes avant leur réunion complète... Le maréchal se rendra compte personnellement à son arrivée à Turin des positions de la Dora-Baltea, que l'on nous annonce comme formidablement défensives; si elles lui paraissent telles, il est autorisé, *sous sa responsabilité personnelle*, à les occuper.

De plus, Canrobert venait de recevoir, également de l'empereur, cette dépêche :

Le général Niel vous a remis mes ordres; je vous réitère jusqu'à mon arrivée de rester sur la défensive à Turin, *ou en arrière de Turin.*

La première chose que fit Canrobert fut donc de visiter avec le roi de Sardaigne cette position de la Dora-Baltea.

Le maréchal trouva qu'elle était impossible à défendre.

« Mais, dit Victor-Emmanuel, nous la jugions capable d'arrêter les Autrichiens.

— Hélas, non! répondit Canrobert; chercher à défendre ce point serait nous perdre inutilement; et il montra au roi les instructions qu'il avait reçues.

— Je suis donc perdu! s'écria Victor-Emmanuel.

— Non, sire, répliqua Canrobert, vous ne l'êtes pas. Il ne sera pas dit que la capitale des alliés de la France aura été brûlée devant les baïonnettes françaises (1). »

Et c'est alors qu'il résolut de porter l'avant-garde de l'armée française sur Casale et Alexandrie, afin d'in-

---

(1) *Une visite au maréchal Canrobert,* par Henry d'Ideville.

quiéter le flanc gauche de l'armée autrichienne ainsi que ses derrières et l'empêcher de continuer son mouvement sur Turin.

Il donna des ordres en conséquence, puis, dans la soirée du 2 mai, il écrivit au maréchal Vaillant, ministre de la guerre :

Turin, 2 mai (soir) 1859.

Monsieur le Maréchal,

Après avoir reconnu l'impossibilité de défendre Turin derrière les positions de la Dora-Baltea et de la Stora, qui, outre le défaut d'être trop étendues et de présenter un très grand nombre de points d'attaque, présentent le danger à une armée venant Suze d'être coupée facilement de sa ligne de retraite si l'ennemi portait ses efforts sur la gauche de la défense, j'ai compris que c'était à Casale et Alexandrie que Turin devait être défendu. J'ai aussitôt profité du chemin de fer pour jeter dans Casale un bataillon français et des sapeurs du génie, qui, sous la haute direction du général Frossard, ont commencé, dès hier, à la tète de pont de cette place, sur la gauche du Pô, des travaux de nature à attirer l'attention de l'ennemi et lui faire craindre un débouché de notre part sur le flanc gauche et les derrières de sa ligne s'il osait marcher sur Turin.

Afin d'appuyer ce mouvement, le roi Victor-Emmanuel a retiré rapidement les troupes de la gauche de son armée, qui était établie sur la Dora-Baltea, et les a portées entre Casale et Alexandrie, sur la belle position de San-Salvatore. De mon côté, j'ai jeté dans l'enceinte du camp retranché d'Alexandrie, où elles ne sauraient être compromises, le plus de troupes qu'il m'a été possible, et demain matin, à la pointe du jour, je compte trouver dans cette place, prête à exécuter mes ordres, la division Bruat, commandée provisoirement par le général Bataille, et les premières brigades des divisions Renault et Bourbaki. Ces forces présentant un effectif de près de 14.000 hommes

seront sans cesse renforcées successivement par le restant
des troupes des 3ᵉ et 4ᵉ corps d'armée, dont la division, ou,
selon les circonstances, la brigade de gauche, occupera la
belle position de Savigliano, dans la vallée de Suze, pour
y assurer notre base. Si l'ennemi nous donne encore deux
jours de répit (3 et 4), j'aurai à Alexandrie, entre l'armée
sarde réunie à San-Salvatore et le maréchal Baraguey
d'Hilliers dont les troupes avancées occupent Serovalle,
près de 40.000 hommes. La jonction de l'aile gauche et de
l'aile droite de l'armée de l'empereur aura donc été naturellement opérée sans nous compromettre, et leur effectif,
joint à celui de l'armée sarde, ne s'élèvera pas à cette époque à moins de 160.000 hommes.

Ce sera un assez gros point d'interrogation pour attirer
l'attention de l'ennemi et le détourner de ses projets sur la
capitale de nos alliés...

Le lendemain, 3 mai, il écrivait à l'empereur :

Si les Autrichiens avaient marché, dès le principe, tête
baissée soit sur Turin, soit sur Alexandrie et le chemin de
fer de Gênes, ils auraient déjà produit beaucoup de mal,
mais ils ne l'ont pas fait, étonnés sans doute de l'apparition
presque subite de vos soldats à Casale et à Alexandrie.
Les mouvements qu'ils opèrent lentement depuis plusieurs
jours vers Frassinetto, vers Valenza et au delà du Pô par
Cambio, vers Salé, me donnent fortement lieu de penser
qu'ils se tiennent encore sur la défensive, tout en voulant
nous donner le change par des démonstrations offensives.
Dans tous les cas, l'ennemi nous fait gagner du temps.

C'est le 29 avril que Canrobert, afin de sauver Turin,
détermina le roi de Sardaigne à abandonner la Dora-
Baltea, dont les Italiens faisaient tant de cas. Or,
comme il venait de commencer à se reposer, le maréchal entendit frapper à sa porte. Il ouvre. Entre un
petit homme gros, court, à lunettes, qui lui dit :

—Je suis le comte de Cavour, et je viens vous demander, maréchal, si Sa Majesté ne s'est pas trompée : s'il est bien vrai que vous, maréchal de France, vous vous refusiez à défendre Turin et que vous abandonniez les positions de la Dora-Baltea. C'est impossible !

— Cela est pourtant ainsi, monsieur le comte. Je suis seul juge ; n'ayant point de conseils en politique à vous donner, souffrez que, en fait de dispositions militaires, je ne vous en demande pas.

—Quelle responsabilité sera la vôtre, monsieur le maréchal, devant l'histoire et devant l'empereur !

— Croyez, monsieur le comte, que j'ai réfléchi avant de prendre cette décision. Autant que vous, je désire sauver le roi de Sardaigne et sa capitale. Voilà pourquoi j'emploie l'unique moyen qui nous reste (1).

Et M. Cavour partit emportant cette pensée que Canrobert perdait Turin.

On prétend que plusieurs semaines après, quand les événements justifièrent les mesures adoptées par Canrobert, Cavour le revit, se jeta dans ses bras et lui dit :

— Comme vous aviez raison, monsieur le maréchal ! Sans votre promptitude, sans votre décision, nous étions perdus avant même l'arrivée du gros des troupes françaises.

Mais cette reconnaissance fut de peu de durée, car le 22 juin 1860 le comte de Cavour prononça les paroles suivantes devant le parlement italien :

Si, par l'incendie de Moscou, l'empire russe a pu repousser l'invasion française, je crois avec raison que, grâce à l'inondation de la province de Verceil, nous avons empêché l'invasion autrichienne d'arriver jusqu'à la capitale. Sans

---

(1) *Une visite au maréchal Canrobert*, par Henry d'Ideville.

cette résolution hardiment conduite par le gouvernement, cette ville aurait été profanée par les armées étrangères.

De la Dora-Baltea, des craintes de Victor-Emmanuel et enfin de l'intervention de Canrobert qui sauva la situation, il n'était déjà plus question treize mois plus tard ; la reconnaissance de l'Italie était de courte durée : aussi sa politique actuelle ne doit-elle pas nous étonner.

Un peu plus juste (ou plus reconnaissant) que Cavour, le général La Mormora écrivait en 1876 :

Le maréchal Canrobert a eu un mérite réel : non pas celui d'avoir trouvé la ligne de Casale et Alexandrie comme base de défense, car, dès 1851, nous commencions à fortifier Casale, mais bien de porter à Alexandrie et Casale les premières troupes françaises qui passèrent les Alpes (et cela malgré la défense qui lui en avait été faite de Paris, par l'empereur) avant que toutes les troupes fussent réunies (1).

Ces deux versions de Cavour et du général italien édifieront suffisamment le lecteur.

Cependant il convient, avant de passer outre, de dire quelques mots sur cette inondation artificielle que vanta le ministre de Victor-Emmanuel.

Les Piémontais, en effet, dans le but d'empêcher les Autrichiens d'avancer sur Turin, avaient inondé la zone de terrain entre la Sesia et la Dora-Baltea. Mais cette opération n'aurait nullement sauvé Turin. Enfin, étant donné que Canrobert modifia dès le début le

---

(1) *Torino nel 1859 e il Maresciallo Canrobert* par Luigi Chiala (Bibliothèque du ministère de la guerre.)

plan de défense des Italiens, cette mesure gêna les Français qui ne purent camper dans les plaines inondées (1). Ils trouvèrent des lacs de boue là où ils auraient pu goûter un utile repos.

Le 6 mai, le 3e corps, moins la cavalerie qui n'arriva que le 12, était concentré à Alexandrie ; le reste de l'armée française commençait également à prendre position, et les Autrichiens, qui n'avaient osé faire aucun mouvement sur Turin depuis l'intervention de Canrobert, commencèrent à craindre pour leur flanc gauche, qui pouvait être tourné. Ils opérèrent un changement de front qui porta tout à coup leur droite vers Casale et leur gauche à l'embouchure du Tessin, non loin de Stradella, à 14 kilomètres sud-est de Pavie.

Ainsi Turin était sauvé, et cette lettre que Canrobert écrivit le 30 avril à Suze se trouva confirmée six jours plus tard :

On ne met pas en doute à Turin, et le général Niel, le général Frossard et moi partageons cette pensée, que, lorsque les Autrichiens verront les pantalons rouges (expression du roi et de ses ministres) si près de leur flanc gauche d'opération contre Turin, ils n'y renoncent ou ne soient amenés à des hésitations ou à des lenteurs qui permettent aux armées franco-sardes de réunir à temps près d'Alexandrie et de Casale des forces importantes.

---

(1) Du moins, tel est l'avis du général R..., actuellement en retraite, et que sa position en vue nous empêche de désigner plus clairement. Cet officier général fit la campagne d'Italie en qualité de chef de bataillon.

CHAPITRE XIV

Le 14 mai 1859, l'empereur, qui venait de Gênes, fit son entrée à Alexandrie. Accompagné du maréchal Canrobert et d'une suite nombreuse de généraux français et sardes, il traversa la ville au milieu de l'enthousiasme général.

Le 16, Canrobert transporta son quartier général à Tortone, le 21 à Ponte-Curone, le 29 à Casale, et le 30 à Prarolo.

Le 30 mai au soir, le maréchal écrivit à l'empereur :

Prarolo, 7 heures 1/2 du soir.

Le général Lebœuf, après avoir reçu la nouvelle que les

troupes du roi de Sardaigne étaient maîtresses de Palestro, a jeté ses trois ponts à 5 h. 1/2, et je viens de m'assurer par moi-même qu'à l'heure où j'écris ils sont à peu près terminés; demain matin, 31, mes troupes commenceront à franchir la Sésia à 4 heures, et je compte que, vers 9 heures, la totalité du 3e corps sera établie dans la position que Votre Majesté lui a ordonné d'occuper en arrière de Palestro.

Le 31, vers 9 h. 1/2 du matin, la division Trochu (2e du 3e corps) traversait le pont de la Sesia afin de rejoindre la 1re division qui venait de s'établir à gauche de Palestro, face à Robbio, quand les Autrichiens sortirent de ce dernier village pour tenter un retour offensif sur Palestro, que le général piémontais Cialdini leur avait enlevé la veille.

Cherchant à la fois à tourner l'armée sarde et à empêcher le 3e corps de franchir la Sesia, l'ennemi lançait des obus « jusque près du pont où se trouvait Canrobert, qui surveillait le passage de ses troupes (1) ».

Mais le 3e zouaves (5e corps), mis à la disposition de Victor-Emmanuel, aborde à la baïonnette une position qui semble inexpugnable, tandis que Canrobert le fait soutenir en arrière par la division Trochu, qu'il arrête à cet effet après qu'elle a traversé la Sesia, et avec laquelle, en outre, il couvre le pont qui pouvait être sérieusement menacé (1). A une heure de l'après-midi, le combat était terminé et l'ennemi repoussé sur Robbio.

Le 3 juin, le 3e corps quitta Palestro et atteignit

____

(1) Historique du 3e corps de l'armée d'Italie.

Novare. L'intention des alliés était de se rapprocher de Milan ; mais pour arriver à cette place, il fallait traverser le Tessin malgré les Autrichiens qui, longtemps indécis sur nos projets, les devinaient enfin.

Ils concentrèrent leurs forces sur un espace de 9 kilomètres environ, d'Abbiate-Grasso au village de Magenta ; leur général en chef, Giulay, installa son quartier général à Rebecco. Ce village, situé à peu près à égale distance de Magenta et d'Abbiate-Grasso, possédait un pont qui permettait de jeter des troupes sur l'une ou l'autre rive du Naviglio-Grande, affluent du Tessin.

La journée du 4 juin avait été fixée par l'empereur pour la prise de possession définitive de la rive gauche du Tessin. Le corps d'armée du général de Mac-Mahon, renforcé de la division des voltigeurs de la garde impériale et suivi de toute l'armée sarde, devait se porter de Turbigo sur Buffalora et Magenta, tandis que la division des grenadiers de la garde impériale s'emparerait de la tête du pont de Buffalora, sur la rive gauche, et que le corps d'armée du maréchal Canrobert s'avancerait sur la rive droite pour passer le Tessin au même point (1).

Canrobert, qui doit se rendre de Novare à San-Martino, où se trouve l'empereur, ne peut prendre qu'une seule route, celle de Novare à Milan ; mais, gêné par l'artillerie de réserve et les bagages du 4e corps, il ne part qu'à 1 heure de l'après-midi. Deux heures après, il arrive à Trecate, où il est arrêté de nouveau par les troupes du général Niel (2).

---

(1) Rapport officiel daté de San-Martino le 5 juin 1859.
(2) Historique du 3e corps de l'armée d'Italie.

Entendant alors le bruit d'une lutte très vive, le maréchal envoie vers l'empereur le capitaine piémontais Vimercati, attaché à son état-major, pour l'informer du retard qu'éprouve le 3e corps d'armée. L'empereur fit répondre qu'une grande bataille était engagée depuis deux heures, que la division de la garde était épuisée et qu'il fallait que le maréchal arrivât à tout prix avec toutes les troupes qu'il pourrait amener (1).

Canrobert donne des instructions pour que la 1re division (général Renault) se porte en avant et que les autres suivent ce mouvement. Puis il court à San-Martino et l'empereur lui prescrit d'aller se mettre à la tête de la brigade Picard (1re de la 3e division du 3e corps), qui, depuis 2 heures de l'après-midi appuie les troupes du général de Wimpfen (2 brigades de la 1re division de la garde).

« Veillez incessamment sur ma droite, a dit l'empereur, c'est par là que l'ennemi veut nous déborder. »

Le maréchal part au galop, suivi de son escorte et des officiers de son état-major ; il était environ 4 heures du soir et la bataille était dans son plein.

A ce moment, et pour la quatrième fois, le général Picard venait de reprendre le village de Ponte-Vecchio-di-Magenta.

Après avoir parcouru la position pour bien juger le terrain, Canrobert a deviné de suite l'importance de Ponte-Vecchio, seul débouché par lequel peuvent

---

(1) Historique du 3e corps de l'armée d'Italie.

arriver les réserves autrichiennes venant de Rebecco.

L'honneur de la journée du 4 juin, et c'est justice, revient à Mac-Mahon, qui par son habile mouvement sur Magenta assura la victoire ; cependant il ne faut pas perdre de vue que, sans la défense acharnée du village de Ponte-di-Magenta, les choses pouvaient tourner tout autrement.

Mais Canrobert avait compris que le point qu'il défendait était une véritable clef de position, et, par sa ténacité, il permit aux troupes du 2e corps arrivant de Turbigo par la rive gauche du Tessin et du canal d'exécuter leur marche sur Magenta et leur attaque décisive sur ce village.

Jusqu'à 5 h. 1/2 du soir, c'est-à-dire pendant près d'une heure et demie, le maréchal lutta avec la brigade Picard contre un ennemi bien supérieur en nombre. Laissant au 90e de ligne la garde de la partie droite de Ponte-Vecchio-di-Magenta, il se porta, avec quelques compagnies du 8e bataillon de chasseurs à pied et un bataillon du 23e, sur le plateau en arrière et à droite du village afin d'empêcher l'ennemi de le tourner.

Bientôt, les quelques soldats qu'il a sous la main manquent de munitions ; ils sont décimés par le feu des Autrichiens, leurs chefs tombent et peut-être vont-ils faiblir.

Canrobert, qui sait que la moindre hésitation peut être fatale, se met à leur tête et, suivi de tous ses officiers, il reprend le village, refoulant une fois encore les colonnes ennemies, qui, grâce au terrain couvert par une riche végétation, ne voient pas la faiblesse de nos troupes et croient sans cesse à l'arrivée de nouveaux renforts (1).

Enfin la brigade Jannin de la 1re division, ayant à sa tête le général Renault, débouche sur le théâtre du combat et, peu de temps après, le capitaine Vimercati, que Canrobert a envoyé aux nouvelles, annonce que Mac-Mahon a réussi son mouvement sur Magenta.

Mais la lutte reprend avec une nouvelle ardeur, car le général Giulay veut à toute force réaliser son projet de forcer Ponte-Vecchio pour tourner notre droite et se porter sur le Tessin. Avec un acharnement digne d'un meilleur sort les colonnes autrichiennes attaquent sans relâche les généraux Vinoy (2), Renault et Jannin, qui les reçoivent vigoureusement, « tandis que le maréchal Canrobert et le général Picard se multiplient tous deux et entraînent maintes fois par leur exemple les troupes qui défendent si héroïquement l'extrême droite de l'armée (1) ».

A 7 heures du soir, la partie droite du village est *reprise pour la septième fois*, et le maréchal se porte le long du canal pour maintenir les tirailleurs chargés d'en couvrir les approches.

A peine sorti de Ponte-Vecchio, il est chargé par une troupe de hussards hongrois qui tombent sur son flanc à la faveur des arbres qui les dérobent à la vue.

Les officiers qui sont près de Canrobert mettent le sabre en main et cherchent à arrêter ces cavaliers : le capitaine Armand, le sous-lieutenant de Lostanges

---

(1) Historique du 3ᵉ corps de l'armée d'Italie.

(2) Le général Vinoy, du 4ᵉ corps, arriva un peu avant le général Renault sur le lieu du combat.

sont blessés ; le colonel de Cornély, aide de camp du maréchal, a son cheval tué sous lui ; le colonel de Bellecourt, du 85e, qui accourt avec quelques hommes, est renversé ; mais le général Renault, de l'autre côté du canal, a vu le danger que court le maréchal : il place d'habiles tireurs le long de la berge ; chaque balle atteint un cavalier, et bientôt le reste des hussards tourne bride et retourne à son point de départ.

Cette brusque attaque de cavalerie, dont Canrobert faillit être victime, n'avait pour but que de préparer le terrain à une forte colonne d'infanterie que l'on vit bientôt s'avancer.

Le colonel Senneville, chef d'état-major général du corps d'armée de Canrobert, réunit alors quelques compagnies du 73e qu'il entraîne en s'écriant :

« En avant, mes amis ! C'est le cœur qui fait la force plus que le nombre ! »

Il est tué, mais cette nouvelle attaque est repoussée.

Enfin, à 7 h. 1/2, la tête de colonne de la division Trochu (2e du 3e corps) commence à paraître ; dès lors les Autrichiens renoncent à l'espoir qui les fait combattre depuis 2 heures de l'après-midi et cessent leurs retours offensifs.

Vers 9 heures du soir, Canrobert alla trouver l'empereur qui était installé dans une auberge de San-Martino, et apprit d'une façon définitive le succès du général de Mac-Mahon, succès auquel il avait contribué pour sa part en empêchant les réserves autrichiennes d'inquiéter le mouvement du 2e corps d'armée (1).

---

(1) Ainsi, la campagne n'est pas encore terminée et l'on voit quels

Les pertes du corps d'armée de Canrobert prouvent suffisamment l'importance de la lutte qu'il eut à soutenir, car elles s'élevèrent au chiffre de 1.100 hommes tués ou blessés.

Le 6 juin, Canrobert reçut l'ordre d'avancer sur Abbiate-Grasso et de s'en emparer si les Autrichiens l'occupaient encore. Le corps du général Niel qui opérait le même mouvement devait, en cas d'attaque, être placé sous les ordres du maréchal. Mais l'ennemi, qui paraît en proie à une grande démoralisation, a évacué Abbiate-Grasso ; il fuit devant les têtes de colonnes de Canrobert et n'a pas le temps de faire sauter le pont de Castelletto, sur le Naviglio, pont très important qui permet de rejoindre directement la route de Milan.

Le 7, Canrobert est à Gagiano ; il envoie des éclaireurs sur les routes de Milan, de Pavie et de Vigevano, qui lui annoncent que les Autrichiens se replient sur Pavie et sur l'Adda. L'empereur apprend cette retraite avec plaisir et bientôt l'armée française entre dans Milan, également abandonnée par l'ennemi.

Le 11 juin, le 3ᵉ corps quitte Milan et se porte successivement sur Triviglio (12 juin) ; Fontanella (14 juin) ; Soncino (15 juin) ; Mairano (17 juin) ; Poncarale (18 juin) ; Mezzano (21 juin).

---

services Canrobert a déjà rendus à l'armée d'Italie. Cependant nous avons relevé dans un grand dictionnaire : « Lors de la guerre de 1859, il ne joua qu'un rôle effacé, et le soldat français né malin s'il en fut, désigna même son corps d'armée sous un nom qui n'est pas sans rapport avec les compagnies d'assurances. »

Nous nous demandons où l'auteur de cet article a puisé pareils renseignements.

Le 21, la division de cavalerie de Canrobert est mise à la disposition du général Niel (1).

Enfin le 23, veille de la bataille de Solferino, le maréchal Canrobert, d'après les instructions de l'empereur, donnait l'ordre de marche suivant pour la journée du lendemain :

Demain, 24 juin, le 3e corps se portera de Mezzano à Medole en prenant par Visano, Acqua-Fredda et Castel Goffredo.

La 1re division quittera son bivouac à 3 heures du matin ; la 2e, à 4 heures ; la 3e, à 5 h. 1/4.

Le matin du 24, une demi-heure avant l'heure fixée pour son départ, la division du général Renault (1re du 3e corps) se mit en mouvement ; à 5 h. 1/2 elle avait traversé la Chiese.

A 7 heures, la tête de colonne arrivait à Castel-Goffredo et les renseignements recueillis par l'avant-garde apprenaient à Canrobert que la cavalerie autrichienne s'était barricadée dans cette petite ville, entourée d'une vieille muraille. Le maréchal dut la faire enlever de vive force par le général Renault, qui fit enfoncer la porte du côté d'Acqua-Fredda, tandis que le général Jannin tournait la place pour y pénétrer par la porte de Mantoue, au sud.

Depuis quelque temps déjà le maréchal entendait le canon ; aussi, dès qu'il eut enlevé Castel-Goffredo, prit-il la direction de Medole par des chemins de traverse afin d'arriver plus rapidement sur ce point.

A 9 h. 1/2 environ, il est à Medole et apprend que ce

____

(1) Ainsi que la cavalerie du 1er corps.

village, occupé le matin par les Autrichiens, a été vigoureusement enlevé par la division Luzy, du 4e corps, qui en ce moment est fortement engagée en avant de Medole, vers Rebecco, sur les routes de Guidizzolo et Ceresaro.

Une grande bataille se livre en effet de Medole à Solferino et il est important de bien se rendre compte de quelle façon le 3e corps y participa afin de pouvoir répondre au général Niel, qui eut les honneurs de la journée, et qui prétendit n'avoir reçu d'appui de Canrobert que sur la fin de la journée (1).

Le général Luzy, dès qu'il connut l'arrivée du maréchal Canrobert, lui envoya son chef d'état-major pour demander des renforts au commandant du 3e corps.

Canrobert va immédiatement reconnaître lui-même la route et les terrains environnants et aussitôt que sa tête de colonne (brigade Jannin) paraît à Medole, il donne l'ordre à cet officier général de se porter sur la droite du 4e corps, afin de soutenir le général Luzy. *Il est alors* 10 *heures du matin* (2).

A cette même heure un officier d'ordonnance de l'empereur, le capitaine de Kleinenberg, apporte au maréchal un pli contenant les deux avis suivants :

24 juin, 6 h. 3/4 du matin.

L'empereur vous adresse la lettre ci-jointe ; Sa Majesté

---

(1) Il est évident que le maréchal Niel a dû regretter plus tard la phrase malheureuse de son rapport relative à Canrobert ; aussi ne nous serions-nous pas arrêté trop longtemps sur ce chapitre si certains « faiseurs de dictionnaires » n'avaient pas reproché à Canrobert sa *soi-disant* inaction à Solferino.

(2) Historique du 3e corps.

vous invite à bien faire observer le côté indiqué par çe renseignement.

Assola, 23 juin 1859, 8 heures du soir.

Un voiturier, sorti aujourd'hui de Mantoue, rapporte qu'un corps autrichien que l'on juge être fort de 20 à 30.000 hommes, infanterie, cavalerie, artillerie, est sorti de la place de Mantoue par la porte Fradella et s'est avancé sur la route postale de Marcaria ; ses avant-postes sont tout près de nous, au village d'Acqua-Negra.

Je me hâte de vous envoyer ces renseignements, afin que vous leur donniez la valeur que vous croyez qu'ils puissent mériter.

FERGI ANDREA.

Canrobert terminait la lecture de ces deux lettres lorsqu'il reçut un deuxième officier de la maison impériale, le capitaine Clermont-Tonnerre, qui lui apportait l'*ordre verbal* d'appuyer la droite du 4e corps.

Ainsi le maréchal reçoit à la fois deux ordres absolument différents :

1° *Garder ses forces* contre une forte colonne autrichienne sortie de Mantoue la veille au soir (1) ;

2° *Diviser ses forces* pour protéger efficacement la droite du 4e corps.

Cependant, il répond au capitaine de Kleinenberg :

— Dites à l'empereur que je vais faire observer l'ennemi sur ma droite ; j'envoie à cet effet des ordres à mes divsions de gauche qui sont encore échelonnées vers la Chiese, sur un développement de près de trois lieues, et je me tiendrai

-----

(1) Il ne faut pas perdre de vue que, depuis le 21, le cavalerie de Canrobert est à la disposition du géneral Niel ; le maréchal ne peut donc pas faire reconnaître le pays et s'assurer de la présence de la colonne de Mantoue.

fortement en garde avec mon centre et ma gauche, jusqu'à ce que le mouvement de l'ennemi soit bien reconnu et dessiné (1).

Puis il s'adresse au capitaine Clermont-Tonnerre :

— Dites à l'empereur que j'avais prévenu son intention puisque *la brigade Jannin est déjà partie* pour soutenir la droite du 4ᵉ corps, et que le reste de *la division Renault a reçu l'ordre de continuer* le même *mouvement*, au fur et à mesure de son arrivée (1).

Les deux officiers d'ordonnance s'éloignèrent; mais, avant de quitter Medole, ils montèrent sur son clocher et virent une grande poussière dans la direction d'Acqua-Negra, du côté de Mantoue. Ils crurent devoir en informer le colonel de Cornély, premier aide de camp du maréchal, et Canrobert dut certainement croire à l'existence de la colonne autrichienne qui venait de lui être signalée.

Il continue pourtant à mettre le reste de la division Renault à la disposition du 4ᵉ corps et, à midi, il donne également l'ordre au général Trochu de se porter avec la brigade Bataille, de sa division, en avant de Medole pour appuyer le corps d'armée du général Niel. Le rapport suivant en fait foi :

Conformément à vos ordres, j'ai quitté à midi et demi ma position en arrière de Medole pour me porter en avant du village à l'appui du 4ᵉ corps, engagé depuis le matin avec la plus grande partie des forces autrichiennes dans une lutte très opiniâtre dont le théâtre était fort étendu.

A 1 h. 1/2, j'arrivais en ligne et me mettais à la disposi-

---

(1) *Campagne d'Italie*, par le baron de Bazancourt.

tion du général Niel, commandant en chef le 4e corps. Le général m'annonça qu'après avoir successivement engagé tout le monde, il me considérait comme sa dernière réserve, et que j'étais probablement destiné à mettre fin vers le centre à la lutte où les troupes du 4e corps, prenant et reprenant successivement avec une admirable énergie les positions occupées par l'ennemi, avaient vu s'épuiser leurs forces et une grande partie de leur effectif réduit par des pertes considérables (1).

Ainsi, à 1 h. 1/2, Canrobert n'avait plus qu'une seule division sous ses ordres, celle du général Bourbaki, et une brigade, celle de Collineau, de la division Trochu.

Tout le reste de son corps d'armée était passé au 4e corps.

Et pourtant, la colonne signalée par l'habitant d'Acqua-Negra existait réellement, car le bulletin autrichien dit :

Dans le 2e corps d'armée, la division du lieutenant feld-maréchal comte Jellachich reçut l'ordre de se rendre de Mantoue à Marcaria pour prendre part aux opérations de l'armée principale et pouvoir agir sur le flanc de l'ennemi au delà de Castel-Goffredo. Le commandant du corps, lieutenant feld-maréchal prince Edouard de Liechtenstein, prit en personne le commandement de cette division (2).

Pourquoi ne nous inquiéta-t-elle pas? On l'ignore. Des uhlans appuyés par de l'artillerie légère, c'est tout ce que le général Bourbaki put découvrir devant lui; mais aucun corps d'infanterie ne parut.

---

(1) Rapport du général de division Trochu au maréchal Canrobert, commandant en chef le 3e corps d'armée.

(2) *Campagne d'Italie*, par le baron de Bazancourt.

Toutefois, il fallut un certain temps au maréchal Canrobert, *qui n'avait pas de cavalerie,* pour être complètement tranquillisé du côté de Mantoue.

Enfin, vers 3 heures, il vint sur le champ de bataille, donna l'ordre à la division Renault, qui observait la route de Medole à Ceresara, d'appuyer sur Rebecco (1) et, en même temps, fit dire au général Trochu d'amener la brigade Bataille entre Casanova et Baite, où se trouvait la réserve du général Niel, car c'était toujours là que se portaient les plus grands efforts de l'ennemi (2).

Cependant, écrivit le général Niel dans son rapport, M. le maréchal Canrobert ayant bien voulu me promettre l'arrivée avant la nuit de la division Bourbaki, je voulus tenter un dernier effort sur Guiddizzolo avec la brigade Bataille... Le général Trochu, ayant formé ses bataillons en colonnes serrées, les conduisit à l'ennemi en échiquier, l'aile droite en avant, avec autant d'ordre et de sang-froid que sur un champ de manœuvres. Il enleva à l'ennemi une compagnie d'infanterie et deux pièces de canon et arriva jusqu'à demi-distance de la Casa-Nova à Guiddizzolo. Un violent orage précédé de tourbillons de poussière, qui nous plongea dans l'obscurité, vint mettre fin à cette terrible lutte.

Pourquoi faut-il que dans ce rapport, où il fait l'éloge du général Trochu du corps d'armée de Canrobert, le général Niel ait glissé une critique, imméritée, sur la conduite de son collègue du 3° corps d'armée dans cette journée du 24 juin ?

---

(1) On verra plus loin que le général Renault voulait depuis le matin se porter sur cette position, mais que le général Luzy le retint près de lui.

(2) Rapport du général Niel.

Canrobert.   15

Il a été raconté, dit le général Lebrun (1), que le maréchal Canrobert, *estimant avec raison* que le rapport du général Niel à l'empereur avait porté atteinte à son honneur, avait décidé que le général lui en rendrait raison les armes à la main et qu'il avait fallu la haute intervention de l'empereur, puis des excuses faites par le général Niel (2) au maréchal, pour que l'affaire n'eût pas de suite fâcheuse.

En effet, lorsque Canrobert eut connaissance de la phrase malheureuse qui le concernait, il écrivit immédiatement à son collègue, qui avait été nommé maréchal de France à la suite de la bataille de Solferino :

Valeggio, 8 juillet.

Monsieur le Maréchal,

Je lis à l'instant dans le *Moniteur* du 4 juillet votre rapport à l'empereur sur la part prise par le 4e corps à la bataille de Solferino, et ce n'est pas sans un pénible étonnement que j'y remarque le passage suivant, venant après le développement d'un de vos plans de bataille : « Malheureusement, le maréchal Canrobert, menacé sur sa droite, ne jugea prudent de me prêter son appui que vers la fin de la journée. »
Vous regretterez, Monsieur le maréchal, d'avoir écrit ces lignes lorsque vous saurez que, dès mon arrivée à Medole avec l'avant-garde de mon corps d'armée, à 9 h. 1/4 seulement, j'ai appris que vous étiez aux prises avec l'ennemi. *Sans perdre une minute*, j'ai pris mes dispositions

----

(1) *Seuvenirs d'Italie et de Crimée*, page 322.

(2) Nous prions de nouveau le lecteur de se rappeler que tout ce que nous reproduisons sur cet incident n'est que pour répondre aux injustes accusations portées à la légère par certains dictionnaires contre Canrobert, et non pour critiquer le maréchal Niel, qui fut toujours un brave et loyal soldat.

pour obtempérer aux demandes pressantes que m'adressait le général Luzy, qui tenait votre droite à trois quarts de lieue de Medole.

A cette heure, 9·h. 1/4, je n'avais sous la main qu'une petite avant-garde de la division Renault, et j'ai de suite donné l'ordre à cet officier général de réunir le plus tôt possible de quatre à cinq bataillons et de les porter sans sacs au secours du général de Luzy.

Cet ordre était exécuté à 10 h. 1/2 du matin, et il ne pouvait matériellement l'être plus tôt. Ces cinq bataillons étaient suivis, aussi promptement que leur arrivée successive le permettait, des autres (moins deux) de la division Renault.

La gauche de cette division n'était pas encore rendue à Medole que je recevais de l'empereur l'invitation pressante de me tenir en garde contre un corps tournant de 25 à 30.000 hommes, sorti de Mantoue la veille, et qui a été, en effet, paralysé par une de mes divisions; en même temps, vous m'envoyiez plusieurs de vos aides de camp pour me demander d'appuyer votre centre, sérieusement menacé. Quelles que fussent, dans ces circonstances, mes préoccupations pour mon flanc droit et mes derrières, sur lesquels on m'annonçait que se portaient de gros détachements de cavalerie avec du canon, je pris sur moi d'envoyer au général Trochu, encore en arrière, l'ordre de prendre sa première brigade et de vous l'amener sans sacs aussi promptement que possible.

Je mettais donc ainsi, Monsieur le maréchal, à votre disposition, par fractions successives et aussitôt après son arrivée, la moitié de mon corps d'armée et, permettez-moi de vous le rappeler, n'écoutant que mon désir d'aider de mon mieux un compagnon d'armes dans l'embarras, je précédai de ma personne près de vous les soldats que je vous prêtais, afin de stimuler, par la présence sous le feu de leur maréchal, leur ardeur pour les utiles services que vous en attendiez et qu'ils ont été heureux de vous rendre au nom de l'empereur.

Je ne puis m'empêcher non plus, Monsieur le maréchal,

de vous faire remarquer, à propos du passage de votre rapport où vous parlez du succès que vous auriez obtenu si le 3e corps eût été en entier près de vous, que, si ce corps, avec les divisions Renault, Bourbaki et Trochu, dirigées par leurs chefs, eût pu prendre part à l'action, il aurait été assez heureusement inspiré pour ne pas vous laisser réaliser *seul* le succès que vous méditiez (1).

Ainsi je termine, Monsieur le maréchal, en vous faisant observer que votre assertion sur le retard de l'aide que j'ai été assez heureux pour vous prêter est contraire à l'exactitude des faits accomplis, il est vrai, loin de vos yeux, mais sous les miens et sous ceux de plusieurs de vos officiers, ainsi que de tous ceux de mon état-major ; qu'elle porte une fâcheuse atteinte à ce principe de morale qui veut que l'obligé ne méconnaisse pas le service généreusement rendu, et qu'elle pourrait, dans une circonstance analogue, faire hésiter un chef de corps d'armée à se dépouiller lui-même d'une grande partie de ses troupes en faveur d'un frère d'armes compromis.

Je donne connaissance à l'empereur de cette lettre, que j'ai été dans la pénible nécessité de vous écrire.

Veuillez, etc.

CANROBERT.

Cette lettre, on le voit, est le récit fidèle des événements que nous avons racontés ; elle n'est nullement agressive et le maréchal Canrobert semble plutôt peiné qu'irrité.

Mais le maréchal Niel, dans une lettre datée d'Oliosi, le 11 juillet, et commençant ainsi : « Je réponds à la lettre que vous m'avez fait l'honneur de m'écrire et que j'ai lue avec un vif sentiment de regret... » persista à

---

(1) Cette réflexion est parfaitement juste ; il est évident que, si les 3e et 4e corps avaient été réunis, le succès revenait aux deux chefs de ces corps d'armée et non au général *Niel tout seul*.

démontrer que Canrobert ne lui avait pas fourni l'appui qu'il sollicitait, mais, cette fois, en jetant les torts sur le général Renault, qui répondit de la façon suivante :

*Note relative à la lettre de M. le maréchal Niel en date du 11 juillet 1859 et insérée dans l'*Indépendant *(1).*

M. le maréchal Niel, pour prouver que les secours qui lui ont été donnés par la division Renault n'ont pas été efficaces, arguë de la différence des pertes de cette division et de celles du général de Luzy, du 4e corps.

Cette argumentation n'est pas sérieuse. En premier lieu, il est bon de dire que les plus grandes pertes du général de Luzy ont été faites à Medole avant 9 heures du matin, c'est-à-dire avant l'arrivée en ligne de la division Renault, qui avait eu, comme toutes les troupes du 3e corps, une longue route à faire pour passer la Chieze, à Visano, et qui avait dû enlever la petite ville de Castel-Goffredo, encore au pouvoir des Autrichiens.

A partir du moment où la division Renault est entrée en ligne, celle du général de Luzy n'a pas fait des pertes considérables.

En second lieu, l'artillerie de la division Renault, judicieusement placée sur une chaussée découverte et prenant de front et d'écharpe les colonnes autrichiennes, leur fit éprouver des pertes sensibles, sans que les troupes de cette division aient eu à souffrir de l'ennemi, dont l'artillerie, comme chacun sait, a une portée moindre que la nôtre.

C'est donc notre artillerie qui a éloigné les troupes autrichiennes de notre ligne de bataille et de la droite du 4e corps, et l'utilité de son concours ne saurait être niée par personne.

Pour produire tout son effet, cette artillerie s'était portée à plus de 1.000 mètres de la ligne d'infanterie qui la soutenait à droite et à gauche de la route de Cerasara.

____

(1) L'original de cette note, signé par le général Renault, existe aux archives historiques du ministère de la guerre.

En troisième lieu, lorsque l'attaque de la division Renault sur Rebecco se prononce, vers 2 heures au plus tard, le général de division avait avec lui une colonne de 4 bataillons, à savoir : le 2e bataillon du 56e (commandant Schwartz) en tête de colonne, et les trois bataillons du 90e (colonel Guilhem).

Cette colonne se précipita sur l'ennemi avec une grande impétuosité, prit la droite du 73e de ligne (du 4e corps), le dépassa et refoula les Autrichiens à la baïonnette au delà de Rebecco.

Grâce à cette attaque brusque et résolue sur des troupes déjà ébranlées par une longue lutte, la tête de colonne, composée du 56e, éprouva seule des pertes peu sensibles.

Pour tout homme de guerre, ce fait n'a rien que de très naturel. L'illustre maréchal Bugeaud, notre maître à tous, ne nous répétait-il pas souvent qu'une attaque vigoureuse appuyée par de fortes réserves est toujours peu coûteuse, tandis que *des tireries et des hommes jetés à l'aventure* entraînent des pertes regrettables, sans résultats ?

En ce qui concerne l'assertion qu'on prête au chef d'état-major et à l'aide de camp du général Renault, elle est complètement inexacte. Ces officiers se sont bornés à faire connaître l'empressement que mettait la division à accourir au secours du 4e corps. Et, en effet, chacun des régiments qui la composent a été dirigé sur le champ de bataille au fur et à mesure de son arrivée à Medole ; comme tous le savent déjà, on fit poser les sacs des hommes sans leur donner le repos qu'il eût été tout naturel de leur accorder *dans toute autre circonstance,* puisqu'ils marchaient depuis plus de sept heures.

Le 41e de ligne, ayant à sa tête le général Jannin, fit son mouvement dès 10 heures du matin, sans attendre le reste de la division. Il en fut de même des autres corps, qui arrivèrent ainsi en ligne successivement, la tête de colonne à 10 h. 1/2 et la gauche vers midi.

Il est essentiel de dire que le général Renault, dès son arrivée à Medole, *d'après les instructions qu'il avait reçues du commandant en chef du 3e corps,* avait fait reconnaître un chemin conduisant directement à Rebecco, où l'engagement paraissait être le plus sérieux. Au moment de prendre cette direction, un officier d'ordonnance du général de Luzy vint l'en détourner et le conduisit sur la route de Ceresara, où se trouvait le général de Luzy lui-même, qui réclamait des renforts avec instance. On ne saurait trop insister sur ce point, puisque le maréchal Niel paraissait regretter surtout que les efforts du ·3e corps ne se soient pas portés sur Rebecco (1). La division Renault, une fois placée à la droite du 4e corps, suivi tous les mouvements de la division Luzy, et, dès que cette dernière a appuyé à sa gauche, le général Renault, laissant seulement quatre bataillons à cheval sur la route de Ceresara, *a porté résolument la majeure partie* de ses forces (sept bataillons) sur Rebecco.

Il ne pouvait en être autrement, à moins d'enchevêtrer les troupes les unes dans les autres, ce qui aurait amené du désordre et de la confusion, qu'il faut éviter à tout prix un jour de bataille.

Si donc, comme dit le maréchal Niel, il y a eu retard dans l'action de la division Renault, ce retard ne saurait être imputé qu'au 4e corps lui-même et non au maréchal commandant en chef le 3e.

En résumé, la division Renault a prêté au maréchal Niel un concours utile, efficace et *décisif. Sa présence sur le champ de bataille a déterminé l'ennemi à renoncer au village de Rebecco*, appuyant sa gauche, et pour la conservation duquel il avait mis en œuvre des forces considérables.

Le rapport du maréchal Niel, quoiqu'il ait pu dire depuis pour en atténuer l'effet, tendrait à faire supposer que les troupes du 3e corps ont agi, dans la journée du 24 juin, sans comprendre la gravité des circonstances.

Ce reproche s'adresse mal pour qui connaît le maréchal Canrobert.

---

(1) Il résulte de ce passage que, si le général de Luzy avait laissé le général Renault suivre les instructions de Canrobert, le pénible différend entre les commandants des 3e et 4e corps ne se serait pas produit.

Quant à la division Renault, elle ne comptait que des soldats éprouvés et familiarisés au danger par nombre de combats livrés en Algérie contre les Kabyles. Elle venait, tout récemment, dans la bataille de Magenta, de donner une preuve éclatante de sa bravoure et avait mérité les acclamations de la 1re division de la garde impériale.

A Solferino, les chefs et les soldats brûlaient tous du désir de prendre part à la bataille et accouraient sur le champ de bataille avec une ardeur remarquable.

Général RENAULT,
Sénateur.

Enfin, l'empereur fit terminer la discussion en donnant l'ordre de publier la note que voici :

Note insérée au Moniteur Universel.

7 août 1859.

Le maréchal commandant le 3e corps de l'armée d'Italie a réclamé contre un passage du rapport sur la bataille de Solferino, adressé à l'empereur par le commandant du 4e corps. Sa Majesté a ordonné l'insertion de la note suivante :

« Il est dit, dans ce passage, que le 3e corps n'a donné son appui au 4e que sur la fin de la journée. Cependant, dès son arrivée au village de Medole, le maréchal Canrobert envoya les premières troupes de la division Renault sur la route de Ceresara, avec la mission de couvrir la droite du 4e corps. La présence de ces troupes a donc eu pour résultat, *dès* 10 *heures du matin,* d'enlever au général Niel toute appréhension sur les attaques qu'il pouvait avoir à craindre sur son flanc droit, qui n'était gardé que par trois de ses bataillons. Il est donc juste de reconnaître que le maréchal Canrobert avait déjà donné un appui utile au 4e corps avant l'heure où la division Renault vint occuper le village de Rebecco pour permettre au général Niel d'en retirer une partie de la division de Luzy, en même temps que la première brigade de la division Trochu venait combattre au milieu des troupes du 4e corps.

» D'ailleurs, le général Niel ne pouvait avoir l'intention, dans son rapport à l'empereur, d'incriminer en aucune manière la conduite du maréchal Canrobert, dont le caractère chevaleresque est bien connu. »

CHAPITRE XV

1859

Le lendemain de la victoire de Solferino, le maréchal Canrobert prit le commandement de la division de cavalerie du 1ᵉʳ corps ; avec la division de cavalerie du général Partouneaux, il poussa des reconnaissances jusqu'au Mincio dans toutes les directions. Le soir, il établit son bivouac dans une maison du village de Solferino.

Dans la soirée du 27 juin, il reçut l'ordre, pour la journée du 28, d'occuper avec son corps d'armée les positions échelonnées de Goito, Cerlungo et Guidizzolo. De ces trois points il fit soigneusement observer par des espions ou des patrouilles tout le pays compris entre le lac supérieur de Mantoue et l'Oglio, au-dessous de Marcarca.

Le 1ᵉʳ juillet toute l'armée traversa le Mincio sans rencontrer de résistance, et Canrobert installa son quartier général à Valeggio, où l'empereur était également,

C'est là, tandis qu'il prenait des dispositions de combat pour répondre à un mouvement de l'ennemi, du côté de Vérone et du haut Adige, qu'il apprit les préliminaires du traité de Villafranca.

Enfin, le 11 juillet, le traité de paix fut signé et les Italiens, qui ne s'attendaient pas à cette brusque cessation des hostilités provoquée par Napoléon III, l'acceptèrent sans aucun enthousiasme et ne nous surent jamais gré de notre intervention.

Bientôt une partie de l'armée d'Italie retourna en France et, le 2 août, Canrobert s'embarqua à Gênes pour rejoindre également notre pays (1).

Le 17 du même mois l'empereur lui confia le commandement supérieur du 3ᵉ arrondissement militaire, à Nancy, qui devint 3ᵉ corps d'armée, et qu'il ne quitta jusqu'en 1862 que pour venir à Paris prendre part aux travaux du Sénat.

1862

Le 10 mars 1862, il fut chargé de diriger les troupes réunies au camp de Châlons, que l'empereur, accom-

---

(1) A sa rentrée à Paris, 13, rue de la Ferme-des-Mathurins, Canrobert, pour se remettre des fatigues de la campagne d'Italie, fut autorisé à faire usage des eaux de Vichy et d'Aix en Savoie.

pagné du Prince impérial, vint inspecter au mois d'août suivant.

C'est à l'occasion de cette visite que M. Eugène de Mirecourt conte la plaisante anecdote que voici :

Un jour que l'empereur était venu au camp, Canrobert aperçoit un voltigeur qui avait mal mis sa jambière et lui dit :

— A toi, je t'enverrai ma bonne pour t'habiller.

— Ce n'est pas la peine, Monsieur le maréchal, je la vois tous les soirs.

Eclat de rire universel et partagé par Canrobert.

— Si c'était vrai, coquin, dit-il en pinçant l'oreille du fanfaron, tu ne t'en vanterais pas si haut. Boutonne-toi mieux et tâche de ne faire de l'esprit qu'après avoir fait plus convenablement ta toilette.

Au mois de septembre suivant, le 16, le maréchal Castellane mourut à Lyon, au siège de son commandement, le 4ᵉ corps d'armée. Ce fut Canrobert qui fut désigné pour le remplacer (2). Que d'événements s'étaient succédé depuis 1835, époque où Castellane avait noté le lieutenant du 47ᵉ de ligne d'une façon si originale !

Avant de rejoindre son nouveau poste, le maréchal remercia en ces termes les troupes qu'il allait quitter :

Au grand quartier général, à Nancy, le 20 octobre 1862.

Soldats du 3ᵉ corps,

Les ordres de l'empereur m'appellent à Lyon au commandement du 4ᵉ corps d'armée.

------

(2) Décision du 14 octobre 1862.

Depuis près de cinq ans que j'ai l'honneur d'être à votre tête au milieu de ces populations de l'est, aussi remarquables par leur patriotisme que par leur calme, vous n'avez pas cessé de m'aider à faire le bien et par votre discipline exemplaire et par votre dévouement à tous vos devoirs.

Je ne veux pas me séparer de vous sans vous en remercier, et, en vous disant adieu, je forme les vœux les plus sincères pour votre bonheur et votre gloire.

Le maréchal de France, commandant le 3ᵉ corps d'armée,
Maréchal CANROBERT.

C'est le 26 octobre qu'il fit son entrée à Lyon. En tête des généraux de division qui étaient venus à la gare pour le recevoir se trouvait le général Partouneaux, l'ancien commandant de sa division de cavalerie en Italie.

De la gare il se rendit à l'hôtel de ville où commencèrent les réceptions officielles des autorités militaires et civiles, qui vinrent lui présenter leurs félicitations.

De suite, Canrobert gagna la sympathie des habitants, et la *Revue du Lyonnais* inséra dans ses colonnes :

L'arrivée du maréchal Canrobert, les présentations, les revues, les visites aux divers services de la place ont défrayé pendant quelques jours les conversations. La tournure militaire du maréchal, sa bienveillance pour les soldats, quelques anecdotes plus ou moins bien racontées par les journaux, comme les congés accordés à l'hôpital militaire ou l'inspection de Sathonay, ont mis toutes les sympathies de son côté; voilà les Lyonnais disposés à faire bon ménage avec le brave général criméen.

1863

Le 20 janvier 1863, le maréchal Canrobert épousa
Mlle Mac-Donald. La cérémonie religieuse se fit dans
la chapelle du Sénat; ce fut M. l'abbé Castaing,
chanoine de Saint-Denis, ancien aumônier en chef de
l'armée d'Italie, qui donna la bénédiction nuptiale.

1865

Environ deux ans après, Canrobert perdit son cousin, le baron de Marbot; il quitta Lyon en toute hâte,
le 11 janvier 1865, afin d'assister aux obsèques de son
parent. Enfin, le 21 juin suivant, l'empereur le nom-
ma commandant du 1er corps d'armée et de la 1re division militaire à Paris, en remplacement du maréchal
Magnan, décédé.

1866

Jusqu'en 1870, le maréchal ne fit partie d'aucune
expédition militaire. Toutefois, avant de passer à
l'année terrible, nous ne croyons pas inutile, en raison
de son originalité, de parler d'une décision qu'il fit
prendre dans le courant de l'année 1866 et relative à
l'interdiction du *port du parapluie pour les officiers en
tenue*.

Il paraît qu'à cette époque certains officiers soucieux
de garantir leur uniforme ne craignaient pas de sortir
en grande tenue, un parapluie à la main; naturellement ils l'ouvraient quand il pleuvait.

Canrobert, malgré sa bonté, ne pouvait approuver

cette habitude ; porter à la fois un sabre d'une main et un parapluie de l'autre, c'était tomber dans le sybaritisme. Le maréchal avait l'esprit trop militaire pour admettre une pareille tolérance, et quand il eut reçu plusieurs rapports, il posa la question suivante au ministre de la guerre :

Paris, le 22 juillet 1866.

Monsieur le Maréchal,

Il m'a été rendu compte que plusieurs officiers, principalement de cavalerie et d'artillerie, ont été vus en grande tenue porteurs de parapluies.

C'est là, en réalité, une infraction aux règlements qui régissent la tenue : toutefois, il est certain que, dans plusieurs localités, un long usage a fini par faire tolérer cette irrégularité.

Aujourd'hui, la question de savoir s'il y a lieu de défendre ou de continuer à tolérer l'emploi du parapluie m'a été soumise ; mais, comme cette question doit nécessairement être résolue d'une manière uniforme et générale, puisqu'elle intéresse tous les officiers à quelque corps d'armée qu'ils appartiennent, j'ai l'honneur de la livrer à l'appréciation de Votre Excellence, en la priant de vouloir bien me faire connaître la solution qu'elle aura jugé convenable d'y donner.

La réponse, le lecteur la devine : ordre fut donné de proscrire d'une manière absolue l'usage du parapluie pour les officiers en tenue militaire quelle qu'elle soit.

1870

Nous arrivons à la folle déclaration de guerre à la Prusse.

' Sous la date du 17 juillet 1870, Canrobert reçut cette lettre d'avis :

A S. E. le maréchal Canrobert, commandant le 1ᵉʳ corps d'armée, à Paris.

Monsieur le Maréchal,

J'ai l'honneur de vous informer que, d'après les ordres de l'empereur, vous êtes nommé au commandement du 6ᵉ corps de l'armée du Rhin et que votre quartier général sera établi au camp de Châlons.

Votre Excellence voudra bien arriver au camp en même temps que les troupes qu'elle commandera. Elle sera remplacée à Paris par S. E. le maréchal Baraguey d'Hilliers.

Ses chevaux et ses ordonnances la suivront par les voies ferrées.

Agréez, Monsieur le maréchal, les assurances de ma haute considération.

Le maréchal de France,
ministre secrétaire d'Etat de la guerre,

Maréchal LEBŒUF.

P.-S. — Votre Excellence recevra incessamment communication de la composition de son corps d'armée et des dates d'arrivée des divers corps à Paris, au camp et à Soissons.

Déjà, en parlant de la guerre d'Italie, nous avons fait remarquer combien il fallait se méfier de certains dictionnaires ou encyclopédies ; nous allons encore nous arrêter sur ce sujet.

Il est dit dans un de ces ouvrages :

Lorsque la France eut déclaré la guerre à la Prusse, il fut envoyé au camp de Châlons pour y commander les troupes et les bataillons de la garde mobile parisienne qui s'y trouvaient réunis... Sa situation devint impossible, *et il dut*

résigner ce commandement pour prendre celui du 6e corps
d'armée.

Nous venons de mettre sous les yeux du lecteur la
lettre qui nommait Canrobert au 6e corps, *à la date du
17 juillet* 1870; et comme il était alors commandant du
1er corps d'armée, à Paris, nous nous demandons à
quelle époque le maréchal s'est vu forcé de résigner
le commandement de la garde mobile pour prendre
celui du 6e corps.

Pour en finir avec ces bataillons parisiens, qui don-
nèrent un bien triste exemple *d'indiscipline en temps
de guerre*, c'est-à-dire quand l'obéissance doit être
portée à son plus haut degré, expliquons en quelques
mots par quel malentendu Canrobert ne put, contrairement à son habitude, gagner la confiance des jeunes
soldats de la capitale.

Trompé par l'intendance, qui ne lui avait pas dit
que les distributions de vivres étaient très mal faites,
le maréchal demanda aux mobiles si la soupe était de
de leur goût. Ce fut le point de départ de réclamations,
de cris et de désordres très graves d'autant plus regrettables qu'ils s'adressaient à un chef *dont la sollicitude
constante pour ses soldats était indéniable :* la Crimée
en fait foi (1).

C'est le 24 juillet que le maréchal quitta Paris pour
se rendre au camp de Châlons, où il arriva le même

---

(1) Un témoin (oculaire et auriculaire) digne de foi nous assure que
le tapage commença dès que le maréchal, qui s'avançait en souriant
vers les mobiles, leur eut dit : « Eh bien, mes enfants, comment trou-
vez-vous la soupe...? »

Canrobert.   16

jour ; à partir de cette date, il tint une sorte de tableau très sommaire qu'il intitula : *Dates de la campagne de 1870* (1).

Déjà, le camp, qui avait fourni les éléments du 2ᵉ corps d'armée, manquait d'approvisionnements de toute nature. La guerre était à peine commencée et tout faisait défaut. Les revers du 6 août achevèrent de jeter la démoralisation dans le haut commandement et il fallut à Canrobert toute l'expérience, tout le dévouement qu'il possédait pour constituer à peu près son 6ᵉ corps d'armée.

Nous ne saurions mieux conter les péripéties qui se déroulèrent dans la première quinzaine du mois d'août qu'en reproduisant une faible partie des dépêches télégraphiques reçues ou envoyées par le maréchal Canrobert pendant cette période d'affolement, qui devait se terminer par la retraite sous Metz.

Dépêche du 4 août.

Maréchal Canrobert à guerre, Paris.

8 h. 15, matin.

Dans les vingt batteries du 6ᵉ corps d'armée, il n'y a en ce moment qu'un seul vétérinaire. Prière de combler cette lacune.

Dépêches du 7 août.

Metz, 4 h. 50 du matin.

A S. E. le maréchal Canrobert, camp de Châlons.

Conservez les troupes que vous avez à Châlons. Rappelez

---

(1) Voir ce tableau à la fin de l'ouvrage.

celles qui **sont en route** (1) et dites-moi quelles sont celles qui sont arrivées à Nancy.

NAPOLÉON.

Canrobert au ministre de la guerre.

8 heures.

Par ordre de l'empereur, je rallie au camp de Châlons les diverses troupes qui en étaient parties hier, moins la 1re division, déjà à Nancy, où elle recevra des ordres ultérieurs.

Canrobert au major général, à Metz.

8 heures (télégramme chiffré).

Toutes les troupes du 6e corps, parties hier du camp de Châlons, ont reçu l'ordre d'y rentrer, sauf la 1re division déjà arrivée à Nancy, *sans artillerie*. Dois-je la faire revenir ici ?

Canrobert au général commandant la division de cavalerie

à Sainte-Menehould, 8 heures matin.

Rétrogradez avec votre division sur le camp, où vous devez être rendu demain, au plus tard à midi.

Saverne.

Le maréchal Mac-Mahon à S. E. le maréchal Canrobert,
Nancy, camp de Châlons.

J'ai été attaqué hier matin, à 7 heures, dans la position de Frœschwiller par des forces très considérables. *J'ai perdu la bataille* et fait de grandes pertes. La retraite, commencée à 4 heures, s'est effectuée en grande partie sur Saverne. Je n'ai plus ni vivres, ni munitions. Envoyez-moi

---

(1) Le 5, Canrobert avait reçu l'ordre d'aller s'établir à Nancy.

tout de suite, à Saverne, par le chemin de fer, 100.000 rations de biscuit et de vivres de campagne, ainsi que des munitions pour mon artillerie et pour mon infanterie.

Mac-Mahon.

8 h. 1/4.

Canrobert au maréchal Mac-Mahon, Saverne.

Je vous expédie les 50.000 rations de pain que j'ai, ainsi que 50.000 rations de sucre et de café *et le peu de biscuit que j'ai.* Quant aux munitions, *je n'ai pas mon parc,* je vous envoie 200.000 cartouches d'infanterie.

Metz, 8 h. 15 du matin.

A S. E. le maréchal Canrobert, commandant
le 6ᵉ corps d'armée, camp de Châlons.

Rappelez à vous les troupes de votre corps d'armée qui sont à Nancy. Je vous envoie un officier pour expliquer ma position.

Napoléon.

8 heures 40.

Canrobert au général commandant la 1ʳᵉ division
du 6ᵉ corps d'armée, à Nancy.

Revenez le plus promptement possible au camp de Châlons avec votre division et les diverses troupes du 6ᵉ corps qui peuvent se trouver à Nancy. Usez de toutes les ressources du chemin de fer.

Saverne, 9 h. 35 matin.

A S. E. le maréchal Canrobert, camp de Châlons.

Merci de votre empressement à me venir en aide. *Envoyez-moi aussi du campement,* gamelles, marmites, car la plupart de mes hommes ont perdu leurs sacs et ne peuvent plus faire la soupe.

Mac-Mahon.

Dépêches du 8 août.

Canrobert au major général, à Metz.

4 heures 1/2 matin.

L'officier que m'avait annoncé l'empereur n'est pas encore arrivé. *Vous me laissez sans nouvelles ; je m'en plains à vous.*

Canrobert au major général, à Metz.

9 heures 1/2.

La 15e compagnie du 3e régiment du train, destinée au 4e corps et venue ici pour se harnacher, est prête à partir. *Sur quel point doit-elle être dirigée ?*

Canrobert au maréchal Mac-Mahon, à Saverne.

Recevez-vous des vivres en suffisance ?

Au maréchal Canrobert.

Excellence, j'ai l'honneur de vous informer que les communications avec Saverne sont interrompues et que votre dépêche au maréchal de Mac-Mahon n'a pu lui être remise.

L'EMPLOYÉ DE SERVICE.

Metz, 10 h. 5 matin.

S. M. l'empereur à S. E. le maréchal Canrobert,
au camp de Châlons.

Je vous envoie le général Reille, qui part d'ici à midi. Si vous pouvez vous trouver à Châlons même, cela lui permettra de revenir plus tôt.

NAPOLÉON.

A S. E. le maréchal Canrobert, au camp de Châlons.

Pas de nouvelle de l'armée ; notre territoire dans le

Haut-Rhin est encore intact. Agitation extrême à Mulhouse
pendant que le 7e corps nous abandonne. Citoyens crient :
« Aux armes ! » et me demandent des fusils.

LE SOUS-PRÉFET DE MULHOUSE.

Dépêche du 9 août (1).

Metz, 5 h. 30 matin.

*Major général à S. E. le maréchal Canrobert, au camp
de Châlons.*

Faites partir sur-le-champ, par chemin de fer, une de
vos divisions pour Metz. Que l'administration du chemin
de fer mette tous ses moyens à votre disposition. Faites
emporter avec cette division le plus de vivres possible.

L'empereur compte que cette division pourrait être ici
demain matin.

Dépêches du 10 août.

Metz, 5 h. 30 matin.

A S. E. le maréchal Canrobert.

L'impératrice fait appel à votre dévouement. Allez immédiatement vous mettre à sa disposition et laissez le commandement du camp au plus ancien général de division.

NAPOLÉON.

Maréchal Canrobert à guerre, Paris, camp de Châlons.

Votre Excellence n'ignore pas que beaucoup d'isolés,
malades ou blessés, sont dirigés sur le camp de Châlons.
Je continue à n'avoir ni marmites ni gamelles, et ils sont
dépourvus de tout. Mon devoir est de vous en informer.
Nous n'avons ni sacs de couchage, ni assez de chemises, ni
assez de chaussures.

---

(1) Ainsi que le lecteur le verra *aux dates de la campagne de* 1870,
à la fin du volume, Canrobert vint à Metz dans la matinée du 9 et
rentra le soir à Châlons.

Dépêches du 11 août.

*Maréchal commandant le 6ᵉ corps d'armée au général
chef d'état-major général, camp de Châlons.*

Reçu votre dépêche m'annonçant la concentration de
tout mon corps d'armée sur Metz. Je pars ce matin de
Paris pour Metz, où vous me trouverez. Faites diriger sur
Metz mes chevaux et mes équipages, que conduit le capitaine de Randal.

CANROBERT.

Le maréchal Canrobert à S. M. l'empereur, à Metz.

L'impératrice et le ministre de la guerre Montauban
pensent que, ma présence n'étant pas obligatoire à Paris, je
dois me rendre de suite à Metz, où Votre Majesté réunit
tout mon corps pour l'action décisive. Je pars à l'instant.

CANROBERT.

Dépêche du 14 août.

*Intendant du 6ᵉ corps à S. E. le maréchal Canrobert,
à Metz.*

Etain, 7 h. 8 matin.

Arrivé à Etain. Coureurs ennemis à Corny, Novéant,
Ars-sur-Moselle. Détachements à Pont-à-Mousson. Leurs
patrouilles venues hier sur la route de Mars-la-Tour me-
nacent de couper les fils, d'arrêter les courriers. Il sera
nécessaire d'escorter les convois que je vais expédier dans
deux jours.

Canrobert, pour satisfaire au désir de l'impératrice,
était arrivé à Paris le 10 août, vers 10 h. 1/2 du soir.
L'entretien qu'il eut avec elle fut confidentiel ; mais il
est évident qu'en raison de la gravité des événements,
l'impératrice fit revenir le commandant du 6ᵉ corps

pour lui offrir de reprendre la direction de l'armée de Paris. Cette supposition est d'autant plus logique que cette combinaison lui assurait une position aussi indépendante que celle de Bazaine, à qui l'on allait donner le commandement en chef des corps d'armée (2e, 3e, 4e, 6e et garde impériale) concentrés sous Metz.

Mais Canrobert n'avait qu'un désir : servir la France. Il pensa qu'il accomplirait mieux cette mission en combattant à la tête du 6e corps, même en devenant le subordonné du maréchal Bazaine, plus jeune de grade.

L'impératrice-régente, devant ce noble désintéressement dont le maréchal avait déjà donné tant de preuves depuis 1855, le laissa partir pour Metz.

Le commandant du 6e corps d'armée prit le train à la gare de l'Est le 11, à 8 h. 1/2 du matin ; il arriva à Metz, *sur une locomotive*, le 12, à 3 heures du matin. Peu de temps après, les communications étaient interrompues avec Châlons.

Dès lors un grand drame militaire allait se dérouler sous Metz, drame qui devait se terminer le 29 octobre par la capitulation d'une admirable armée dont le commandant en chef ne voulut ou ne sut pas se servir, et qui, trois ans plus tard, eut son épilogue à Trianon, le jour où Bazaine entendit prononcer la terrible sentence qu'il avait méritée.

CHAPITRE XVI

1870 : Le 6ᵉ corps est privé de 3 régiments d'infanterie, de sa cavalerie, de sa réserve d'artillerie et de génie, et de son intendance générale. Bataille de Rezonville ; Canrobert couche sur ses positions. Il reçoit l'ordre de se porter sur Verneville. Il trouve cette position mauvaise ; Bazaine l'autorise à la quitter, mais, plus tard, il dira que ce changement est cause de notre défaite du 18 août. Le 6ᵉ corps à Saint-Privat. La journée du 18 août : Positions du 6ᵉ corps le matin de la bataille ; l'ennemi attaque d'abord le 4ᵉ, puis le 6ᵉ corps ; occupation de Sainte-Marie-aux-Chênes par la brigade Colin ; Saint-Privat et Sainte-Marie-aux-Chênes deviennent l'objectif de l'artillerie ennemie ; le général Colin est blessé et forcé de quitter Sainte-Marie-aux-Chênes ; la cavalerie Du Barail ; le 6ᵉ corps tient bon ; première attaque de Saint-Privat par la garde royale prussienne, extrait de la guerre franco-allemande par la section historique du grand état-major prussien ; héroïque défense et prise de Saint-Privat ; fin de la déposition du maréchal Canrobert à Trianon.

Par suite de la brusque interruption des communications entre Metz et Châlons, le 6ᵉ corps ne fut pas entièrement constitué. Trois régiments de la 2ᵉ d'infanterie (1), toute sa division de cavalerie, sa réserve d'artillerie, sa réserve de génie et son intendance générale, voilà ce qu'il laissa en arrière, par suite de la négligence de Bazaine, à qui « tout commandait d'occuper par un détachement la position de Frouard et l'entrée du défilé de Toul, et de rompre les ponts en

____

(1) Le général Bisson, qui commandait cette division, n'avait, par suite, que le 9ᵉ régiment d'infanterie de ligne sous ses ordres.

aval. On aurait ainsi coupé court aux insultes des coureurs et aux tentatives de destruction de la voie, qui marquèrent le passage des diverses portions du 6ᵉ corps, tentatives dont *le commandant en chef fut instruit par le maréchal Canrobert*..... On devait, le 18, expier cruellement la faute qui priva ainsi le 6ᵉ corps du quart de son effectif, des trois quarts de son artillerie, de ses réserves de munitions et de son génie..... (1) ».

Canrobert ne prit aucune part à la bataille de Borny, qui se livra le 14 août ; mais la journée du surlendemain devait être chaude pour son corps d'armée.

Le 16 août au matin, dit Canrobert dans son rapport sur la bataille de Rezonville, le 6ᵉ corps était en position à droite et en avant de Rezonville ; son front comprenait la division Lafont de Villiers, un régiment de la division Bisson (le 9ᵉ) et la division Tixier (1ʳᵉ)... Vers 9 h. 1/2 les Prussiens, débouchant en même temps du village de Vionville, des hauteurs boisées qui se trouvent à gauche et des crêtes qui s'élèvent à sa droite, attaquaient de front les 6ᵉ et 2ᵉ corps... La 1ʳᵉ division détacha de Saint-Marcel la brigade Péchot, qui occupa le bois traversé par la voie romaine, sur la droite de Vionville, et arrêta le mouvement offensif de l'ennemi. En même temps, la division Lafont de Villiers soutenait courageusement une canonnade meurtrière.

De son côté, le général Bisson, qui eut plusieurs chevaux tués sous lui, se porta en avant avec son régiment et contribua également à arrêter les Allemands.

Vers 2 heures, Canrobert prit l'offensive ; mais il

---

(1) Procès Bazaine : rapport du général de Rivière.

dut cesser ce mouvement afin de répondre *aux attaques incessantes venant des bois des Ognons.*

Le combat de ce côté se maintint longtemps avec des
chances égales ; de nombreuses réserves sortaient à tout
moment, mais vainement des bois. La division Levassor
Sorval gardait énergiquement ses positions.

Dans sa déposition au procès Bazaine (1), Canrobert
fit remarquer, avec juste raison, qu'il n'avait à Rezonville que cinquante-quatre pièces, au lieu des cent
vingt réglementaires, à opposer à l'artillerie allemande.

Je ne dis pas cela pour faire ressortir le courage du 6e
corps, qui a fait son devoir comme les autres et rien de
plus ; seulement, je constate un fait, c'est que, dans ce
duel d'artillerie, celui qui n'avait que cinquante-quatre
pièces devait être assommé. *Nous n'avons pas été assom-
més,* nous avons eu des tués et blessés, mais nous avons
maintenu la position et *nous avons couché sur le champ de
bataille.*

Dans cette journée, le 6e corps perdit « 5.258 tués,
blessés ou disparus, officiers et troupes, parmi lesquels :
M. le général Marguenat (commandant la 1re brigade
de la 4e division), tué ; M. le colonel Amadieu (75e
de ligne), tué ; M. le colonel Daguerre (91e de ligne),
blessé ; le chef d'escadron Boussenard (aide de camp
de Canrobert) qui eut le bras emporté ».

En somme, la bataille de Rezonville était une victoire pour l'armée française. Ainsi que le fait remarquer le général de Rivière, nous avions 17.000 hommes

____

(1) Audience du 21 octobre.

hors de combat, mais « les pertes de l'adversaire étaient encore plus considérables; toutes ses attaques avaient échoué ». Mais Bazaine, au lieu de profiter « de la grande confusion qui devait régner dans les corps que l'ennemi avait successivement engagés, en l'attaquant dès le lendemain ou en se dérobant par une marche rapide vers Briey, préféra se replier sur la ligne de Vigneulles à Lessy, pour se ravitailler.

Il fallut donc quitter ces positions si vaillamment défendues pour rétrograder.

Canrobert, qui avait reçu l'ordre d'occuper la position de Vernéville, fit porter son corps d'armée sur ce point, le 17, dès 4 heures du matin, dans l'ordre le plus parfait.

Vernéville est un village du canton de Gorze, situé sur la Mance naissante, à environ quatre lieues de Metz. Cette position ne plut pas au colonel Lamy, de l'état-major, chargé de conduire le 6ᵉ corps; il en rendit immédiatement compte à Canrobert. Ce dernier constata, en effet, que Vernéville était entouré de trois bois, un à l'ouest du village, celui de Desouillons, et deux au sud, dont le grand bois des Génivaux se reliant aux bois des Ognons et de Vaux.

Or, on n'ignore pas qu'en 1870 les Allemands profitaient des bois pour masquer leurs mouvements; ils s'y embusquaient même, et c'est avec intention que nous avons souligné plus haut que, dans la journée du 16, les *attaques incessantes* de l'ennemi *venaient du bois des Ognons*. Occuper Vernéville, c'était donc inviter l'ennemi à renouveler la tactique qui lui réussissait si bien.

Canrobert ayant fait remarquer au maréchal Bazaine « qu'il croyait la position difficile à garder », le commandant en chef lui répondit par écrit :

D'après les observations qui m'ont été transmises par le colonel Lamy au sujet de votre position à Vernéville, je vous autorise à quitter cette position et à aller vous établir sur le prolongement de la crête occupée par les autres corps. Vous pourriez occuper Saint-Privat-la-Montagne et vous relier par votre gauche au 4e corps établi à Amanvillers. Je vous prie de me faire connaître la détermination à laquelle vous vous serez arrêté et de me dire, en même temps, le point choisi pour votre quartier général, afin qu'il n'y ait pas de retard dans notre correspondance.

Et, de sa main, le maréchal Bazaine ajouta en post-scriptum :

Cette position de Vernéville avait été indiquée pour couvrir la retraite du général Ladmirault, qui est encore à Dencourt (1).

C'est avec intention que nous nous arrêtons sur ce point, car, plus tard, Bazaine écrira (1) :

Cette concession fut une faute, car cette position, occupée par l'ennemi le 18, nous fut très nuisible pour la défense des lignes d'Amanvillers, et lui permit d'exécuter le grand mouvement tournant sur notre droite qui décida du sort de cette journée, qui aurait dû être à notre avantage.

Ainsi, s'il fallait croire l'*ex-maréchal*, la journée du 18 a été perdue par la faute de Canrobert qui, en changeant de position, a permis à l'ennemi « d'exécuter le

---

(1) *Guerre de 1870 et Blocus de Metz*, par l'ex-maréchal Bazaine (Madrid 1883).

grand mouvement... » On n'est pas de meilleure foi.

D'ailleurs, Bazaine ne dit-il pas en parlant de Saint-Privat, toujours dans le livre qu'il publia en Espagne :

J'espérais que mes ordres réitérés de *s'établir solidement* auraient été mis à exécution, et alors les fortifications passagères, dont les flanquements auraient été armés de mitrailleuses (1), auraient suppléé au nombre ; *mais on n'en fit rien*, et, quand M. le maréchal Canrobert me fit dire, à 8 h. 1/2 du soir, que *c'était un désastre*, il était trop tard pour y remédier.

On le voit, c'est de plus en plus fort ! Tout à l'heure Canrobert était cause de notre insuccès ; maintenant, *il ne fit rien* de ce que lui dit Bazaine !

Or, nous trouvons dans les *Souvenirs du général Jarras* relativement à la journée du 17 août :

Des ordres furent donnés pour qu'on se retranchât sur les points les plus faibles. Malheureusement, le maréchal Canrobert, qui n'avait pu être rejoint par son parc du génie, resté au camp de Châlons, n'avait qu'un approvisionnement d'outils de terrassement insuffisant pour la circonstance, et que le temps ne permit pas de compléter.

Mais à quoi bon insister ? — Notre rôle n'est-il pas, ainsi que nous l'avons fait jusqu'ici, d'exposer les faits tels qu'ils se sont passés — et celui du lecteur de juger ?

Ce ne fut que vers 3 heures de l'après-midi que le 6e corps d'armée reçut l'ordre de se porter sur Saint-

---

(1) Lire, dans le procès Bazaine, l'audience du 21 octobre, où Canrobert dit qu'il *n'avait pas une seule mitrailleuse*. Pourquoi Bazaine ne l'a-t-il pas démenti ?

Privat. Mais, avant de quitter Vernéville, Canrobert eut le temps d'adresser cette lettre au maréchal Bazaine :

Vernéville, 17 août 1870.

..... Un dragon, qui m'a rencontré au moment où j'allais tracer le bivouac de mon corps d'armée, m'a dit qu'il était envoyé vers les commandants de corps d'armée pour les prévenir qu'ils devaient se tenir prêts à recevoir et à exécuter l'ordre de reprendre aujourd'hui les positions si glorieusement conservées hier par l'armée du Rhin. Je suis prêt à exécuter cet ordre. Je demande avec instance à Votre Excellence de ne pas oublier que je n'ai *plus de cartouches, plus de munitions d'artillerie*; qu'en dehors de la viande que je fais acheter sur place, je n'ai plus d'approvisionnements. Je la prie de me faire expédier tout ce qui me manque, le plus tôt possible. Nous ferons bien sans cela ; nous ferions mieux si nous étions mieux approvisionnés.

Comme détail, un habitant de Vaux me signale le retour dans ce village de blessés et de fuyards se dirigeant sur Novéant pour passer la Moselle. Deux prisonniers que l'on m'amène et que je fais interroger annoncent des pertes énormes dans l'armée prussienne. D'un autre côté, des renseignements me disent que l'armée ennemie est restée en position à Vionville, compacte et résolue ; on ajoute que ce sont des Bavarois qui occupent cette localité.

Le maréchal de France, commandant le 6e corps,
CANROBERT.

Nous sommes au matin de la journée de Saint-Privat, et, dans son rapport, Canrobert s'exprime ainsi :

Le 18 août, le 6e corps occupait les positions suivantes :

La 1re division (général Tixier) face à la forêt de Jaumont et ayant sa gauche appuyée au village de Roncourt.

Les 2e et 3e divisions (généraux Bisson et Lafont de Villiers) sur un même front, la droite à Roncourt et la gauche à Saint-Privat surveillant la rivière de l'Orne ;

La 4e division (général Levassor Sorval) faisant face aux villages d'Habouville et de Saint-Ail, la droite en avant et à hauteur de Saint-Privat et la gauche se reliant au 4e corps d'armée.

Toutes les troupes étaient établies sur deux lignes.

Le 6e corps, placé à la droite de la ligne générale de bataille, avait adopté les dispositions qui précèdent par lesquelles il refusait son aile droite dans le but d'éviter d'être tourné par l'ennemi.

A 11 h. 1/2 les premiers coups de canon des Allemands se firent entendre. L'ennemi attaqua d'abord le 4e corps « et cette attaque s'étendit bientôt au 6e corps ».

Vers midi 1/4, deux fortes colonnes ennemies se montrèrent sur le front de la 4e division du 6e corps. Canrobert ordonna aussitôt à la brigade Colin (93e et 94e de ligne, 3e division) d'occuper le village de Sainte-Marie-aux-Chênes et d'y tenir solidement « dans le but d'empêcher l'ennemi d'opérer le mouvement tournant qu'il dessinait sur notre droite ».

Les renseignements fournis par les reconnaissances de cavalerie (1) ayant donné au commandant du 6e corps la certitude que les Prussiens ne se trouvaient pas dans les environs des villages de Montois et de Marange, il ordonna à la division Tixier (1re) de quitter son emplacement et d'aller appuyer le 4e corps, en se reliant à la 4e division (général Levassor Sorval).

L'artillerie ennemie dirigea un feu violent sur cette division et principalement sur le village de Saint-Privat, dont

---

(1) La division de cavalerie du 6e corps (général du Barail) fut constituée, le 18 août, avec divers éléments.

la position dominante était d'une importance capitale ; elle prit bientôt sur la nôtre une certaine supériorité qu'on doit attribuer au nombre relativement moindre de nos bouches à feu, à l'infériorité de nos calibres et à la pénurie de nos munitions, en partie dépensées à la bataille du 16 août (1). Le général Levassor Sorval eut un cheval tué sous lui.

L'ennemi porta également ses efforts sur le village de Sainte-Marie-aux-Chênes, que le général Colin dut abandonner après une résistance opiniâtre pendant laquelle il fut blessé.

Les Prussiens (continue Canrobert dans son rapport) profitèrent de cette circonstance pour essayer de tourner notre position par le village de Roncourt, mais l'infanterie de la division Lafont de Villiers les contint, puis, se portant vigoureusement en avant, les obligea à rétrograder, avec l'aide des troupes du général Tixier.

En même temps, la division de cavalerie du Barail, placée entre Saint-Privat et Roncourt, fit un mouvement pour prolonger notre droite et la protéger. Cette cavalerie, par des démonstrations offensives, des charges en fourrageurs et en ligne, aida la division Lafont de Villiers à maintenir l'ennemi, que le général Bisson arrêtait du côté de Roncourt avec le 9e de ligne.

Cependant, vers 3 heures, le prince Frédéric-Charles donne l'ordre de faire tourner le 6e corps sur sa droite par le XIIe corps (saxon) tandis que la garde royale prussienne l'attaquera de front ; et Canrobert

____

(1) Voir procès Bazaine (audience du 21 octobre). « Je n'avais pas encore reçu de munitions, dit Canrobert, et c'est avec des caissons à moitié ou au tiers pleins, qui me restaient de Rezonville, que j'ai eu à soutenir la bataille. »

qui voit ce mouvement se dessiner en prévient le général en chef.

Le maréchal Bazaine me fit répondre qu'il donnait l'ordre au général Bourbaki de me faire soutenir par la division des grenadiers de la garde et au général Soleille de
m'envoyer des batteries de réserve. Je fus très content, et
je fis donner à mes soldats l'ordre de tenir bon, en leur
annonçant qu'on venait à leur secours. Plus tard, comme
*ces secours n'arrivaient pas et que l'artillerie prussienne me
gênait un peu,* j'envoyai un capitaine d'artillerie, M. de
Chalus, chercher quelques caissons; il revint m'en amenant cinq ou six dont on fit la distribution; ce n'était pas
beaucoup, mais c'était quelque chose (1).

Nous arrivons donc au moment suprême où les Allemands, croyant le 6e corps suffisamment démoralisé
par le feu de leur puissante artillerie, tentent d'enlever
Saint-Privat de vive force.

Mais, pour ne pas faire preuve de partialité envers
le maréchal Canrobert, ce n'est pas dans un récit français, mais dans un ouvrage allemand rédigé par la
section historique du grand état-major prussien (2),
que nous irons chercher le témoignage éclatant de
l'héroïque conduite du commandant du 6e corps d'armée :

... A 5 h. 3/4 le général de Pape fait donc rompre la première brigade des abords sud-ouest de Sainte-Marie, en lui
donnant comme point de direction un groupe de maisons,
visible de fort loin, qui se projette de la face sud-ouest de
Saint-Privat vers la route et que le commandant de corps

---

(2) Procès Bazaine, 21 octobre.
(1) Traduction de M. le commandant Costa de Serda.

avait indiqué comme objectif de l'attaque... Aussitôt que la brigade prussienne se déploie en avant de Saint-Ail, elle se trouve en prise à une grêle de projectiles qui l'accompagne durant tout son mouvement offensif...

Le régiment Empereur François (2e des grenadiers de la garde) venait à peine de s'ébranler que déjà son chef, le lieutenant-colonel de Bœhn, tombait grièvement blessé, ainsi que les deux commandants de bataillon, lieutenant-colonel de Bentivegni et major de Wittich... Le régiment avait déjà perdu presque tous ses officiers, et il ne restait plus des compagnies que des groupes insignifiants. Pour le moment, on manquait donc sur ce point de forces nécessaires pour poursuivre l'attaque...

Le régiment de la reine (4e des grenadiers de la garde), en se déployant à l'est de Saint-Ail, avait établi en première ligne son bataillon de fusiliers... Au signal donné par le commandant du régiment, colonel comte de Waldersee, toute la ligne s'ébranle au pas de charge pour gravir les hauteurs. Un feu terrible s'abat sur les assaillants; en un clin d'œil, leurs rangs sont décimés, et là encore les officiers surtout payent un large tribut. A l'aile gauche, le commandant des fusiliers, major prince de Salmun (ancien aide de camp de l'empereur Maximilien au Mexique) est mortellement blessé et l'attaque directe de ses troupes échoue devant la grêle de balles du défenseur, *qui paraissait renforcé par des contingents encore frais* (1).

Le bataillon de fusiliers du 1er *régiment de la garde* s'avançait dans l'intervalle des deux vallons, prolongeant ainsi la gauche du front d'attaque... Mais, sur ce point encore, les compagnies fondaient à vue d'œil sous le feu meurtrier des chassepots; le lieutenant-colonel comte de Finckenstein, dont le cheval avait déjà été tué, était grièvement blessé, et, peu à peu, ce bataillon *perdait, comme les deux autres, tous ses officiers.*

Cette première et audacieuse attaque de l'infanterie prus-

---

(1) Cette déclaration est tout à l'honneur de Canrobert et de ses braves soldats, puisqu'ils n'avaient reçu aucun renfort.

sienne sur Saint-Privat n'avait donc pas abouti. L'élan était rompu pour le moment; des milliers de morts et de blessés jonchaient ce champ de bataille abreuvé de sang... la situation était devenue fort critique, car l'ennemi pouvait n'avoir subi que des pertes relativement faibles, et on devait s'attendre à tout instant à lui voir prononcer un vigoureux retour offensif et culbuter sur Sainte-Marie *les lignes sans consistance* de l'assaillant. Mais, *chose singulière, rien de semblable ne se produisit.*

Oui, les Allemands ont raison de dire « chose singulière », car dans leur idée il est impossible que, depuis cinq heures environ que dure la lutte, le général en chef ne se soit pas ému de la situation du 6e corps; il est impossible qu'un corps d'armée sur lequel se concentrent les efforts d'une partie de l'armée adverse ne soit pas soutenu par celui qui a la haute main sur les opérations. Que la garde impériale arrive, et ce retour offensif dont les Allemands ont peur va en effet les culbuter sur Sainte-Marie.

Mais non, Bazaine ne voit rien ou ne veut rien voir.

... Non seulement il ne se porte pas de sa personne sur le point menacé pour y diriger au besoin ses réserves, mais il abandonne à l'initiative nécessairement hésitante du général Bourbaki le soin de mettre la division de la garde en mouvement, et laisse sur le Saint-Quentin soixante bouches à feu absolument inutiles (1).

Ainsi c'est dans un duel d'artillerie que le 6e corps va succomber faute de canons et de munitions, tandis que 60 pièces pourraient venir écraser les Allemands à leur tour.

---

(1) Procès Bazaine. — Rapport du général de Rivière.

Reprenons le récit de la section historique du grand état-major prussien :

Vers 7 h. du soir, on avait donc en action quatorze batteries de la garde en deux groupes, dont l'un canonnait Saint-Privat et Jérusalem, tandis que l'autre faisait front dans la direction d'Amanvillers. Les effets du tir convergent du premier de ces groupes se faisaient bientôt puissamment sentir. En peu d'instants, Jérusalem était en feu ; à Saint-Privat aussi, des flammes s'élevaient sur plusieurs points. Déjà les masses ennemies serraient de plus en plus leurs rangs hachés par la mitraille (1), tandis que, au nord, le cercle se rétrécissait toujours davantage autour du boulevard de la défense... Ainsi, *sans compter l'artillerie hessoise,* établie sur l'aile droite, *vingt-trois batteries s'étaient déployées successivement au sud de Saint-Privat...*

...En présence de cette situation, le maréchal Canrobert avait pris le parti d'évacuer progressivement toute la région située au nord de Saint-Privat, en se couvrant d'une arrière-garde établie à Roncourt. Ce mouvement, dérobé aux vues des Allemands par les crêtes largement arrondies de la longue ligne de hauteurs, était *exécuté avec une indiscutable habileté...* Quand l'infanterie saxonne se porte ensuite sur Roncourt, elle ne trouve donc plus la résistance à laquelle elle s'était attendue...

De toute part, cependant, les troupes assaillantes se rallient et remettent de l'ordre dans leurs rangs confondus, tandis que l'adversaire, déjà débordé de plusieurs côtés et de plus en plus acculé, tente des efforts désespérés pour conserver à tout prix la clé de sa position... Les bataillons prussiens et saxons fondent aux derniers rayons du soleil couchant, sur ce boulevard de l'adversaire, si longtemps et si opiniâtrement défendu... Les troupes, drapeaux au vent (et quelques-uns avaient déjà changé de mains jusqu'à cinq fois), s'élancent sur les traces de leurs officiers

____

(1) Ne pas oublier que ces « masses hachées par la mitraille » sont les troupes de Canrobert.

et, d'un commun élan, les Saxons au nord et au nord-
ouest, la garde à l'ouest et au sud, atteignent à peu près
en même temps Saint-Privat en flammes... La résistance
la plus acharnée se produisait sur les faces nord et nord-
ouest.

*Les Allemands aussi avaient là leurs contingents les plus
frais, de sorte que la possession du village donnait lieu encore
à une lutte meurtrière* (1)... Leur attaque simultanée sur ce
point amenait bientôt une telle presse que des groupes
nombreux se voyaient contraints d'appuyer à gauche pour
chercher une autre voie.

Et jusqu'à la dernière minute, les Allemands ne
cessèrent pas d'envoyer des renforts sur Saint-Privat,
« où les obus allemands n'avaient d'ailleurs pas cessé
de tomber, même pendant l'assaut ».

Il tint tant qu'il put, le vaillant maréchal !

Seul, à pied, ne voulant pas exposer inutilement son
état-major, ses longs cheveux tombant sur le cou, des larmes sillonnant parfois son rude visage, il parcourait les
rangs des troupiers et les encourageait par un mot, une
poignée de main, un geste d'affectueuse protection.

— Eh bien, mon brave ! nous ne lâcherons pas, hein !

— Non, Monsieur le maréchal, soyez tranquille (2) !

Hélas, il le fallut pourtant et voici en quels termes
le maréchal commandant le 6e corps s'exprima devant
le conseil de guerre de Trianon :

---

(1) Quoi de plus élogieux pour Canrobert que cette phrase de ceux qu
l'ont écrasé sous le feu de leurs nombreuses et puissantes batteries et
de leurs masses sans cesse renouvelées? Ils ne peuvent pas croire que
Canrobert n'a pas reçu de renforts et ils disent : « Les Allemands *aussi*
avaient leurs contingents les plus frais. » Plus ils reconnaissent avoir
eu de difficultés, plus ils font l'éloge du héros de Saint-Privat.

(2) *Les Combattants de* 1870-71, par le commandant L. Rousset.

Saint-Privat était en feu ; ce point était le point de mire de toutes les batteries qui convergeaient de la gauche, du front et de la droite ; l'armée saxonne avait fait son mouvement vers Roncourt, que je n'avais pu fortifier, ce qui nous aurait permis de tenir plus longtemps. A ce moment, arriva un vaillant officier, qui a été tué depuis devant Paris et qu'on appelait le général Péchot. Il arriva à Saint-Privat avec le 9e bataillon de chasseurs, le 6e et le 12e de ligne. Ils se précipitèrent pour arrêter l'ennemi ; mais, comme l'ennemi envoyait des masses de fer et ne venait pas lui-même, que c'étaient des obus qui arrivaient, ils ne purent tenir. Nous dûmes alors nous retirer ; nous effectuâmes notre retraite par échelon au centre, et nous gagnâmes *en bon ordre*, — je souligne ce mot — les hauteurs qui se trouvent du côté du bois de Saulny, où une batterie de mon corps d'armée commença un feu soutenu, en s'alimentant de ce qui nous restait, c'est-à-dire quatre ou cinq coups environ par pièce. C'est sous la protection de cette batterie que nous avons pu nous retirer sans être attaqués.

J'ai su aussi, depuis, qu'un peu plus tard l'artillerie de la garde était arrivée par le route de Plappeville et qu'elle avait arrêté l'ennemi, mais qu'elle n'avait pu s'établir à Saint-Privat.

Je marchais tout doucement, en m'arrêtant toutes les dix minutes. J'espérais toujours recevoir des renforts. Enfin, voyant que je ne recevais rien, j'envoyai un officier de mon état-major rendre compte à M. le maréchal commandant en chef de l'obligation où j'avais été de battre en retraite (1).

Il était environ 9 heures et demie du soir quand le commandant Caffarel parla de cette terrible journée au maréchal Bazaine, qui lui répondit avec calme :

« Ne vous chagrinez pas d'une retraite qui devait

____

(1) Procès Bazaine (audience du 21 octobre).

avoir lieu dans tous les cas douze heures plus tard (1). »

Telle fut la réponse, après une conduite inexplicable, de celui qui accusa Canrobert d'être cause de la perte de la bataille de Saint-Privat (2).

(1) Journal de Canrobert et rapport du général de Rivière.

(2) Le général de Rivière s'exprime ainsi à la suite de l'examen de la journée de Saint-Privat : « Oui, le maréchal Bazaine a abandonné sans secours le maréchal Canrobert ; oui, il est responsable personnellement de la défaite du 18 août et de ses terribles conséquences.

CHAPITRE XVII

Nos pertes dans la journée du 18 août, dite défense des lignes d'Amanvillers, se montèrent à 12.273 hommes et 589 officiers, dont les généraux de Golberg, Henry, Bellecourt, Colin, Pradier, blessés, et Plombin, disparu à la prise de Sainte-Marie-aux-Chênes.

Les pertes de l'ennemi furent de 815 officiers et 19.759 soldats (1).

Les Allemands payaient cher cette victoire puisqu'ils avaient 226 officiers et 7.486 soldats tués ou blessés de plus que les Français. Or, ce fut surtout une bataille

---

(1) *La Guerre de* 1870, par l'ex-maréchal Bazaine.

d'artillerie, c'est-à-dire une bataille où nous devions avoir fatalement le dessous à cause du petit nombre de nos pièces et du manque de projectiles. Cette différence des pertes allemandes a donc été payée par la garde royale prussienne dans sa première tentative d'assaut sur Saint-Privat, à 5 heures du soir.

Depuis bientôt činq heures qu'ils canonnaient le 6ᵉ corps, les Prussiens le croyaient incapable de résister. Mais Canrobert veillait : le lion sortit ses griffes et *près de huit mille hommes tombèrent sous ses coups.*

Le vieux roi Guillaume pleura, dit-on, en apprenant cette nouvelle; Saint-Ail et Habonville changèrent de nom pour lui et s'appelèrent « le tombeau de la garde royale ».

Quant aux pertes du 6ᵉ corps elles s'élevèrent à 27 officiers tués, 63 blessés et 75 disparus, et 346 sous-officiers ou soldats tués, 1.519 blessés et 3.060 disparus (1); soit, exactement, 5.090 sur 12.000 que perdit l'armée française.

Tant de sacrifices furent inutiles : les lignes prussiennes ne furent pas percées, la jonction avec Mac-Mahon ne put avoir lieu et le duc de Magenta, repoussé par le flot des armées allemandes, alla succomber à Sedan, tandis que l'homme du Mexique se laissait bloquer sous Metz.

Le 19 août, l'armée est établie sous Metz, le 6ᵉ corps face à Hérouville entre l'angle nord du fort Moselle et le Sansonnet.

---

(1) Rapport du maréchal Canrobert. (Ces pertes, jointes à celles du 16 août, donnent, pour le 6ᵉ corps, 10.348 hommes hors de combat sur un effectif d'environ 26.000 combattants.)

Le 20, le maréchal Bazaine invite chacun des commandants de corps d'armée à lui faire connaître les conditions dans lesquelles se trouve son corps d'armée.

Le même jour, le commandant du 6e corps écrit au général en chef :

Le maréchal Canrobert au maréchal Bazaine.

Sous Metz, 20 août.

Votre Excellence veut bien me demander, à la date de ce jour, un rapport confidentiel sur la situation matérielle, physique et morale de mon corps d'armée. Je m'empresse de satisfaire à sa demande.

Le 6e corps, organisé au camp de Châlons, était encore en voie de formation lorsque *des ordres et des contre-ordres, en l'appelant tantôt en avant, tantôt en arrière, ont, en définitive, amené un morcellement dans les divers éléments qui le composent.* Les 1re, 3e et 4e divisions d'infanterie ont pu être réunies sous Metz, la 1re et la 3e avec leur artillerie et leur génie, et *la 4e dépourvue de ses armes.* La division de cavalerie, la réserve ainsi que le parc du génie sont encore au camp de Châlons, avec les trois quarts de la 2e division d'infanterie.

Quant aux services administratifs, *ils n'étaient pas prêts à notre départ du camp;* aussi sommes-nous dépourvus de transports réguliers, des services divisionnaires et d'une partie des ambulances.

Les chefs de l'artillerie, du génie et de l'administration sont également restés au camp, empêchés de nous rejoindre à Metz par l'interruption des communications.

Malgré ces conditions défavorables, la partie du 6e corps qui est ici, sous ma main, s'est présentée aux batailles des 16 et 18 août avec une solidité dont j'ai eu à vous rendre un compte avantageux. A la suite de ces deux journées, où le 6e corps a éprouvé de grandes pertes, plusieurs régiments sont privés de chefs et d'officiers supérieurs; plusieurs compagnies n'ont plus d'officiers, ce qui naturellement atténue leurs forces. Un assez grand nombre d'officiers ont perdu leurs bagages, et beaucoup de soldats leurs sacs, ce qui constitue une situation gênante. Toutefois, le moral des officiers et des généraux encore présents, et celui de la troupe, surtout depuis qu'elle a reçu des munitions et des vivres, m'inspirent une grande confiance.

Le maréchal commandant le 6e corps,
CANROBERT.

Le 21, on s'attendait à une bataille qui n'eut pas lieu et, le lendemain, l'armée reprit ses bivouacs sous Metz.

Le 23, le commandant en chef reçut une dépêche annonçant la marche de l'armée de Châlons pour venir rejoindre celle de Metz. Le maréchal n'en donna pas connaissance aux commandants de corps d'armée (1).

Dans la nuit du 25 au 26, des ordres de marche furent expédiés pour le lendemain. *On aurait pu le faire dès le 22 (2).*

Le 6e corps se mit en marche, le 26 à 4 heures du matin, pour passer sur la rive droite de la Moselle et aller occuper une position offensive en avant du fort Saint-Julien. Mais au lieu d'accélérer ses mouvements afin de surprendre l'ennemi, Bazaine prit des dispositions telles que le défilé de l'armée n'était pas terminé à 3 heures de l'après-midi.

---

(1) Voir, dans le rapport du général de Rivière, l'intéressante déposition du colonel Lewal.

(2) Ce jour-là, le général Soleille avait fait connaître au commandant en chef que toutes les batteries de combat étaient réapprovisionnées.

Canrobert, qui s'était établi à 11 h. 1/2 en avant du bois de Grimont, attendit des instructions. Quelle ne fut pas sa surprise de recevoir non pas un ordre de combat, mais une invitation d'assister à une conférence !

En effet, nous lisons dans le rapport du général de Rivière :

Les commandants des 2e, 3e, 4e, 6e corps d'armée, le commandant en chef de la garde impériale, le général Soleille, commandant l'artillerie de l'armée, le général Coffinières commandant supérieur de la place de Metz, réunis au château de Grimont, furent priés de donner leur avis sur la situation.,

La conférence du 26, continue le rapporteur, a été le point décisif du blocus de Metz. C'est à ce moment que son chef trace à l'armée le rôle qu'il lui réserve, et, pour amener ses lieutenants à s'associer à ses nouveaux desseins, *il leur cache la vérité.*

Une armée a été improvisée à Châlons ; son organisation est encore incomplète. Le maréchal de Mac-Mahon, qui la commande, le sait, et cependant, dans un sentiment de généreuse abnégation, il s'est mis en marche pour venir dégager l'armée de Metz.

Et cette marche, *Canrobert l'ignore* ainsi que les autres commandants de corps d'armée.

Bien mieux, Bazaine « laisse dire par le général Soleille qu'il n'y a de munitions que pour une bataille, alors que la lettre du 22 août, qu'il a gardée pour lui seul, établit que l'armée est complètement réapprovisionnée et en mesure de soutenir plusieurs combats ; il laisse dire que la place de Metz ne peut tenir plus de quinze jours sans le secours de l'armée ».

Ce n'est pas le procès de Bazaine que nous refaisons ici, mais il est nécessaire de rappeler tous ces détails pour expliquer la conduite de Canrobert, à qui l'on reproche de ne pas s'être prononcé pour un mouvement offensif.

Si le maréchal ne se prononça pas pour une action énergique, c'est que sa religion, ainsi que celle des Frossard, des Lebœuf et des Ladmirault, fut trompée par les affirmations mensongères de Bazaine.

Ignorant que Mac-Mahon s'avançait vers eux, croyant être utiles sous Metz, ils déclarèrent qu'il ne fallait pas compromettre l'armée par un mouvement offensif.

De plus, Canrobert, en partageant la manière de voir de ses collègues, ajouta ces phrases qu'il ne faut pas oublier :

Le moral de l'armée ne sera maintenu, l'armée ne vivra moralement qu'à la condition de ne pas rester inerte. Frappons de tous les côtés ; donnons des coups de griffe partout et incessamment.

En résumé, s'il consentait à rester sous Metz, il voulait du moins harceler l'ennemi ; son projet était de l'épuiser en l'attaquant chaque jour sur un point différent. *On ne suivit pas cet avis.*

Un dernier mot encore pour répondre à ceux qui reprochent à Canrobert de n'avoir exercé aucune pression morale sur Bazaine, ainsi qu'il semblait en droit de le faire.

Ce mot, c'est Canrobert qui nous le fournira :

Je vous ferai remarquer, écrivait-il à un officier général

qui l'avait critiqué, que le rôle de Mentor ne pouvait convenir au caractère militaire et à l'honnêteté de celui qui, par pur patriotisme, venait de donner l'exemple d'abnégation et de désintéressement personnels à une armée où *il n'était que volontairement subordonné.*

La subordination et la discipline, voilà *deux grandes vertus militaires* que Canrobert a toujours possédées : nous ne comprendrons jamais que des militaires lui reprochent de les avoir trop pratiquées.

Pendant cette importante conférence du château de Grimont, les troupes se morfondaient sous une pluie torrentielle. Puis elles reçurent l'ordre de rétrograder sur Metz et les derniers soldats rentrèrent au bivouac le 27 août, à 5 h. 1/2 du matin.

Quatre jours plus tard le commandant en chef concentre de nouveau son armée sur la rive droite de la Moselle ; mais il y apporte la même lenteur que dans la journée du 26.

L'objectif était la prise du plateau de Sainte-Barbe.

Canrobert, qui suivait le 4e corps, fit effectuer le passage de son corps d'armée vers 10 heures et vint prendre, à 1 heure, les positions qui lui étaient assignées : sa droite à 1.200 mètres en arrière du village de Villers-l'Orme, à hauteur de la gauche du 4e corps ; son centre en avant du bois de Grimont, et sa gauche en avant de la ferme de Châtillon.

Mais par suite des instructions données, « l'attaque de la position de Sainte-Barbe par les 3e et 4e corps ne *commença qu'à 4 heures du soir ;* le 6e corps dut attendre que cette manœuvre se fût prononcée pour attaquer à son tour les villages de Rupigny et de Charly », et la nuit vint interrompre la bataille.

Les Allemands profitèrent du répit que Bazaine leur avait donné pour réunir toutes leurs réserves ; le lendemain Canrobert reçut l'ordre confidentiel suivant (que le commandant en chef expédia également aux autres commandants de corps d'armée) :

Selon les dispositions que l'ennemi aura pu prendre devant nous, nous devons continuer l'opération entreprise hier, qui doit : 1º nous conduire à occuper Sainte-Barbe et 2º faciliter notre marche vers Béthinville. Dans le cas contraire, il faudra tenir dans nos positions, s'y fortifier, et ce soir nous reviendrons alors sous Saint-Julien et Queuleu. Faites-moi dire, par le retour de l'officier qui vous remettra cette note, ce qui se passe devant vous.

On le voit, dans cette affaire comme dans les précédentes, Bazaine s'occupait toujours de sa ligne de retraite, alors qu'il fallait marcher en avant. La retraite eut lieu en effet et dans l'après-midi nous avions repris nos bivouacs (1).

A ce moment même succombait, sous les efforts réunis des armées allemandes, le maréchal de Mac-Mahon, accouru au travers de tous les périls au secours de son chef (2).

Le 3 septembre, Canrobert fit lire à son corps d'armée l'ordre général suivant :

---

(1) Voir, pour le résumé des opérations du 6ᵉ corps dans ces deux journées, les dates qui sont à la fin du volume.

(2) Rapport du général de Rivière.

Ordre général.

Le 6e corps d'armée, qui, aux batailles de Rezonville et de Saint-Privat, a largement apporté son glorieux tribut à la défense du pays, vient encore de prouver son énergique attitude dans les journées du 31 août et du 1er septembre, en face des lignes prussiennes qui s'étendent de Malroy à Sainte-Barbe.

La 1re division, général Tixier, formant la droite du 6e corps d'armée, s'est vaillamment engagée pour soutenir la gauche des attaques du 4e corps.

Dans ces deux dernières journées, de même que dans les diverses opérations qui leur ont été confiées, les compagnies de partisans, formées de volontaires de chaque régiment, ont accompli avec audace et succès leur belle et importante tâche.

S'avançant au loin vers l'ennemi, ayant soin de s'étendre et de se dissimuler, profitant avec adresse et sagacité de tous les abris qu'offrent le terrain et ses accidents, les partisans, par leurs feux calmes et bien dirigés, ont jeté l'inquiétude et bientôt le désordre dans les lignes et batteries prussiennes, leur faisant le plus grand mal sans, heureusement, en éprouver beaucoup eux-mêmes.

Ces résultats, dans leur ensemble comme dans leurs détails, montrent l'énergique et solide attitude des officiers, sous-officiers et soldats du 6e corps, qui, jaloux de leur honneur et animés de l'amour de la patrie, comprennent la grande et noble mission que leur impose sa délivrance

Le maréchal de France qui a l'honneur de les commander les en remercie au nom de la France et de l'empereur.

Le maréchal de France
commandant le 6e corps d'armée,
CANROBERT.

Au camp, sous Metz, le 3 septembre 1870.

Canrobert.   18

Du 2 au 6, Canrobert reçut des ordres et des contre-ordres au sujet de l'occupation de Ladonchamps.

Le 7, il entendit parler vaguement du désastre de Sedan. Enfin, le 12, Bazaine réunit les commandants de corps d'armée et leur apprit les événements qui s'étaient accomplis depuis le 1er septembre à Sedan et à Paris. « Dès lors, termina le commandant en chef, il faut renoncer aux grandes luttes — se contenter, pour tenir les troupes en éveil, de petites opérations de détail dont les commandants de corps d'armée auront l'initiative. — On attendra ainsi les ordres du gouvernement (1). »

Le 13, Canrobert réunit à son tour tous les officiers et quelques sous-officiers du 6e corps d'armée afin de leur communiquer, suivant l'ordre qu'il avait reçu, les nouvelles du dehors. Ce fut ce jour-là que l'on commença à manger les chevaux (2).

Dans la soirée du 23 le général en chef reçut au quartier général un inconnu nommé Régnier, qui venait, disait-il, de la part de l'impératrice, avec le consentement de M. de Bismarck, proposer soit à M. le maréchal Canrobert, soit à M. le général Bourbaki, de se rendre en Angleterre pour se mettre à la disposition de la régente.

Canrobert fut appelé au quartier général le lendemain matin, et après un court tête-à-tête avec le sieur Régnier, il déclina la mission qui lui était proposée. Ce fut le général Bourbaki qui l'accepta.

---

(1) Rapport du général de Rivière.
(2) Voir les dates à la fin du volume.

Le 27 septembre, tandis que le général Lapasset tentait un hardi coup de main sur Peltre, Canrobert s'emparait du château fortifié de Ladonchamps; mais par suite d'un malentendu, les troupes du 6e corps abandonnèrent cette position qu'il fallut conquérir de nouveau dans la nuit du 1er au 2 octobre.

Des habitants ayant affirmé que dans les fermes des Grandes et Petites-Tapes, à Saint-Remy et à Bellevue il existait encore des approvisionnements en grande quantité, ordre fut donné à Canrobert de se mettre à la tête de la division des voltigeurs de la garde pour s'en emparer.

Cette opération eut lieu le 7 octobre, elle était appuyée par les 3e et 4e corps d'armée. Vigoureusement menés par Canrobert, les voltigeurs et les chasseurs à pied de la garde s'emparèrent des deux villages où, contrairement à ce qui avait été dit, on trouva très peu de fourrages.

Dans cette journée, les pertes accusées par Canrobert furent de 3 généraux blessés, 11 officiers tués et 40 blessés, 44 hommes tués, 648 blessés et 111 hommes disparus.

« Les pertes de l'ennemi, ajoute-t-il, ont dû être considérables puisque nous l'avons chassé de toutes ses positions et que nous lui avons fait 524 prisonniers dont 3 officiers. »

C'est en rentrant de ce combat que le maréchal Canrobert trouva une lettre du général en chef dont nous donnons les principaux passages :

Ban Saint-Martin, 7 octobre 1870 (*très confidentielle*).

Monsieur le maréchal,

Le moment approche où l'armée du Rhin se trouvera dans la situation la plus difficile peut-être qu'ait jamais dû subir une armée française. Les graves événements militaires et politiques qui se sont accomplis loin de nous et dont nous ressentons le douloureux contre-coup, n'ont ébranlé ni notre force morale, ni notre valeur comme armée; mais vous n'ignorez pas que des complications d'un autre ordre s'ajoutent journellement à celles que créent pour vous les faits extérieurs.

Bazaine fait alors connaître que bientôt les vivres feront absolument défaut et que les chevaux vont périr et disparaître.

Dans ces graves circonstances, je vous ai appelé pour vous exposer la circonstance et pour vous faire part de mon sentiment. Le devoir d'un général en chef est de ne rien laisser ignorer, en pareille occurrence, aux commandants des corps d'armée placés sous ses ordres et de s'éclairer de leurs avis et de leurs conseils.

Aussi, avant de prendre un parti décisif, ai-je voulu vous adresser cette dépêche pour vous demander de me faire connaître par écrit, après un examen très mûri et très approfondi de la situation, et après en avoir conféré avec vos généraux de division, votre opinion personnelle et votre appréciation motivée. Dès que j'aurai pris connaissance de ce document, dont l'importance ne vous échappera pas, je vous appellerai de nouveau dans un conseil suprême d'où sortira la solution définitive de la situation de l'armée dont Sa Majesté l'empereur m'a confié le commandement.

Bazaine donnait *quarante-huit heures* à ses lieutenants pour recueillir l'avis de leurs subordonnés, faire un rapport motivé et le lui adresser.

Le lendemain, 8 octobre, Canrobert fit appeler les généraux Tixier, Bisson, Lafont de Villiers, Levassor Sorval et du Barail; il leur communiqua la lettre du maréchal Bazaine et se retira pour les laisser délibérer en toute liberté. La déclaration écrite qu'il reçut de leurs mains fut reproduite dans le rapport qu'il adressa ensuite au général en chef. Ce rapport, nous le reproduisons en entier étant donnée son importance:

8 octobre.

Le maréchal Canrobert au maréchal Bazaine.

Par sa dépêche confidentielle d'hier, Votre Excellence, après avoir bien voulu m'exposer la situation des ressources à la disposition de l'armée, lesquelles ne permettent plus de subvenir à l'alimentation des chevaux, ni pour les hommes d'assurer la distribution du pain au delà de huit jours, en réduisant cependant la ration à 300 grammes, m'invite, après en avoir conféré avec mes généraux de division, à lui faire connaître, par écrit, mon opinion personnelle sur la situation et mon appréciation motivée sur le parti définitif qu'il y a lieu de prendre en présence de cette situation. J'ai réuni mes généraux de division, et, après avoir conféré avec eux, ils m'ont remis une déclaration écrite et unanime dont les conclusions portent ce qui suit:

« Vu les forces infiniment supérieures qui nous entourent et les tentatives infructueuses qui ont été faites pour franchir les lignes ennemies, vu la destruction presque totale de nos chevaux d'artillerie et de cavalerie et l'épuisement complet de nos vivres, les généraux soussignés pensent qu'il y aurait lieu de traiter avec l'ennemi pour obtenir une convention honorable, c'est-à-dire de partir avec armes et bagages, sous la condition de ne pas servir contre la Prusse pendant un temps qui n'excédera pas un an.

» Dans le cas où les conditions imposées par l'ennemi ne

sauraient être acceptées par des gens d'honneur, les généraux de division sont résolus à traverser les lignes prussiennes coûte que coûte ».

En ce qui me concerne, après un examen approfondi des conditions matérielles et morales dans lesquelles se trouve l'armée du Rhin, et en tenant compte des graves événements politiques et militaires qui se sont accomplis loin de nous, je pense qu'il n'est pas possible de renouveler les tentatives infructueuses qui ont été faites pour percer les lignes ennemies et gagner un point de la France dans des conditions qui permettent de rendre des services utiles au pays.

Cette opinon est basée sur les considérations suivantes :

1º L'armée ennemie, dont la force numérique est double de la nôtre, occupe des positions successives dont elle a augmenté considérablement la force naturelle par des retranchements et l'établissement de nombreuses batteries de position, que le nombre de ses bouches à feu beaucoup plus élevé que le nôtre lui permet de garnir tout en conservant les batteries mobiles nécessaires.

2º L'épuisement chaque jour plus complet de nos chevaux de selle et de trait, qui n'ont plus de ration, ne permet plus de pouvoir compter sur un effet utile de la cavalerie, ni sur la possibilité de faire suivre une artillerie même fort restreinte.

3º En admettant, cependant, qu'on parvienne à percer les lignes, les ressources en munitions et en vivres feraient complètement défaut après deux ou trois marches ou combats ; de plus, et avec les chances les plus favorables, on ne peut estimer à moins de la moitié de notre effectif les pertes qu'entraînerait une trouée, en hommes hors de combat ou pris. Si l'on songe alors à ce que serait la situation morale et matérielle du reste de l'armée, on est en droit de se demander si elle serait en état de soutenir une poursuite obstinée, et si elle n'entrerait pas promptement dans un état de désorganisation qui serait un triste spectacle, sinon même un danger pour le pays, et porterait une atteinte grave à l'honneur du drapeau.

4° **Enfin**, notre éloignement de Metz, où, depuis près de deux mois, nous retenons une armée de 220.000 hommes, rendrait cette armée disponible et lui permettrait immédiatement de porter un secours considérable et peut-être décisif à l'armée qui assiège Paris.

Ces considérations étant posées, et par suite l'impossibilité de tenir la campagne reconnue, il est raisonnable et nécessaire, étant donné l'épuisement absolu des vivres, de tenter auprès de l'ennemi une démarche ayant pour but d'amener une convention honorable. Toutefois, l'honneur militaire et les intérêts de notre pays, qu'une prolongation de résistance peut si utilement servir, commandent que cette démarche ne soit faite qu'après que, par tous les moyens possibles que permet l'humanité, nous aurons pu faire vivre l'armée sous Metz.

Si cette convention n'est pas acceptée et que l'ennemi, abusant de ses avantages contre une armée que trois grandes batailles et des combats journaliers lui ont appris à respecter, veuille lui imposer des conditions inacceptables, nous lui ferons savoir que *des soldats français de notre trempe ne sauraient s'humilier,* et qu'ils préfèrent *mourir les armes à la main,* en vendant chèrement leur vie.

Le monde et l'histoire jugeront alors laquelle des deux armées a porté plus haut l'honneur de son drapeau.

> *Le maréchal de France commandant le 6ᵉ corps,*
> Canrobert.

Il y a une différence entre cette capitulation proposée par le chef du 6ᵉ corps d'armée et celle qui fut acceptée par Bazaine.

Ceux qui ont cherché à flétrir la mémoire de notre dernier maréchal de France ne le connaissaient évidemment pas. Il fut trompé certainement et serait mort les armes à la main *s'il avait été le maître, s'il n'avait pas été* jusqu'au bout *l'esclave de la discipline.*

Le 10 octobre, Canrobert assista à la réunion qui fut tenue chez le maréchal Bazaine.

La séance fut ouverte à 2 heures de l'après-midi; lecture fut faite des rapports faits par chacun des généraux commandants de corps d'armée et répondant à la lettre confidentielle du général en chef en date du 7 octobre (1).

A la suite de cette lecture, plusieurs questions furent posées et discutées. Finalement *tous les généraux présents convinrent et arrêtèrent :*

1º Que l'on tiendrait sous Metz le plus longtemps possible;

2º Que l'on ne ferait pas d'opérations autour de la place, le but à atteindre étant presque improbable;

3º Que des pourparlers seraient engagés avec l'ennemi dans un délai qui ne dépasserait pas quarante-huit heures, afin de conclure une convention militaire honorable et acceptable pour tous;

4º Que dans le cas où l'ennemi voudrait imposer des conditions incompatibles avec notre honneur et le sentiment du devoir militaire, on tenterait de se frayer un passage les armes à la main.

Le général Boyer, premier aide de camp du maréchal Bazaine, se mit alors en relation avec les Allemands (2); il obtint du roi de Prusse l'autorisation de se rendre à

---

(1) Il nous est impossible de reproduire ces rapports. Le lecteur, s'il s'y intéresse, en trouvera le résumé dans le rapport du général de Rivière.

(2) En suivant le procès Bazaine et les dates qui sont en fin de ce volume, on verra que ce n'était pas la première entrevue du général Boyer.

Versailles. Parti de Metz le 12 octobre, cet officier général rentra dans cette place le 17.

Le lendemain, les officiers généraux qui avaient assisté à la réunion du 10 furent appelés au quartier général pour entendre le récit de la mission de l'aide de camp du général en chef.

Le général Boyer fit le plus noir tableau de la situation de la France :

Orléans, Tours, Châtellerault, Bourges, Saint-Etienne, Rouen, Le Havre, Lille étaient entre les mains des Prussiens ; aucun vestige de gouvernement n'existait plus. Lille et Rouen, saccagées par les socialistes, avaient appelé une garnison prussienne, etc., etc. (1).

A la suite de ce récit et à l'unanimité, les membres du conseil déclarent que tout effort pour sortir des lignes ennemies sera vraisemblablement suivi d'un insuccès : mais la question de l'honneur des armes se représente toujours, et tout en convenant que les troupes ne suivront pas ou montreront de la faiblesse, que toutes les chances sont pour qu'elles soient ramenées et se débandent, plusieurs membres du conseil pensent qu'il faudra *tenter la fortune des armes*, quelque désastreux que paraisse devoir en être le résultat.

Le général Frossard déclare nettement qu'il ne pense pas qu'on doive faire cette tentative.

Le général de Ladmirault déclare que nous serons ramenés, que l'on ne saurait compter sur les troupes, mais qu'il est prêt avec ses généraux à obéir.

------

(1) Le *Moniteur Universel* du 4 novembre 1870, n° 302, édition de Tours.

Le maréchal Le Bœuf dit qu'il ne croit pas au succès, mais néanmoins qu'il faut tenter ce qu'il appelle une folie glorieuse (1).

Enfin le maréchal Canrobert prend la parole à son tour et fait la déclaration suivante, analogue en somme aux précédentes mais que des gens lui ont reprochée, trop heureux de ternir la gloire du vieux maréchal :

Le maréchal Canrobert déclare que c'est une évasion et non une sortie à tenter, mais qu'il ne croit pas au succès, que nous serons dispersés et qu'ainsi on donnera aux Prussiens l'occasion de compter un triomphe de plus et s'enorgueillir de cette victoire, qui sera un désastre de plus à ajouter à nos revers (1).

Il est évident, étant donné la loyauté du maréchal, qu'en prononçant ces paroles Canrobert avait la plus profonde conviction qu'une convention *honorable*, dans l'acception de ce mot, nous serait accordée.

Le procès-verbal de la séance fut clos comme il suit :

En conséquence, le général Boyer se rendra à Hastings, pour voir s'il est possible d'obtenir une convention dans le sens indiqué plus haut ; mais à la condition expresse que nul traité ne devra être signé ni convenu par le commandant en chef de l'armée.

Il devra également exposer la situation de l'armée à l'impératrice, et, s'il n'est point possible d'arriver à la solution désirable, il sollicitera de Sa Majesté une lettre par laquelle elle délie l'armée de son serment à l'empereur et lui rend sa liberté d'action.

Depuis quelque temps d'ailleurs, le maréchal Can-

---

(1) Procès-verbal de la séance du 18 octobre 1870.

robert ne pouvait plus se faire aucune illusion sur l'issue de la résistance de l'armée française bloquée sous Metz. Mais, tandis que Bazaine se cachait de l'armée, le commandant du 6ᵉ corps d'armée s'efforçait de maintenir ses soldats dans les idées de patience et de dévouement.

A cet effet, le 16 octobre, il leur fit lire cet ordre du jour :

Ordre du 6ᵉ corps.

Soldats,

Après trois batailles sanglantes dans lesquelles votre courage a lutté glorieusement contre une armée bien supérieure en nombre, en lui infligeant des pertes énormes, vous avez dû vous concentrer sous Metz. Depuis lors, votre énergique attitude a imposé un tel respect à votre ennemi que, malgré sa force, il n'a jamais osé se porter sur vous et qu'il a dû, au contraire, subir vos attaques dans de fréquents combats.

Lorsque la France envahie résiste avec acharnement et que tous nos frères, jeunes et vieux, se lèvent les armes à la main contre les envahisseurs, vous avez arrêté, pendant plus de deux mois, plus de 200.000 hommes, paralysé leur action et préservé la grande forteresse de Metz.

La France vous en tient compte et applaudit en vous ses plus glorieux enfants, qu'elle sait en proie aux privations d'un étroit blocus. Nous continuerons à nous montrer dignes de cette mère chérie, et, quelles que soient les épreuves qui nous soient réservées, pour elle nous saurons les regarder en face et les surmonter aux cris de : Vive la France !

Le maréchal de France commandant le 6ᵉ corps d'armée,

CANROBERT.

Au quartier général, sous Metz, le 16 octobre 1870.

Aussi les soldats s'écriaient : « Vive Canrobert! A bas Bazaine (1)! »

Le 24 octobre, nouvelle réunion chez le général en chef où l'on apprend ce qui suit par un télégramme de M. de Bismarck :

..... Les propositions qui arrivent de Londres sont, dans la situation actuelle, absolument inacceptables, et je constate, à mon grand regret, que je n'entrevois plus aucune chance d'arriver à un résultat par des négociations politiques.

Comme le 18, on discuta sur les chances possibles d'une sortie et l'on finit par envoyer le général Changarnier aux Allemands pour leur demander :

1° La liberté de l'armée qui appellera à elle, dans l'intérieur de la France, les anciens corps constitués ou une nouvelle assemblée élue;
2° La neutralisation de l'armée et de Metz, où l'on appellerait, pour traiter, cette assemblée, ou une assemblée nationale (2).

Dès lors les événements marchent à grands pas.

Le 25, le général Changarnier vint rendre compte qu'il avait échoué dans sa mission; il fut remplacé par le général de Cissey, à qui l'ennemi répondit que les conditions qu'il accepterait ne pouvaient être que *celles de Sedan* (3).

Le maréchal Bazaine, dans un conseil tenu le 26, fit connaître aux commandants de corps d'armée quelles

---

(1) *Le Moniteur universel* du 4 novembre 1870, n° 302, édition de Tours.

(2) Procès-verbal de la séance du 24 octobre 1870.

(3) *La Guerre de* 1870, par Bazaine.

étaient les exigences allemandes : « Metz remis à l'ennemi ainsi que le *matériel de guerre, drapeaux*, etc. »; et le général Jarras, chef d'état-major général de l'armée, fut envoyé près du chef d'état-major général de l'armée allemande pour régler avec lui les conditions définitives qui devaient être acceptées par tous les membres présents.

C'est au cours de cette réunion, paraît-il, que le maréchal Bazaine aurait donné l'ordre au général Soleille de faire réunir les drapeaux et de les brûler à l'arsenal.

Cette question des drapeaux est de la plus grande importance, car des soldats, des officiers, — un général même, — *accusèrent les maréchaux* de mensonge et d'avoir, de complicité avec Bazaine, « livré nos drapeaux à l'ennemi, comme le dernier trophée de notre honte ».

Une telle accusation peut-elle être portée contre le loyal, le fier, le *chevaleresque* Canrobert?

Il n'y eut qu'un coupable, celui que l'on a jugé à Trianon : les autres furent trompés.

D'ailleurs, quand il eut à déposer sur cette question des drapeaux, Canrobert prononça cette phrase qui le dépeint bien tout entier et qui démontre, mieux que nous ne l'avons fait jusqu'ici, comment il comprend la discipline :

Dans une armée, il y a un chef et des soldats ; qu'ils s'appellent maréchaux ou tambours, ce sont les soldats du général en chef (1).

____

(1) Procès Bazaine (audience du 28 novembre).

Or, un soldat doit obéir, et voilà pourquoi *Canrobert livra ses drapeaux lorsqu'il reçut cette lettre :*

N° 653. *Aux commandants de corps d'armée.*

Veuillez donner des ordres pour que les aigles des régiments d'infanterie de votre corps d'armée soient recueillies demain matin de bonne heure, par les soins de votre commandant d'artillerie, et transportées à l'arsenal de Metz, où la cavalerie a déjà déposé les siennes. Vous préviendrez les chefs de corps qu'elles y seront brûlées. Ces aigles, enveloppées de leurs étuis, seront emportées dans un fourgon fermé; le directeur de l'arsenal les recevra et en délivrera des récépissés aux corps.

Signé : BAZAINE (1).

Du moment où Bazaine, le chef, disait à Canrobert, son subordonné, de livrer ses aigles, ce dernier exécutait l'ordre reçu; jamais il n'aurait pu lui venir à l'idée que son chef le trompait.

---

(1) Cette lettre, que Canrobert reproduisit en partie pour la transmettre à ses généraux de division, fut employée comme chef d'accusation par un de ces divisionnaires. (Voir le *Moniteur Universel* du 12 novembre 1870, n° 310, édition de Tours.)

CHAPITRE XVIII

Le 29 octobre 1870, les Allemands occupaient Metz.
Le lendemain, Canrobert se rendit à Corny, village
situé au sud-ouest de la ville, où le prince Frédéric-
Charles avait établi son grand quartier général.

Le 31, il écrivit officiellement pour demander à être
interné à Stuttgard.

Un ordre du roi de Prusse lui prescrivant de se rendre à Cassel, Canrobert quitta Corny le 1er novembre
au matin, à 2 h. 1/2, et arriva dans l'ancien chef-lieu
du royaume de Westphalie le 2, à 4 heures du soir. Le
même jour, il rendit visite à l'empereur, qui habitait

le superbe château de Wilhelmshöhe. Napoléon III l'invita à déjeuner pour le 4 et le maréchal rendit une nouvelle visite à son ancien souverain le 11 du même mois.

Enfin, le 12, après avoir écrit deux fois encore pour obtenir l'autorisation d'aller à Stuttgard, Canrobert fut informé que le roi Guillaume lui donnait satisfaction. Il partit dans la soirée du même jour et descendit à Sttutgard le 13, dans l'après-midi.

La capitale et la plus grande ville du Wurtemberg, Stuttgard, n'est même pas située au bord du Neckar, mais elle n'en occupe pas moins un site géographique très heureux... En outre, le pays qui l'entoure est d'une étonnante richesse et mérite le nom de Paradis, que lui ont donné les habitants (1).

C'est là que Canrobert subit une captivité qui ne dura pas moins de quatre mois. Combien ce *paradis* dut lui déplaire!

Il utilisa ses loisirs à étudier les *causes générales de nos défaites* (2) ou à poser les *conditions de nos succès futurs* (2).

L'honneur national (écrit-il dans ce dernier travail) comme celui des armes, le patriotisme comme le devoir réclament que la France prenne un jour, plus ou moins prochain, *une revanche éclatante* de ses désastres.

Cependant des attaques contre l'armée de Bazaine commençaient à se produire; Canrobert, qui avait

____

(1) Elisée Reclus, *Nouvelle Géographie universelle.*

(2) Voir cette étude à la fin du volume.

toujours confiance dans son ancien chef, lui écrivit, le
26 novembre :

> Mon cher maréchal,
>
> Les journaux annoncent que vous allez publier une
> brochure sur votre commandement de l'armée du Rhin.
> L'état des esprits en France ne permettra pas d'apprécier
> ce travail avec le calme et l'équité désirables. Il me paraît
> donc nécessaire, tant dans notre intérêt que dans celui de
> la vérité, que vous ajourniez cette publication jusqu'à un
> moment plus opportun. Vous éviteriez, en outre, de livrer
> vos raisons et arguments aux discussions de presse et de
> gens qui n'ont ni le droit ni le pouvoir de juger en con-
> naissance de cause. Attendez des temps plus calmes, moins
> passionnés et, partant, plus équitables, et ne cherchez à
> relever que de l'opinion exprimée au grand jour par un
> conseil d'enquête compétent, régulièrement convoqué, et
> que vous réclameriez vous-même au besoin.
> Je saisis cette occasion, mon cher maréchal, pour vous
> adresser l'expression de mon vieil et affectueux dévoue-
> ment.
>
> Maréchal CANROBERT.
>
> *P. S.* Peut-être penserez-vous que quatre lignes dans les
> journaux sérieux, annonçant votre détermination dans le
> sens de cette lettre, seraient pour le moment suffisantes.

Mais bientôt tous les grands chefs de l'armée du
Rhin furent critiqués et même deux officiers généraux ne craignirent pas, l'un dans un journal, l'autre
dans une brochure, d'accuser le maréchal Canrobert
de mauvaise foi, de faiblesse ou d'indécision.

N'ayant rien à se reprocher, il leur répondit avec
beaucoup d'à-propos et en termes énergiques, ré-

duisant à néant les attaques dont il était l'objet (1).

Ces officiers généraux ne répondirent ni l'un ni l'autre (à notre connaissance) à la leçon que leur donna l'ex-commandant du 6ᵉ corps d'armée. Celui-ci, d'ailleurs, donna l'exemple de cette discipline qu'il appréciait et qu'il pratiquait si bien en ne se permettant jamais aucune critique sur le commandant en chef de l'armée du Rhin.

Toutefois, comme le maréchal Bazaine était celui que l'on accusait avec le plus de violence, Canrobert lui conseilla de demander des juges et lui adressa la lettre suivante :

Stuttgard, le 19 février 1871.

A Monsieur le maréchal Bazaine

Monsieur le maréchal,

Vous étiez notre chef à l'armée du Rhin ; l'opinion publique, sanctionnée par l'empereur, vous avait conféré ce redoutable honneur. Bien qu'une position très considérable m'eût été offerte en dehors de votre armée (2), je n'hésitai pas à y venir me placer sous vos ordres, sacrifiant toute question personnelle d'intérêt ou de susceptibilité au désir bien naturel de combattre pour mon pays. A peine la fatalité, qui dans cette guerre néfaste n'a cessé de suivre toutes les armées de France, nous eut-elle réduits, après dix batailles ou combats (et la mort de nos chevaux d'artillerie et de cavalerie) à succomber sous la famine que, de divers côtés, même de votre armée, s'élevèrent contre vous des accusations, des injures monstrueuses, qui s'étendirent

---

(1) Par discrétion, il nous est impossible de reproduire ces deux réponses.

(2) Canrobert fait allusion aux offres que lui fit l'impératrice dans la soirée du 10 au 11 août 1870.

parfois jusqu'aux commandants des corps d'armée et autres généraux, vos subordonnés.

Le dédain du silence a dû naturellement leur être opposé tant que la voix de la vérité était étouffée et que les circonstances ne permettaient pas de juger avec calme et équité. Mais aujourd'hui que les représentants autorisés de la nation ont enfin pu se réunir, le devoir, l'honneur et la discipline militaires (qu'il est indispensable de rétablir) réclament que notre ancien général en chef en appelle hautement à la justice éclairée du pays, qui saura bien, elle, dans la majesté de son impartialité, rendre à chacun selon ses œuvres.

Si Votre Excellence partage, comme je ne puis en douter, ma manière de voir, j'en serai d'autant plus heureux qu'en ce qui me concerne, je ne puis admettre que le silence soit la seule réponse à opposer à toutes les attaques qui se sont produites.

Je vous serai donc reconnaissant, Monsieur le maréchal, de m'adresser votre réponse à Stuttgard, où, comme vous le savez, je subis depuis trois mois avec douleur cette navrante captivité qui prive les plus vieux, les plus expérimentés soldats de la France de l'honneur et du bonheur de combattre en tête de nos vaillants compatriotes dans leur terrible lutte contre leurs envahisseurs.

CANROBERT.

Deux choses ressortent nettement de cette dernière lettre : Canrobert regrette de ne pas pouvoir prendre part à la lutte, *il veut se battre pour la France,* sans s'occuper du parti qui la dirige ; il demande des juges pour son chef, qu'il ne croit pas coupable.

Bazaine répondit dans ces termes :

*Le maréchal Bazaine à S. E. le maréchal Canrobert,
ex-commandant du 6e corps de l'armée du Rhin (1).*

Cassel, 23 février 1871.

Monsieur le maréchal,

C'est seulement hier 22, au soir, que j'ai reçu votre lettre du 19 courant et je m'empresse d'avoir l'honneur d'y répondre.

Je suis si complètement de l'avis de Votre Excellence que j'ai adressé à M. le général Trochu, lorsqu'il était encore président du gouvernement de la Défense nationale, et dès que les relations postales ont été rétablies avec Paris, une protestation contre la proclamation des délégués de ce gouvernement quand ils étaient à Tours.

J'en extrais la phrase ci-après :

« Dès que l'exercice légal de la souveraineté du peuple aura constitué en France un gouvernement régulier, je demanderai à la première Assemblée représentative de procéder à une enquête, afin que ce soit le pays lui-même qui fasse la lumière et prononce cette fois en connaissance de cause.

» Veuillez transmettre cette protestation à MM. vos collègues du gouvernement de la Défense nationale. »

Le général gouverneur de Cassel est venu me dire, il y a peu de jours, que cette protestation avait été remise par M. de Bismarck à M. Jules Favre, qui devait la déposer entre les mains du général Trochu.

L'affaire en est là, et je n'ai encore rien reçu qui s'y rattache.

Reste à savoir si l'Assemblée qui siège à Bordeaux est définitive, ou seulement pour traiter des conditions de la paix ; sous peu de jours nous le saurons, et alors je ferai une nouvelle démarche par l'intermédiaire du ministre de la guerre (général Le Flô), auquel je vais écrire.

---

(1) L'enveloppe de cette lettre portait comme adresse : « Monsieur le maréchal Canrobert, prisonnier de guerre interné à *Stugart.* » (Sic.)

L'armée du Rhin a fait son devoir jusqu'à l'extrême limite des forces humaines, et chefs et soldats n'ont rien de déloyal à se reprocher ; il faut donc que justice se fasse et que la passion politique n'égare pas l'opinion publique : car plus que toute autre elle a droit au respect et à l'estime de la nation.

C'est par devoir et non avec satisfaction que je n'ai pas insisté pour refuser le redoutable honneur de commander l'armée dans les circonstances stratégiques où elle se trouvait le 15 août, lors de mon entrée en fonctions ; ces circonstances ont toujours été défavorables pendant le reste de la campagne, et, livrés à nous-mêmes, il était impossible d'y remédier.

Je n'oublierai de ma vie combien votre abnégation, nos loyales relations ont facilité mon commandement, et veuillez agréer, Monsieur le maréchal, les sincères expressions de mes sentiments de très haute considération et de respectueux dévouement.

Maréchal Bazaine,
ex-commandant en chef de l'armée du Rhin (1).

Cependant le terme de la captivité du maréchal Canrobert arrive avec la signature de la paix et il s'empresse de quitter Stuttgart pour se rendre à Bruxelles, où il descend à l'hôtel de Flandre.

Il se disposait à revenir en France quand les événements du 18 Mars éclatèrent ; il envoya alors le télégramme suivant :

---

(1) Cette lettre est réellement curieuse et mériterait d'être analysée longuement ; au lecteur de faire cette analyse s'il le juge convenable. Nous nous occupons de Canrobert et non de Bazaine, dont nous écrivons le nom pour la dernière fois.

Bruxelles, 20 mars 1871.

*Le maréchal Canrobert au chef du gouvernement de la
République française, à Versailles.*

Dans les circonstances actuelles, le devoir de tout bon
Français étant de se grouper autour du gouvernement régulier et de l'Assemblée nationale, je viens mettre à leur disposition mes services et mon expérience de vieux et loyal
soldat, si vous les croyez utiles au salut du pays.

Le même jour il écrivit au ministre de la guerre :

Ainsi que le Ministre de France à Bruxelles en a informé Votre Excellence, je devais avoir l'honneur de me
présenter à elle aujourd'hui même à Paris. Déjà j'étais en
chemin de fer avec ma famille lorsque l'annonce officielle
des événements survenus dans la capitale m'a contraint à
attendre ici, à mon grand regret la possibilité d'y entrer.
Je crois accomplir un devoir en portant cette situation à
votre connaissance. »

Cette offre spontanée d'un maréchal *de l'Empire* de
mettre son épée au service du gouvernement de la
République étonna certainement beaucoup de répu-
blicains : ne sortait-il pas de l'armée de Metz, n'était-
il pas un des chefs dont on disait tant de mal ?

Et cependant Canrobert, ce jour-là comme les autres, comme à Metz, ne pensait qu'à une chose, c'est
qu'il était soldat. La France pouvait avoir besoin de
lui et il se mettrait à la disposition de l'Assemblée
qu'elle avait élue.

Le lendemain du jour où Canrobert envoya son télégramme au chef du gouvernement de la République,
M. Jules Favre, alors ministre des affaires étrangères,
télégraphia :

Versailles, 21 mars 1871, 9 heures soir.

A Monsieur le baron Baude, ministre de France, à Bruxelles.

Le télégramme du maréchal Canrobert ne m'est parvenu que ce soir : j'y réponds aussitôt. M. le président du conseil me charge de dire au maréchal qu'il est extrêmement sensible à sa cordiale ouverture. Je partage en tout point ce sentiment et j'apprécie tout ce que cette démarche a d'honorable pour le maréchal ainsi que pour la France. Le président du conseil répondra demain lui-même au maréchal. Voulez-vous lui demander et me faire savoir immédiatement, par le télégraphe, si le maréchal m'autorise à faire connaître ses dispositions à l'Assemblée ? (1)

Canrobert attendit donc la réponse annoncée dans le télégramme de M. Jules Favre. Mais au bout de huit jours ne voyant rien venir, il adressa une nouvelle dépêche télégraphique :

Bruxelles, 28 mars 1871.

Le maréchal Canrobert au chef du gouvernement de la République, à Versailles.

Ayant attendu vainement pendant huit jours la réponse officiellement annoncée à ma démarche patriotique du 20 du courant, je demande la simple réponse *oui* ou *non*. Dans ce dernier cas je demande l'autorisation du ministre de la guerre pour me rendre près de ma femme et de mes enfants à Windsor (Angleterre), dans la famille de la maréchale.

Le lendemain il reçut le télégramme suivant :

______

(1) **Nous ignorons** quelle fut la réponse de M. Baude.

Le chef du pouvoir exécutif au maréchal Canrobert
à Bruxelles.

Versailles, 28 mars 1871, 3 heures.

Des occupations innombrables m'ont empêché de répondre à M. le maréchal Canrobert. L'offre patriotique qu'il a faite est accueillie avec grand empressement. *Il est prié d'attendre* la réponse détaillée que je vais lui faire.

Ainsi M. Thiers disait qu'il acceptait l'offre patriotique de Canrobert, mais en même temps il le priait d'attendre. Il n'attendit cependant que trois jours, et dans l'intervalle il reçut une lettre du général Le Flô ainsi conçue :

Versailles, le 27 mars 1871.

A Monsieur le maréchal Canrobert, à Bruxelles,
hôtel de Flandre.

Monsieur le maréchal,

J'ai reçu avant hier seulement la lettre que vous m'avez fait l'honneur de m'écrire en date du 20 de ce mois, et je regrette vivement que les douloureux événements qui se sont produits à Paris le jour même où vous deviez vous y rendre m'aient empêché de me rencontrer avec vous. Vous eussiez retrouvé en moi le vieux et respectueux camarade d'autrefois.

J'ai mis votre lettre sous les yeux du gouvernement. Je ne sais si les circonstances délicates où nous nous trouvons pourraient permettre d'utiliser vos talents militaires en faisant un appel immédiat à votre dévouement patriotique. Mais ce que je vais vous affirmer, c'est que vous ne trouverez ici, quand il vous conviendra d'y venir, que la sympathie affectueuse et *l'estime que vous avez imposées à tous les honnêtes gens.*

Veuillez agréer, Monsieur le maréchal, l'assurance de ma haute considération.

Général **Le Flô**,
Ministre de la guerre.

Enfin, sous la date du 11 mars 1871, le chef du pouvoir exécutif répondit à Canrobert :

Monsieur le Maréchal,

Veuillez excuser le retard que j'ai mis à répondre à votre démarche si noble et si patriotique. Le gouvernement français actuel, élevé au pouvoir par le libre suffrage du pays et voué tout entier à sa réorganisation, n'est point un gouvernement de parti : il est prêt à accueillir tous les dévouements, et celui d'un militaire aussi éminent que vous ne pouvait que lui inspirer autant de gratitude que de confiance.

Il croit toutefois que, dans ce moment de défiance et de préventions, il doit laisser les esprits se calmer et s'éclairer avant d'appeler autour de lui tous les mérites et les utiliser pour le plus grand bien du pays. Vous ne pouvez pas douter de l'empressement qu'il mettra à vous consulter sur nos affaires militaires et à recourir à vos services dès que vous aurez terminé le séjour que vous vous proposez de faire auprès de Mme la maréchale Canrobert. Si, comme cela pourrait arriver, le gouvernement avait besoin de vous appeler près de lui plus tôt qu'il ne le suppose, il se réserve de vous en donner avis, et il ne doute pas de votre empressement à répondre à son appel.

Croyez, Monsieur le maréchal, à mes sentiments de profonde estime et de haute considération.

A. THIERS.

A cette fin de non-recevoir, le maréchal Canrobert répondit dans les termes suivants :

La nouvelle des succès remportés contre l'insurrection est un atténument au chagrin d'avoir vu décliner l'offre de mes loyaux services dans les circonstances actuelles.

Dans votre lettre du 31 mars 1871, dont la pensée courtoise ne m'a pas échappé, vous voulez bien me dire que le gouvernement n'est pas un gouvernement de parti : je veux bien le croire ; toutefois, permettez moi de vous faire observer qu'il résulte des termes mêmes de votre dépêche que des considérations injustes et mesquines de parti m'ont privé de l'honneur de servir directement la France dans une circonstance terrible d'où dépendait la vie ou la mort de ma patrie.

Je vous remercie de votre courtoise autorisation de me rendre à Windsor près de la maréchale et de mes enfants; mais je n'en profiterai pas et attendrai sur quelque point de la France que mon domicile de Paris, aujourd'hui envahi par les insurgés, puisse me recevoir.

Canrobert écrivit également au général Le Flô, de Bruxelles, le 3 avril 1871 :

J'ai été très touché de la gracieuse lettre que vous m'avez fait l'honneur de m'écrire le 27 février dernier. Sa gracieuseté atténue mon profond regret d'avoir vu écarter par des considérations mesquines étrangères au bien public mon offre loyale et spontanée de service *dans la crise actuelle* et d'en être réduit à faire des vœux où j'avais espéré porter des actes.

En vous remerciant de votre lettre, permettez-moi de me réjouir de l'espoir de retrouver bientôt dans le ministre de la guerre le noble et bon compagnon d'armes de mes belles années militaires.

Je ne doute pas que M. le maréchal commandant en chef l'armée du Rhin n'ait adressé officiellement une demande pour qu'une enquête solennelle soit provoquée sur les actes de son commandement; mais, si, contre toute apparence, il ne l'avait pas fait, je viens, comme le plus ancien des chefs de corps d'armée, réclamer cette enquête.

Vous comprendrez, Monsieur le ministre, ma demande, basée sur des considérations de justice, d'honneur et de discipline militaire.

L'ostracisme qui pesait sur Canrobert fut de courte durée. On comprit évidemment en haut lieu que c'était une faute de refuser les services d'un loyal militaire qui, tout en restant fidèle à ses attachements, n'en avait pas moins servi la France sous trois régimes différents : la Royauté, la République, l'Empire, et, le 11 novembre 1871, on lui donna la présidence de la commission de classement de l'avancement dans l'infanterie.

1872

Il fit ensuite partie de différentes commissions et fut nommé membre du conseil supérieur de la guerre le 5 octobre 1872.

Or, à cette époque, tout ce qui touchait à l'armée était à réorganiser : effectifs, cadres, habillement, armement, matériel, campement, harnachement, etc., tout était à refaire.

Chaque jour le maréchal présidait une ou plusieurs commissions, donnant son avis sur nombre de questions qu'il avait étudiées déjà pendant les longues heures de sa captivité (1).

Le général de Cissey, alors ministre de la guerre, trouvant que le maréchal devait être rémunéré des frais de bureau, de déplacement, etc., nécessités par ses travaux quotidiens, lui écrivit à la date du 19 décembre 1872 :

---

(1) Voir, aux pièces annexées à la fin de ce volume, les *Conditions de nos Succès futurs*. Canrobert y pose les premiers principes des lois qui furent élaborées de 1872 à 1880.

A Monsieur le maréchal Canrobert, président de la commission d'infanterie.

Monsieur le maréchal,

Eu égard aux dépenses que vous occasionne la présidence de diverses commissions relatives à l'armée, j'ai pensé qu'il était de toute justice de vous indemniser de ces dépenses, qui ne peuvent rester à votre charge.

J'ai l'honneur de vous adresser, en conséquence, un mandat de 10.000 francs, somme qui me paraît eh rapport avec les frais que vous avez à supporter.

Veuillez agréer, etc.

Général DE CISSEY.

Certes, le sentiment qui guida le ministre de la guerre était des plus louables, le maréchal le reconnut bien d'ailleurs ; mais cette somme de 10.000 francs, si gracieusement offerte, n'était prévue nulle part dans le budget ; dès lors, Canrobert ne pouvait l'accepter.

Aussi dès le lendemain du jour où il reçut la lettre du général de Cissey, c'est-à-dire le 20 décembre 1872, Canrobert lui répondit :

Quoique très sensible à la bienveillante pensée qui vous a sans aucun doute suggéré l'envoi que vous voulez bien me faire par votre lettre en date de hier 19 du courant, je dois vous prier de me permettre de ne pas l'accepter.

Votre Excellence a bien voulu me dire spontanément, il y a trois jours, qu'elle trouvait juste et nécessaire que des allocations supplémentaires fussent affectées aux fonctions actives et à peu près permanentes qu'elle m'a confiées. J'ai eu l'honneur de lui répondre que jamais je ne m'étais plaint de la situation qui m'était faite depuis plus d'un an, trouvant une satisfaction suffisante dans l'accomplissement de devoirs utiles à mon pays.

Si les exigences de ces services paraissent réclamer une indemnité financière, elle lui donnera une forme officielle et régulière dont mon caractère et ma susceptibilité n'auraient pas à souffrir, car il ne saurait m'être permis de toucher le montant du mandat joint à votre lettre sans une dénomination officielle et régulière.

Si, par analogie à ce qui se passait précédemment pour les présidents des comités, la position d'un maréchal de France, président de commissions nombreuses et pour ainsi dire permanentes, devait entraîner l'allocation de frais de bureau, de représentation, je n'aurais à faire devant une question de principe aucune des observations que ma dignité et mon caractère m'imposent devant une question de personne et qui m'obligent à vous retourner le mandat de 10.000 francs à titre de frais extraordinaires que renfermait votre lettre du 19.

Je suis persuadé que Votre Excellence voudra bien apprécier la haute convenance de mes observations, comme j'apprécie encore une fois la bienveillante pensée qui a dicté son envoi.

Le général de Cissey comprit parfaitement la délicatesse du refus du maréchal, mais comme il tenait à avoir le dernier mot, la somme dont il s'agit fut inscrite au budget et Canrobert l'accepta.

Et les règlements, les décisions, les décrets, les lois, s'élaborèrent.

En 1873, le portefeuille du département de la guerre fut confié au général du Barail (29 mai). Ce nouveau ministre, trouvant à son tour que la tâche du maréchal devenait de plus en plus lourde, crut bien faire en demandant un supplément de crédits en sa faveur. Il l'obtint et, joyeux, il lui écrivit :

Versailles, le 22 mars 1874.

Monsieur le maréchal,

J'ai l'honneur de vous informer que, sur l'avis du conseil des ministres, l'allocation qui vous est attribuée à titre de frais de service sur les fonds du chapitre XVIII du budget est portée à 20.000 francs, à partir du 1er janvier dernier.

Veuillez, etc...

G^{al} DU BARAIL.

Mais, Canrobert qui avait accepté 10.000 francs quinze mois avant, ne voulut pas recevoir davantage, trouvant cette somme parfaitement suffisante.

Monsieur le ministre, écrivit-il au général du Barail le 24 mars 1874, j'ai l'honneur de vous accuser réception de la lettre du 22 de ce mois, par laquelle vous voulez bien m'informer que, sur l'avis du conseil des ministres, l'allocation de 10.000 francs qui m'est attribuée à titre de frais de service est portée à 20,000 francs à partir du 1er janvier.

Je suis très reconnaissant de l'intention qui a dicté la mesure exceptionnelle dont je suis l'objet en cette circonstance et je prie Votre Excellence d'en agréer tous mes remerciements, mais je ne saurais l'accepter.

En effet, Monsieur le ministre, je dois vous faire remarquer que l'indemnité de 10.000 francs que votre prédécesseur avait spontanément jugé nécessaire et équitable de m'allouer dans le but de me couvrir des frais occasionnés par la présidence permanente de plusieurs commissions a été jusqu'ici suffisante pour atteindre ce but.

Une indemnité supérieure serait donc superflue et, du moment où elle ne serait pas justifiée par les exigences de service ou de position, elle présenterait un caractère de gracieuseté privée qui serait de nature à porter à ma dignité personnelle et à ma délicatesse une atteinte assurément bien loin de vos intentions, mais que je dois cependant éviter.

Le général du Barail, devant ce refus formel, eut la délicatesse de ne pas insister, mais il tint à envoyer une nouvelle lettre, ainsi conçue, au maréchal Canrobert :

Versailles, le 27 mars 1874.

Monsieur le maréchal,

J'ai l'honneur de vous accuser réception de la lettre du 24 de ce mois, par laquelle vous m'exposez les motifs qui vous déterminent à ne pas accepter le supplément d'indemnité de frais de service que j'avais été autorisé à vous allouer, conformément à un avis émis par le conseil des ministres.

Tout en appréciant comme elles méritent de l'être les considérations de haute délicatesse qui ont dicté votre refus et, tout en m'inclinant devant votre décision, je regrette que vous ayez cru devoir vous opposer à une mesure sur le caractère de laquelle j'ai la certitude que personne n'eût pu se méprendre.

De 1875 à 1883, le maréchal fut nommé président de la commission chargée d'étudier les modifications à apporter aux lois et ordonnances qui régissent l'avancement dans l'armée, membre du conseil supérieur de la guerre (seconde fois), et membre du comité de défense.

Enfin, le 10 février 1883, il présenta, et le Président de la République accepta, sa démission des fonctions qu'il avait exercées jusqu'à ce jour. Il était alors dans sa soixante-quinzième année et servait la France depuis cinquante-sept ans et neuf mois.

Ici s'arrête le travail bien incomplet auquel nous avons consacré près de trois années de recherches. Il nous aurait fallu plus de temps pour faire mieux et telle était notre intention, si la mort du maréchal n'était venue (le public n'aimant que l'actualité) nous presser de grouper et de publier tous les documents que nous avions recueillis à cette époque.

Depuis le commencement de l'année 1895, la santé du maréchal donnait des inquiétudes aux personnes qui l'entouraient.

Dès le 2 janvier, le docteur Sée répondait aux questions qui lui étaient posées par ces trois mots significatifs :

« *Etat stationnaire incroyable.* »

L'illustre vieillard sembla néanmoins reprendre le dessus ; mais le 26 son état devint plus inquiétant et les docteurs Germain Sée, Dieulafoy, Ramond signèrent le bulletin suivant :

La situation de M. le maréchal s'est notablement aggravée.

Enfin, le lundi 28 janvier 1895, à 4 heures 35 minutes du soir, le maréchal Canrobert rendit le dernier soupir.

La mort le prit tout doucement dans son lit, et, s'il la vit venir, ce fut avec un visage calme et souriant, car il ne pouvait la craindre, l'ayant vue de si près plus de cent fois sur les champs de bataille.

En apprenant cette nouvelle, tous les Français furent émus ; des quatre coins de l'Europe les regrets les plus vifs se firent entendre, et le petit-fils de celui qui nous écrasa en 1870 s'écria :

C'est de tout notre cœur que moi et le corps de ma garde regrettons avec vous le décès du défenseur héroïque de Saint-Privat, qui nous a toujours remplis d'admiration.

Seuls, le mêlant à la politique, lui qui ne s'était jamais occupé que de l'armée, quelques hommes lui marchandèrent ses funérailles !

Mais qui se rappellera dans quelques années les noms de ces rigides censeurs de nos gloires ? Au contraire, le pays conservera toujours le souvenir du dernier maréchal de France. Car son histoire est la nôtre, car il faudrait rayer de partout les noms glorieux de Saint-Privat, Inkermann, Alma, Zaatcha, Constantine, etc., etc., pour arriver à faire oublier le nom de Canrobert !

APPENDICE

I. Acte de naissance du maréchal Canrobert. — II. Extrait d'une lettre
du maréchal Canrobert au maréchal Vaillant, portant la date du
10 février 1855, relative aux attaques dirigées contre le général en
chef de l'armée d'Orient. — III. Lettre de Canrobert au maréchal
Randon du 16 novembre 1862 (complot italien). — IV. Lettre du
Président de la .République française (6 février 1874) au maréchal
Canrobert (offre de deux vases de Sèvres). Réponse à la lettre précédente (Canrobert décline l'acceptation des vases que lui offre le Président de la République. — V. Composition du 6ᵉ corps d'armée. —
VI. Dates de la campagne de 1870 (d'après un journal du maréchal).
— VII. Etat des services du maréchal Canrobert. — VIII. Travaux
du maréchal Canrobert paraissant avoir été écrits pendant sa captivité : 1° Note sur l'armée du Rhin-Metz 1870; 2° Cause générale de
nos défaites; 3° Conditions de nos succès futurs. — IX. Acte de décès
du maréchal Canrobert.

I

Acte de naissance de François Canrobert.

**Extrait du registre des actes civils de la ville de Saint-Céré,
2ᵉ arrondissement du département du Lot.**

L'an mil huit cent neuf, le vingt-huit juin, à sept heures du matin,
par devant nous Bernard Docet, avocat, premier adjoint, officier de
l'état civil de la commune de Saint-Céré, chef-lieu de canton, département du Lot, délégué par le maire, est comparu M. Antoine-Certain
Canrobert, ancien capitaine d'infanterie, âgé de 55 ans, demeurant à
Saint-Céré, lequel nous a présenté un enfant du sexe masculin, né le
jour d'hier à deux heures après midi, de lui déclarant et de dame Angélique Niocel, son épouse, et auquel il a déclaré vouloir donner le
prénom de François. Ladite déclaration et présentation faite en pré-

sence des sieurs Philippe Pailhas, négociant, âgé de 58 ans, et Jean-Baptiste Lafleur, chirurgien, âgé de 60 ans, habitants de cette ville; et ont, le père et témoins, signé avec nous le présent acte de naissance, après qu'il leur en a été fait lecture.

Signé : PAILHAS aîné, Certain CANROBERT,
LAFLEUR, DOCET.

II

Extrait d'une lettre adressée à M. le maréchal Vaillant, ministre de la guerre.

Au quartier général, devant Sébastopol,
10 février 1855.

Monsieur le Maréchal,

... Quant au chef que les circonstances et la volonté de l'empereur ont donné à cette armée (sans que jamais il eût brigué ce redoutable honneur), je sais qu'il est attaqué avec grande violence par de hauts personnages, je ne m'en étonne ni ne m'en afflige. Je suis déjà trop vieux pour ne pas connaître les hommes et leurs basses jalousies et, sans avoir la ridicule prétention d'avoir toujours bien opéré, j'ai, moi aussi, pour devise : « Fais ce que dois et peux et advienne que pourra. »

Du reste, Monsieur le maréchal, si j'avais le petit esprit de m'affliger des attaques dirigées contre moi à Paris par des gens qui ne peuvent apprécier sagement et impartialement, je trouverais une douce consolation dans la confiance que me témoignent mes braves soldats qui, eux, restent sans se plaindre au milieu des fatigues de rudes intempéries et tiennent compte à leur général de ses constants efforts, de ses rudes labeurs et de sa réelle sollicitude pour eux! Je vous demande pardon pour cette digression, Monsieur le maréchal, et tout en sachant, comme le savait Villars (sans comparaison néanmoins), qu'un général en chef qui s'éloigne de son souverain pour aller combattre ses ennemis le laisse au milieu des siens propres, d'autant plus dangereux qu'il n'est pas là pour se défendre.

Je suis constamment préparé à servir l'empereur et la France dans quelque position qu'ils jugent devoir me donner, et mon dévouement absolu n'en pourrait être atteint...

Général CANROBERT.

III

Lettre au maréchal Randon.

COMMANDEMENT
du
4e CORPS D'ARMÉE.

—

CABINET
du
MARÉCHAL DE FRANCE.

Lyon, le 16 novembre 1862.

A S. E. le maréchal comte Randon, ministre de la guerre, à Paris.

Monsieur le Maréchal,

Demain, j'aurai l'honneur de vous adresser mon rapport confidentiel hebdomadaire sur la situation politique, industrielle, etc., etc., mais je ne veux pas tarder à informer Votre Excellence qu'il résulte des divers rapports de procureurs généraux, de préfets, d'agents de police, etc., que bon nombre d'Italiens appartenant au parti démagogique le plus exalté, ayant à leur tête un nommé Sampérini, ont comploté à Genève, vers la fin du mois dernier, l'assassinat de notre empereur, et que plusieurs d'entre eux sont entrés en France et se sont dispersés dans les départements autour de Paris pour attendre l'occasion favorable à la perpétration du crime.

Je ne mets pas en doute que les hautes régions de la sûreté générale et de la police spéciale des palais habités par l'empereur soient avisées de l'infâme complot et qu'elles veillent pour le défendre.

Veuillez agréer...

Maréchal CANROBERT.

IV

Offre de deux vases de Sèvres au maréchal Canrobert, qui ne les accepte pas.

Versailles, le 6 février 1874.

Le Président de la République française à Monsieur le maréchal Canrobert.

Mon cher Maréchal,

Je serai toujours heureux de vous donner un témoignage de la reconnaissance de la France pour les services que vous lui avez rendus. Je vous prie donc d'accepter en son nom deux vases de Sèvres dont vous aviez paru apprécier la valeur dans la visite que vous avez faite à cet établissement, le fond d'émail est décoré d'oiseaux et de fleurs en pâte blanche.

Veuillez agréer, mon cher Maréchal, la nouvelle assurance de mes sentiments les plus affectueux.

Le Maréchal, Président de la République,
M^{al} DE MAC-MAHON.

Paris, le 7 février 1874.

Le maréchal Canrobert à Monsieur le Président de la République française.

Monsieur le Président,

Je suis profondément touché et reconnaissant de l'offre si gracieusement spontanée que vous voulez bien me faire de deux superbes vases de la manufacture de Sèvres. Les termes flatteurs de la lettre dont vous m'honorez à ce sujet en rehaussent singulièrement le prix. Mais je viens vous prier de me permettre de décliner l'acceptation de ces beaux produits de notre grand établissement céramique, dont la magnificence ne pourrait que contraster avec la modeste simplicité de mon intérieur.

Veuillez agréer, etc.

M^{al} CANROBERT.

V

Composition du 6e corps de l'armée du Rhin (1).

Le maréchal Canrobert, commandant.

Grand quartier général. — Général Henry, chef d'état-major général ;

Chef d'escadrons Lonclas, aide de camp du maréchal.

Capitaine Campionnet (2), aide de camp du maréchal.

Colonel Melin (3), sous-chef d'état-major général.

Les commandants Caffarel et Roussel et les capitaines Grosjean, de Vallin, Leps et Aubry, attachés à l'état-major général.

Artillerie. — Général de brigade de Berckeim, commandant l'artillerie du 6e corps.

---

(1) Le 6e corps n'ayant été complètement organisé que le 18 août, cette composition est prise vers la fin du mois d'août.

(2) Le capitaine Campionnet a remplacé le commandant Boussenard, grièvement blessé (bras emporté) à Rezonville, actuellement commandant le 5e corps d'armée, à Orléans.

(3) Les fonctions de sous-chef d'état-major ont été remplies une partie du mois d'août par le colonel Borson.

Capitaine Zurlinden (1), aide de camp du général de Berckeim.

Lieutenant-colonel Lanty, chef d'état-major de l'artillerie du 6° corps.

Capitaine Danède, adjoint à l'état-major de l'artillerie du 6° corps.

Génie. — Chef de bataillon de Préval, commandant le génie.

Intendance militaire. — Sous-intendant Courtois, intendant du 6° corps.

Sous-intendant Gachet, adjoint.

Service de santé. — Médecin principal de 1re classe Quesnoy, chef du service de santé.

Chef d'escadron Boutard, prévôt du 6° corps d'armée.

Interprète Bonnet, interprète du 6° corps d'armée.

Trésor et Postes. — Bostmembrun de Boismonbrun, payeur principal.

De Courcy, payeur adjoint.

Raymond, Lebrun et Rougé, commis.

1re DIVISION D'INFANTERIE

Général Tixier, commandant.

Colonel Fourchault, chef d'état-major.

Chef d'escadron Gruizard, capitaine d'Ambois, lieutenant de Plazanet, attachés à l'état-major.

1re *brigade.*

Général Péchot, commandant.

Capitaine Nogaret de Calvière, aide de camp.

9° bataillon de chasseurs à pied, capitaine Giovaninelli, commandant (2).

4° de ligne, colonel Vincendon.

100° de ligne, colonel d'Aubigny (3).

2° *brigade.*

Général Leroy de Days, commandant.

Lieutenant de Taffart de Saint-Germain, aide de camp.

12° de ligne, colonel Lebrun.

10° de ligne, colonel Gremion.

---

(1) Actuellement ministre de la guerre.

(2) En remplacement du commandant Mathelin, blessé le 18 août à Saint-Privat. (Le 12 septembre, M. Mathelin a été promu lieutenant-colonel du 12° de ligne et M. de Gislain a pris le commandement du 9° bataillon.)

(3) En remplacement du colonel Ardant du Picq (blessé le 15 août 1870 à Longeville-lès-Metz, mort le 18).

Artillerie (5e, 7e, 8e batteries du 8e régiment monté). — Chef d'escadron Vignotti, commandant.

Génie (3e compagnie de sapeurs du 3e régiment). — Chef de bataillon Féraud, commandant, et lieutenant Mangard (1).

Intendance militaire. — Sous-intendant militaire Gatumeau.

Capitaine de gendarmerie Clémencet, prévôt.

Trésor et Postes. — De Courtelon, payeur adjoint.

De Borny, commis.

2e DIVISION D'INFANTERIE (2)

Général Bisson, commandant.

Capitaine Litschfousse, aide de camp.

Lieutenant Gantois, officier d'ordonnance.

Colonel Dollin du Fresnel, chef d'état-major.

1re *brigade.*

Général Archinard, commandant.

Capitaine Lignières, aide de camp.

9e de ligne, lieutenant-colonel Horcat.

Général Plombin, commandant la 2e brigade d'infanterie.

3e DIVISION D'INFANTERIE

Général Lafont de Villiers, commandant.

Capitaine Clément, aide de camp.

Lieutenant-colonel Piquemal, chef d'état-major.

Capitaines Hiver, Henneton et Tisseyres, attachés à l'état-major.

1re *brigade.*

Général Becquet de Sonnay, commandant,

Lieutenant Libersart, aide de camp.

75e de ligne, lieutenant-colonel de Brem (3).

91e de ligne, colonel Daguerre.

---

(1) En remplacement du capitaine Audier, tué en défendant Saint-Privat, le 18 août.

(2) Presque toute la 2e division d'infanterie est restée au camp de Châlons et est entrée dans la composition du 12e corps d'armée.

(3) En remplacement du colonel Amadieu, tué à Rezonville.

2ᵉ brigade.

Général Colin, commandant;

Capitaine Gœdorp, aide de camp.

93ᵉ de ligne, colonel Ganzin.
94ᵉ de ligne, colonel Geslin.
Artillerie (5ᵉ, 6ᵉ, 7ᵉ batteries du 14ᵉ régiment monté). — Lieutenant-colonel Jamet, commandant.
Génie (7ᵉ compagnie de sapeurs du 3ᵉ régiment). — Chef de bataillon Latour, commandant, et capitaine Belfort.
Intendance militaire. — Sous-intendant Bonfillion.
Lieutenant de gendarmerie Poncelet, prévôt.
Trésor et Postes. — D'Harcourt, payeur adjoint.
Couly et Cauvain, commis.

4ᵉ DIVISION D'INFANTERIE

Général Levassor Sorval, commandant.

Capitaine Caillò, aide de camp.
Lieutenant Picheu, du 26ᵉ de ligne, officier d'ordonnance.
Colonel Borson, chef d'état-major (1).
Chef d'escadron Bourgeois, capitaines Martner et Niox, attachés à l'état-major.

1ʳᵉ brigade.

Colonel Gibon, commandant (2).

Capitaine Rondot, aide de camp.

25ᵉ de ligne, lieutenant-colonel Morin (3).
26ᵉ de ligne, colonel Hanrion.

2ᵉ brigade.

Général de Chanaleilles, commandant.

Capitaine Audren de Kerdrel, aide de camp.

28ᵉ de ligne, colonel Lamothe.
70ᵉ de ligne, colonel Hanrion Berthier.
Artillerie (12ᵉ batterie du 8ᵉ; 7ᵉ et 8ᵉ batteries du 18ᵉ). — Chef d'escadron Kesner, commandant.

---

(1) En remplacement du colonel Melin, passé au grand quartier général du 6ᵉ corps.

(2) En remplacement du général de Marguenat, tué à Rezonville.

(3) En remplacement du colonel Gibon, promu brigadier le 15 septembre 1870. (Le général Gibon a été blessé à Ladonchamps le 7 octobre; il est mort des suites de ses blessures, le 19 octobre 1870.)

Génie (une section). — Lieutenant Debaillard du Lys, **commandant**.
Trésor et Postes. — Dresch, payeur adjoint.
De Chevilly et Imbert, commis.

DIVISION DE CAVALERIE DU 6e CORPS D'ARMÉE

Général du Barail, commandant.

Capitaine Darras, aide de camp.

1re *brigade.*

Général de Bruchard, commandant.

Capitaine Abblard, aide de camp (1).

2e régiment de chasseurs, colonel Pelletier.
3e régiment de chasseurs, colonel Sanson de Sansal.

2e *brigade.*

Général de Lajaille, commandant.

Lieutenant Roget, aide de camp.

2e régiment de chasseurs d'Afrique, colonel de Lamartinière.
10e régiment de chasseurs, colonel Nérin.
Escadron de partisans. — Capitaine Danloux, commandant.
3e chasseurs d'Afrique, lieutenant Bleichner.
1er chasseurs d'Afrique, sous-lieutenant Servat de Laisle.
Artillerie. — Chef d'escadron Loyer, commandant.
19e régiment d'artillerie : 5e batterie, capitaine Dupuig ; 6e batterie,
capitaine Bédarrides.
Intendance militaire. — Adjoint de 1re classe Marinier, faisant fonctions de sous-intendant militaire.

VI

Dates de la campagne de 1870.

(D'après un journal tenu par le Maréchal.)

Juillet.
24. Départ de Canrobert de Paris et arrivée au camp de Châlons.
31. Grande revue des troupes du 6e corps au camp.
Août.
1er. Visite au camp des gardes mobiles parisiens.
 5. Réception de l'ordre d'aller s'établir à Nancy.
 7. Contre-ordre et rappel au camp du corps en marche.

---

(1) Blessé le 18 août, mort le 1er septembre.

Juillet.

8. Canrobert voit à Châlons le général Reille envoyé par S. M. l'empereur.

9. Il arrive à Metz dans la matinée au quartier général.

Id. Il rentre au camp de Châlons à 9 heures du soir.

10. Il reçoit l'ordre de se rendre à Paris, près de S. M. l'impératrice et le ministre de la guerre, arrivée à 10 h. 1/2 du soir.

11. Départ de Paris, pour rejoindre, à Metz, le 6ᵉ corps (8 h. 1/2 du matin).

12. Arrivée à Metz sur une locomotive à 3 heures du matin. (Uhlans.)

13. Réception de l'ordre de mouvement pour quitter Metz.

14. **Combat de Borny.**

15. Départ de l'armée (2 h. 1/2 matin) pour Verdun.

Id. Le 6ᵉ corps a ordre de s'établir à Rezonville.

16. Bataille de Rezonville de 9 h. 3/4 du matin à 8 heures du soir.

17. A 4 heures, départ de l'armée pour les lignes d'Amanvillers ; le 6ᵉ corps se rend d'abord à Vernéville ; puis, le soir à Saint-Privat la Montagne,

18. Bataille de Saint-Privat (Gravelotte) de 10 heures du matin à 7 h. 1/2 du soir.

19. L'armée est établie sous Metz (le 6ᵉ corps face à Hérouville entre l'angle nord du fort Moselle et le Sansonnet).

21. On s'attend à une nouvelle bataille.

22. **Bivouacs sous Metz.**

26. Départ à 4 heures du matin pour passer sur la rive droite de la Moselle et aller occuper une position offensive en avant du fort Saint-Julien. A 11 h. 1/2 seulement le 6ᵉ corps s'établit en avant du bois de Grimont. Pluie torrentielle. Conférence au château de Grimont. Ordre de reprendre les bivouacs.

27, 28, 29. Vers 5 h. 1/2 du matin, les dernières troupes rentrent au bivouac. Le temps affreux du 26 à midi ne cesse de régner pendant ces trois jours.

30. Ordre de mouvement ajourné plus tard.

31. Départ à 6 h. 1/2 du matin ; perdu trois heures pour passer la Moselle ; encombrement. Le 6ᵉ corps prend position à 1 heure en avant du bois de Grimont. A 3 h. 1/2 réunion des chefs. A 4 h. 1/2 attaque de Sainte-Barbe par les 3ᵉ, 4ᵉ et 6ᵉ corps. A 5 h. 1/2, la division Tixier se porte en avant par Failly, pour coopérer au mouvement. La nuit se passe en position.

Septembre.

1ᵉʳ. Brouillard très épais jusqu'à 7 h. 1/2. Vers 8 heures le combat recommence vers Noiseville. La droite du 6ᵉ corps prend position sur Vany et Failly. Ses partisans déployés à 1.500 mètres des lignes font merveille. A 11 heures on reçoit ordre de retraite.

2. Canrobert fait attaquer (par ordre), Ladonchamps qui est enlevé.

3. Obsèques du général Decaen (temps affreux).

4. Ordre et contre-ordre pour occuper définitivement Ladonchamps.

Septembre.

6. Canrobert réunit les généraux pour attaquer de rechef Ladon-
    champs, contre-ordre à 10 heures du soir.
8. Temps affreux.
9. Vive canonnade de l'ennemi sur nos bivouacs à 7 heures du soir.
10. Le temps affreux continue.
11. On reçoit des nouvelles vagues de la révolution de Paris et de l'ar-
    mée de Sedan.
12. Convocation des commandants de corps d'armée et des généraux
    de division chez le maréchal Bazaine. On y dit que Paris livré au
    pillage appellerait les Prussiens.
13. Canrobert réunit tous les officiers et quelques sous-officiers du
    6ᵉ corps pour leur communiquer les paroles du général en chef
    et les encourager. On commence à manger les chevaux.
16. Le maréchal Bazaine donne des nouvelles de Paris et envoie le gé-
    néral Boyer au prince Frédéric-Charles.
17. On s'attend à une attaque de l'ennemi.
19. Non-réussite du général Boyer.
24. Arrivée du sieur Régnier au quartier général.
Id. Départ du général Bourbaki.
27. Opérations combinées autour de Metz.
28. Les Prussiens incendient Peltres et la Maxe.

Octobre.

1ᵉʳ. Canrobert voit le maréchal Bazaine et lui parle du château de La-
    donchamps qu'il fait enlever et occuper à 11 heures du soir.
2. L'ennemi cherche, vers 5 heures du matin, à reprendre le château
    de Ladonchamps.
3. On prend des dispositions pour une sortie définitive de Metz. L'en-
    nemi attaque Ladonchamps et Sainte-Agathe; il est repoussé.
4. Convocation des chefs de corps à 4 h. 1/2 chez le maréchal
    Bazaine.
5. Le maréchal Bazaine projette de marcher sur Thionville par les
    deux rives de la Moselle.
7. Combats des Tapes et de Bellevue. Bazaine fait connaître officielle-
    ment aux commandants de corps d'armée et aux généraux de
    division la situation de l'armée, et demande leur avis motivé.
8. Canrobert consulte ses divisionnaires qui opinent pour une *Conven-
    tion favorable*, la sortie étant jugée impraticable.
10. Réunion chez le maréchal Bazaine des chefs de corps d'armée, du
    général Changarnier, de 2 heures à 6 h. 1/2 du soir. On décide
    l'envoi au quartier général du roi de Prusse, d'un représentant
    du maréchal commandant en chef.
12. Départ du général Boyer pour Versailles.
13. On dit qu'il y a lutte dans Paris entre Trochu et Rochefort.
14. On entend une vive canonnade vers Thionville.
15. Réunion chez le maréchal en chef.
16. Ordre du jour de Canrobert au 6ᵉ corps d'armée.

Octobre.

17. Convocation des chefs de corps d'armée chez le maréchal Bazaine pour entendre le rapport que fait, à son retour, le général Boyer.

18. Les distributions régulières cessent.

19. Nouvelle réunion chez le général en chef. Départ du général Boyer pour Londres.

23. Le temps ne discontinue pas d'être affreux. Aucune distribution.

24. Nouvelle réunion chez le maréchal Bazaine pour entendre la lecture d'une dépêche du comte de Bismarck, annonçant que les négociations ne peuvent aboutir. Changarnier est envoyé près du prince Frédéric-Charles.

25. Rentrée du général Changarnier, départ du général de Cissey.

26. Convocation, le matin, des commandants de corps d'armée pour lire la convention. A midi, réunion des officiers généraux pour leur communiquer le projet de cette convention.

27. Ordre relatif aux drapeaux.

28. A 8 h. 1/2 réunion chez le maréchal Bazaine pour entendre lecture de la convention définitive : Nous sommes prisonniers de guerre. Armes versées au magasin pour être rendues à la paix. Drapeaux seront brûlés.

29. Les Prussiens occupent Metz.

30. Canrobert se rend à Corny où il arrive à midi.

31. Il écrit officiellement pour demander la résidence de Stuttgard.

Novembre.

1er. Canrobert se rend à Cassel, par ordre du roi de Prusse.

2. A 5 heures du matin, il arrive à Cassel; à 4 heures, il voit l'empereur.

4. Déjeuner chez l'empereur. Nouvelle demande pour aller à Stuttgard.

6. Troisième demande pour Stuttgart.

11. Canrobert voit l'empereur.

12. Le roi de Prusse l'autorise à se rendre à Stuttgard. Départ à 11 h. du soir.

13. Arrivée à Stuttgard à 4 heures du soir.

Mars 1871.

18. Arrivée de Canrobert à Bruxelles.

VII

Etat des services : campagnes, blessures et décorations du maréchal Canrobert.

Elève à l'Ecole spéciale militaire......................	19 nov. 1826.
Caporal à l'Ecole spéciale militaire	18 mai 1828.
Sous-lieutenant au 47e de ligne........................	1er oct. 1828.
Lieutenant au 47e de ligne	20 juin 1832.
— adjudant-major au 47e de ligne............	28 sept. 1836.

Capitaine au 47ᵉ de ligne............................ 26 avril 1837.
   —   adjudant-major au 47ᵉ de ligne.............. 27 avril 1837.
   —   adjudant-major au 6ᵉ bataillon de chasseurs à
       pied.................................. 17 oct. 1840.
Chef de bataillon, 13ᵉ régiment d'infanterie légère..... 22 mai 1842.
   —   5ᵉ bataillon de chasseurs d'Orléans. 16 oct. 1842.
Lieutenant-colonel (d'abord désigné pour le 16ᵉ d'infanterie légère), passe au 22ᵉ d'infanterie de ligne...... 26 oct. 1845.
Lieutenant-colonel, 64ᵉ régiment d'infanterie.......... 4 sept. 1846.
   —   2ᵉ   —   .... 8 juin 1847.
Colonel, 3ᵉ léger puis 2ᵉ de ligne.................... 8 nov. 1847.
   —   2ᵉ régiment de la légion étrangère........... 31 mars 1848.
   —   régiment des zouaves....................... 15 juin 1848.
Général de brigade............................... 13 janv. 1850.
   Commandant la brigade d'infanterie de la 1ʳᵉ division active des troupes à Paris................. 8 mars 1850.
   Commandant la 3ᵉ brigade de la 1ʳᵉ division de
   l'armée de Paris............................. 9 févr. 1851.
   Aide de camp du prince Président de la République
   (en conservant son commandement)............ 17 févr. 1852.
Général de division maintenu dans ses fonctions d'aide
   de camp................................... 14 janv. 1853.
   Commandant la division d'infanterie réunie au
   camp d'Helfaut............................. 27 avril 1853.
   Inspecteur général pour 1853 du 5ᵉ arrondissement
   d'infanterie............................... 27 mai 1853.
   Commandant la 1ʳᵉ division d'infanterie de l'armée
   d'Orient................................... 23 févr. 1854.
   Inspecteur général pour 1854 du 23ᵉ arrondissement d'infanterie........................... 10 août 1854.
   Commandant en chef l'armée d'Orient............ 26 sept. 1854.
   Remplacé sur sa demande dans le commandement
   en chef de l'armée d'Orient et nommé comman-
   dant du 1ᵉʳ corps........................... 16 mai 1855.
   Reprend sur sa demande son ancienne division,
   devenue 1ʳᵉ division d'infanterie du 2ᵉ corps.... 21 mai 1855.
   Rappelé en France pour reprendre ses fonctions
   d'aide de camp de l'empereur................. 1ᵉʳ août 1855.
   Sénateur.................................. 17 août 1855.
Maréchal de France.............................. 18 mars 1856.
   Commandant supérieur des divisions de l'Est à
   Nancy..................................... 13 févr. 1858.
   Commandant en chef le camp de Châlons......... 1ᵉʳ juin 1858.
   Commandant le 3ᵉ corps de l'armée des Alpes (de-
   venue armée d'Italie)....................... 22 avril 1859.
   Commandant supérieur du 3ᵉ arrondissement mili-
   taire à Nancy (devenu 3ᵉ corps d'armée)........ 17 août 1859.

Chargé, en 1862, du commandement des troupes réunies au camp de Châlons....................	10 mars 1862.
Commandant le 4e corps d'armée à Lyon..........	14 oct. 1862.
Commandant le 1er corps d'armée et la 1re division militaire à Paris............................	22 juin 1865.
Commandant le 6e corps de l'armée du Rhin......	17 juill. 1870.
Prisonnier à Metz..............................	28 oct. 1870.
Rentré..	18 mars 1871.
Président de la commission de classement de l'avancement dans l'infanterie.........................	11 nov. 1871.
Membre du conseil supérieur de la guerre........	5 oct. 1872.
Membre du comité de défense....................	11 juin 1873.
Président de la commission chargée d'étudier les modifications à apporter aux lois et ordonnances qui régissent l'avancement dans l'armée........	6 févr. 1875.
Elu sénateur dans le Lot.........................	30 janv. 1876.
Elu sénateur dans la Charente....................	9 nov. 1879.
Membre du conseil supérieur de la guerre........	26 nov. 1881.
Membre du comité de défense....................	26 nov. 1881.
Le Président de la République accepte la démission offerte par le maréchal de ses fonctions de membre du conseil supérieur de la guerre et du comité de défense................................	10 févr. 1883.

Campagnes. — En Algérie, de 1835 à 1839; du 8 juin 1841 au 27 février 1850. — Orient, du 19 mars 1854 au 14 août 1855. — Italie, du 28 avril au 3 août 1859. — Contre l'Allemagne, du 24 juillet au 28 octobre 1870; prisonnier de guerre du 29 octobre 1870 au 18 mars 1871.

Blessures. — Coup de feu à la jambe gauche à la prise de Constantine, le 13 octobre 1837. — Blessé légèrement à la bataille de l'Alma, le 20 septembre 1854. — Blessé à la bataille d'Inkermann, le 5 novembre 1854.

Décorations. — *Légion d'honneur*, chevalier, 11 novembre 1837; officier, 6 août 1843; commandeur, 10 décembre 1849; grand-officier, 21 octobre 1854; grand'croix, 20 mai 1855.

Titulaire de la médaille militaire, 13 janvier 1855. — Titulaire des médailles commémoratives des expéditions de Crimée et d'Italie (1).

Décorations étrangères. — Grand'croix (avec collier) de l'ordre du Bain (Angleterre), autorisation du 26 avril 1856;

Grand'croix de l'ordre de Saint-Etienne de Hongrie (Autriche);

---

(1) Le maréchal Canrobert devait recevoir la *médaille coloniale* avec *l'agrafe Algérie*; son brevet, qui était prêt et signé, portait le n° 1 d'enregistrement du ministère de la guerre.

Grand'croix de l'ordre de l'Eléphant (Danemark), autorisation du 16 novembre 1857 ;

Grand'croix de l'ordre de Charles III (Espagne) ;

Grand'croix (avec collier) de l'ordre de l'Annonciade (Italie) ;

Grand'croix de l'ordre de Savoie (idem) ;

Titulaire de la médaille de la valeur militaire de Sardaigne (16 janvier 1860) (idem) ;

Grand'croix de l'ordre du Lion et du Soleil de Perse ;

Grand'croix (avec collier) de l'ordre de la Tour et de l'Epée (Portugal) ;

Grand'croix de l'ordre de l'Aigle noir (Prusse) ;

Grand'croix de l'ordre de l'Aigle rouge (idem) ;

Grand'croix (avec collier) de l'ordre de Saint-André (Russie) ;

Grand'croix de l'ordre de Saint-Alexandre Newsky (idem) ;

Grand'croix de l'ordre de Sainte-Anne (idem) ;

Grand'croix de l'ordre de l'Aigle blanc de Pologne (idem) ;

Grand'croix de l'ordre des Séraphins (Suède) ;

Grand'croix de l'ordre du Medjidié, autorisation du 16 novembre 1857 (Turquie) ;

Grand'croix de l'ordre de l'Osmanié (idem) ;

Grand'croix de l'ordre du Nichan Iftikhar de Tunisie.

VIII

Travaux du maréchal Canrobert paraissant avoir été écrits pendant sa captivité.

Note sur l'armée du Rhin-Metz (1870).

Quoique prévue, la guerre de 1870 n'avait pas été préparée, et sa déclaration soudaine, sans moyens suffisants de la soutenir, a été un des exemples les plus tristement terribles de la légèreté française.

Nous allions attaquer sans alliés une armée de 500.000 hommes, munie de tout, toujours prête à agir et ayant en arrière une force encore plus grande pour la soutenir au besoin. Cette armée se concentrait en trois masses à quelques lieues de notre frontière presqu'à notre insu.

Nos corps d'armée formés à la hâte pour ainsi dire en marchant, étaient loin d'être organisés. Manquant de vivres, de munitions, etc., ils ne présentaient pas réunis un effectif de 200.000 hommes. Ils furent éparpillés entre Thionville et Colmar, sans communication entr'eux, séparés par des obstacles de terrain, et formant une longue ligne de plus de cinquante lieues, qui, faible partout, donnait à l'ennemi toujours bien renseigné le désir et la certitude de percer cette toile d'araignée.

Comme on avait commis la faute capitale de ne pas fondre en deux ou trois armées ces divers corps, ils agissaient séparément, près d'un ennemi qui, abrité à quelques lieues de la frontière par des bois, des hauteurs, était prêt à s'élancer sur eux.

• Si l'on joint à ces considérations la défectuosité de notre système d'avant-postes et de reconnaissances, qui sont peut-être le fruit de nos guerres d'Afrique, et aussi la confiance naturelle à notre caractère, inhabile à user de l'espionnage, on comprendra les affaires inopinées de Reischoffen et de Spicheren. Le 1ᵉʳ corps, trop faible numériquement pour résister avec avantage à une grosse armée, étant trop éloigné du 5ᵉ indépendant de lui pour en être à temps soutenu, devait, malgré l'énergique dévouement des chefs et des soldats, éprouver un grave échec et s'estimer heureux de pouvoir gagner les Vosges.

Le 2ᵉ corps, agissant aussi isolément, et attaqué de même à l'improviste par une armée très supérieure, devait être contraint à la retraite, n'étant pas soutenu par les corps voisins.

Ces deux défaites auraient pu être conjurées ou tout au moins atténuées, si l'ennemi, au lieu de heurter avec deux grosses armées deux simples corps d'armée, eût trouvé devant lui deux armées réelles.

L'écrasante supériorité de l'artillerie ennemie (ni en courage, ni en dévouement cependant) dont on ne s'est douté que sur le champ de bataille, était en outre un des premiers éléments de ses succès.

La retraite du 1ᵉʳ corps suivi du 5ᵉ, par Saverne et Bayon, sur le camp de Châlons ; la retraite du 2ᵉ corps par Sarreguemines sur Metz, contraignirent tous les autres corps à se concentrer près de cette place. Ces divers mouvements laissaient liberté de manœuvre à l'armée du Prince Royal vers Bar-le-Duc et à celles de Steinmetz et du Prince Frédéric-Charles autour de Metz. L'ennemi, dans ses marches rapides, constamment précédé au loin par ses habiles uhlans, renseigné par ses espions, préparés à l'avance sur notre territoire même, continuait à être informé de nos dispositions, tandis que nous ignorions les siennes.

Les cinq corps français concentrés devant Metz furent établis sans raison sur la rive droite de la Moselle au lieu d'occuper la rive gauche d'où ils auraient eu beaucoup plus de facilité pour arrêter l'ennemi, ou tout au moins surveiller et paralyser ses mouvements vers Verdun et Briey.

La place et le camp retranché de Metz étaient loin d'être en état de défense ; ils manquaient d'approvisionnements suffisants en munitions de guerre et de bouche ; plusieurs forts extérieurs n'étaient pas achevés ; l'armement de siège était incomplet, etc., etc., tant on avait cru impossible d'avoir à soutenir la guerre sur le territoire français.

Ce fut dans ces circonstances que le maréchal Bazaine, indiqué par l'opinion publique, reçut le commandement en chef de l'armée. Il héritait d'une situation déjà bien compromise ; l'attaque soudaine des Prussiens, le 14 août à Borny, vint encore accroître les difficultés qu'il n'avait pas créées, et qui pour être surmontées semblaient déjà réclamer un grand homme de guerre !

L'armée quittant ses positons en avant de Metz pour franchir le 14 et

Canrobert.   21

le 15 la Moselle, et s'établir sur les plateaux que traversent les routes de Verdun, mit à opérer cette petite marche un retard trop long que ne saurait expliquer même la vigoureuse attaque des Prussiens à Borny. Des ordres mal exécutés ou mal donnés, des fautes de logistique, et des encombrements de bagages, qui eussent pu être évités, empêchèrent plusieurs corps d'armée de se trouver le 15 au soir sur les emplacements qui leur avaient été assignés; un seul et la Garde s'y trouvaient complètement.

Le 16 août, aucun ordre ne partit du grand quartier général pour les corps établis à Rezonville, et lorsque vers 10 heures du matin l'ennemi commença son attaque, il fallut se tenir sur la défensive en attendant ces ordres, qui étaient subordonnés, on l'a su depuis, à l'arrivée des troupes de la droite. Lorsque celles-ci entrèrent en ligne dans l'après-midi sur la gauche de l'ennemi, la droite de celui-ci faisait sur la gauche française un tel effort pour la couper de Metz que l'on dut chercher à y parer non seulement en ne faisant pas prononcer l'offensive au corps du centre, vers Rezonville, mais en empruntant des troupes à notre aile droite. Le combat se prolongea avec acharnement jusqu'à la nuit, et nous couchâmes tranquillement sur le champ de bataille, qui était l'emplacement de notre bivouac de la veille. L'ennemi profita de la nuit pour se concentrer davantage.

Le manque de munitions de guerre, le manque de vivres, le nombre immense des blessés engagèrent le général en chef à porter, dès la matinée du 17, son armée parallèlement à celle des Prussiens, et à l'établir entre Rozerieulles et Saint-Privat-la-Montagne par Amanvilliers. Ce mouvement de flanc ne fut en aucune façon inquiété par l'ennemi que nous ne vîmes même pas.

La journée du 17 août, la nuit et la matinée qui suivirent furent employées par l'ennemi à réunir en avant de nous et toujours hors de notre vue, sur les routes de Verdun et de Briey, la plus grande partie de ses masses, sous le commandement du roi de Prusse en personne.

Le 18, vers 10 heures 3/4 du matin, nous fûmes très étonnés d'être attaqués presque sur toute la ligne. La canonnade et la fusillade, faibles d'abord, s'accentuèrent peu à peu, semblèrent cesser vers 4 heures 1/2 du soir, puis prirent vers 5 heures 1/2 une telle intensité, principalement contre notre droite, établie aux villages de Sainte-Marie-aux-Chênes et Saint-Privat-la-Montagne, que cette droite en butte à une artillerie écrasante, qui la prenait de trois côtés, et à laquelle elle ne pouvait opposer que peu de pièces (66 sans mitrailleuses) en partie dépourvues de munitions, et assaillie en outre par la Garde prussienne, le corps saxon, une partie du corps du Prince Frédéric-Charles, dut, à 7 heures du soir, battre en retraite, ce qu'elle fit dans le meilleur ordre, presqu'au pas ordinaire.

Ces deux batailles, nommées par les Français Rezonville et Saint-Privat et par les Allemands Vionville et Gravelotte, peuvent être considérées comme deux des plus grands chocs d'armées qu'ait à citer l'histoire militaire moderne. Les pertes furent énormes de part et d'autre,

surtout dans la Gárde du roi de Prusse, et le nombre de troupes engagées était immense.

A Rezonville comme à Saint-Privat, les corps français agissant pour
leur compte, comme à Reischoffen et à Spicheren, avaient peu ou pas
de cohésion entr'eux. Là encore se fit sentir l'inconvénient de la non-
organisation en armées, et du manque d'une direction unique planant
sur tous les corps !

Les vivres de l'armée ainsi que ses munitions de guerre étant épuisées, nous ne pouvions nous en fournir qu'à Metz, mais ainsi qu'il est
dit plus haut, cette place était loin d'en posséder en quantité suffisante.
Toutefois, dès le 19 au matin, l'armée se rapprochait des canons de
cette place, et cherchait à s'y ravitailler.

L'ennemi, dont la supériorité en nombre et en artillerie allait crois-
sant, se hâtait de nous entourer, tout en se tenant à distance du feu
des forts extérieurs.

Le 26 août, l'armée, après s'être ravitaillée aussi bien qu'elle avait pu
selon la pénurie des ressources, fut réunie en entier en avant du bo's
et de la ferme de Grimont, sur la rive droite de la Moselle, dans le but
de percer l'ennemi dans la direction de Thionville et de gagner par
cette ville la frontière du nord-est. Ici encore des fautes de logistique,
des retards dans le passage de la Moselle, des encombrements sur les
routes, etc., etc., firent perdre toute la matinée et lorsque la concentration des troupes fut à peu près faite, dans l'après-midi survint une
épouvantable tempête qui nous fouettant au visage et détrempant la
terre détermina le général en chef à ne pas prononcer son mouvement
offensif et à reprendre ses positions du matin.

Ce même jour 26 août, avant de regnager son quartier général au
ban Saint-Martin, le général en chef réunit autour de sa personne au
château de Grimont tous les chefs de corps et d'armes, y compris le
gouverneur de Metz, et il leur exposa qu'ayant reçu pendant la nuit
des dépêches du gouverneur de Metz et du général commandant en
chef l'artillerie, lui faisant connaître que Metz ne tiendrait pas douze
jours si l'armée s'éloignait et que les ressources en artillerie et munitions de campagne ne pouvaient assurer que la consommation *d'une
seule bataille*, il lui paraissait indispensable de renoncer aux mouvements offensifs jusqu'à ce que Metz et son camp eussent été suffisamment fortifiés et que l'on eût pu confectionner sur place les munitions
indispensables. Les divers chefs consultés par le maréchal durent naturellement être de son avis, mais ils ajoutaient que l'armée ne devait
pas rester inactive, qu'elle devrait agir offensivement, suivant les circonstances favorables qui pourraient se présenter et opérer contre
l'ennemi des sorties fréquentes et vigoureuses, tant pour augmenter
les approvisionnements en vivres de Metz que pour tenir les soldats en
haleine.

Le général en chef ayant été informé le 30 au soir que l'armée du
camp de Châlons (maréchal Mac-Mahon) marchait vers Montmédy
pour chercher à nous dégager en nous donnant la main sur la frontière

du nord-est, se hâta de réunir le plus de munitions et de vivres qu'il put et d'ordonner, pour le lendemain matin 31, la concentration de l'armée sur la rive droite de la Moselle, pour mettre à exécution le plan qui avait échoué le 26. Mais cette fois encore, des négligences de logistique, des retards dans le passage des ponts de la Moselle, etc., retardèrent cette concentration de telle sorte que le général en chef ne put réunir que vers 3 h. 1/2 les commandants de corps d'armée pour leur donner l'ordre d'attaquer Sainte-Barbe, point principal de l'ennemi. Cette attaque, menée vigoureusement, fut d'abord couronnée de succès, mais la nuit vint les paralyser et l'ennemi, profitant de l'obscurité pour faire un gros retour offensif nous fit perdre une partie des avantages conquis la veille.

Le lendemain 1er septembre, vers 8 heures du matin (après qu'un brouillard des plus intenses se fut dissipé), l'attaque sur Sainte-Barbe fut recommencée, mais l'ennemi avait eu le temps d'y agglomérer ses réserves et de nombreuses batteries. Les corps engagés, après avoir éprouvé de grandes pertes, durent renoncer à l'offensive et reprendre, par ordre du général en chef, leurs campements respectifs.

Les trois batailles de Rezonville, de Saint-Privat et de Sainte-Barbe livrées successivement à l'ennemi ne l'avaient pas battu; aurait-on pu le battre? Plusieurs ont cru que oui; beaucoup ont pensé que non. A coup sûr, les pertes subies par les Français sont là pour attester que les officiers et soldats ont tout fait pour obtenir la victoire, mais il paraît que le général en chef n'avait pas cru pouvoir y compter d'une manière suffisante au moins pour tenir la campagne après le succcès. Comme il était plus en état que qui que soit de juger et qu'en définitive la responsabilité du succès et du revers doit incomber et incombe au chef d'une armée régulière, il semble téméraire de l'accuser tant par des raisons de discipline que d'équité, nul que le général en chef n'ayant tous les moyens d'apprécier.

Dès ce jour 1er septembre, les esprits réfléchis commencèrent à comprendre la gravité de notre situation. Inexpugnable dans la défensive, le général en chef sembla penser qu'une offensive prolongée lui était interdite.

Notre sort dépendait dès lors fatalement de secours extérieurs ou de la suffisance des vivres. Sedan nous priva du premier et les vivres déjà si restreints ne devaient pas tarder à manquer. Peut-être un plus sage ménagement de ceux-ci aurait-il pu augmenter de quinze à vingt jours leurs précieuses ressources, et qui peut dire aujourd'hui de quel poids eût pesé dans la balance une prolongation de vingt jours de résistance?

Cependant le cercle de fer dont nous étions entourés et vis-à-vis duquel nous avions élevé des retranchements ne permettait absolument aucune communication avec l'extérieur; aussi ignorâmes-nous jusqu'au 14 septembre le désastre de Sedan et la révolution du 4 septembre et, lorsque nous les apprîmes par un journal allemand et le récit de quelques sous-officiers prisonniers, il existait un tel vague de ce qui s'était produit dans notre patrie en dehors de nous, que le maréchal com-

mandant en chef crut devoir envoyer son premier aide camp aux renseignements. Celui-ci revint du quartier général prussien confirmant
le désastre de Sedan, où l'empereur avait été fait prisonnier, et la révolution du 4 septembre où la garde nationale de Belleville avait expulsé
les députés et le gouvernement auquel s'en était substitué un dont faisaient partie MM. Rochefort, Gambetta, etc. L'envoyé du maréchal
rapportait également les nouvelles les plus affligeantes de France. On
la lui avait représentée comme livrée à l'anarchie, ne reconnaissant
pas sur beaucoup de points le gouvernement provisoire, désireuse de
la paix, demandant à grands cris la convocation d'une Assemblée cons-
tituante. Il ajoutait même que pour se préserver du pillage de mo-
dernes malandrins, plusieurs villes avaient réclamé des garnisons allemandes. Enfin, le roi de Prusse, qui était désireux de mettre fin à la
guerre, ne voulait et ne pouvait traiter qu'avec le maréchal commandant en chef l'armée du Rhin, ou le gouvernement de la régence, seul
légalement institué, et lui offrant, disait-il, des garanties.

Certes, on a peine à s'imaginer une situation plus grave, plus excep-
tionnellement difficile que celle où se trouvait le commandant en chef
de l'armée du Rhin, entre son armée qu'il ne croyait à tort ou à raison
pouvoir dégager, entre son pays aux abois réclamant la réunion d'une
Assemblée élue par lui pour aviser à ses intérêts, et enfin les exigences
du vainqueur qui ne voulait consentir à traiter qu'après l'acceptation
de conditions politiques, dont un chef d'armée ne pouvait ni ne devait
s'occuper !

Les divers pourparlers qui furent à Versailles et à Londres les conséquences de cette situation si étrangement exceptionnelle firent perdre
du temps, les vivres s'épuisèrent rapidement, tous les chevaux d'artillerie et de cavalerie furent mangés et, à part de petites sorties ou des
combats d'avant-postes, les actions sérieuses furent paralysées.

Est-il besoin de dire que dans les divers pourparlers auxquels avait
été amené le général en chef, il avait toujours été spécifié que si les
conditions de l'ennemi n'étaient pas d'une nature acceptable pour
l'armée, celle-ci en appellerait aux armes pour vendre chèrement sa
vie. On était à la date du 8 octobre.

L'épuisement complet des vivres, le manque absolu de cavalerie,
d'artillerie, l'affaissement physique de nos braves soldats, vivant de
privations depuis longtemps, ne recevant plus de rations régulières et
soumis depuis 20 jours à une pluie froide constante, qu'ils supportaient
en plein air au milieu de boue profonde, ne permettaient plus au 27 de
vendre sa vie même à bon marché. Ce n'était plus des soldats qu'on
aurait menés au combat, mais des victimes innocentes à la boucherie.
Le général en chef seul responsable, ne crut pas devoir assumer sur lui
la responsabilité d'un holocauste inutile au pays, et dont son amour-
propre seul aurait pu tirer parti dans ce moment extrême.

Il capitula !

Comme les hommes, surtout en France, se paient souvent de mots,
le général en chef eût été bien inspiré d'écarter ce mot de capitulation

et d'écrire, malgré des scrupules fort respectables du reste de discipline, au prince Frédéric-Charles, ce qui dans ce moment n'était, hélas ! que trop vrai : « Vaincu par la famine, n'ayant plus ni artillerie, ni cavalerie, encombré de plus de 20.000 malades que je ne puis plus soigner, n'ayant plus la force de soutenir mes armes je les brise ainsi que mes aigles et reste désarmé devant un ennemi qui, dans dix batailles ou combats, vient d'apprendre à nous respecter. »

Le maréchal commandant en chef l'armée du Rhin avait été désigné par l'opinion publique, et cette même opinion n'avait cessé de le maintenir sur le parvis de la gloire et de la renommée, jusqu'au 28 octobre, jour où, pour une question *prosaïque de farines,* il avait dû succomber. Dès ce moment, cette opinion se déchaîna contre ce chef avec la même légèreté et la même exagération qu'elle avait mise à l'exalter. Nouvelle et grande leçon qui prouve une fois de plus combien la Roche Tarpéienne est rapprochée du Capitole, et combien le succès semble ici-bas tout légitimer.

L'armée du Rhin à Metz a eu elle aussi à subir l'injuste et passionnée prévention de l'opinion ; mais les flots de sang qu'elle a glorieusement versés, sa vaillance, sa ferme résignation dans les plus rudes et constantes épreuves lui assurent avant peu la justice éclatante que commandent ses vertus militaires. Cette armée, malgré ses malheurs immérités, restera comme une des plus vaillantes, des plus solides et des plus dévouées que la France ait jamais eues.

*
* *

Causes générales de nos défaites.

Dans la guerre actuelle, qui est venue nous surprendre au milieu des délices d'une longue paix, au moment de transformation inachevée, et lorsque pour beaucoup la guerre semblait à jamais effacée, nous devions facilement être battus par les simples raisons suivantes :

1° Nous opposions à peine 300.000 combattants à plus d'un million d'hommes ;

2° Nos régiments, mal encadrés, d'inférieure composition en sous-officiers et renfermant trop de soldats des réserves rapidement convoqués sans être suffisamment instruits ;

3° Notre organisation de guerre n'existait réellement pas. Les régiments n'étaient pas endivisionnés, et formés en corps d'armée compacts, munis de tout le nécessaire pour la guerre, et chefs et soldats ne se connaissaient pas ou peu ;

4° Notre artillerie, déplorablement inférieure en nombre, l'était aussi par la portée, par la justesse du tir, et n'étant pas assez manœuvrière, elle se collait trop aux troupes sur les champs de bataille ;

5° Notre cavalerie ne se doutait pas du service des éclaireurs, des reconnaissances lointaines, des avant-postes, et la cavalerie de bataille se contentait de se lancer vaillamment sur l'ennemi, sans savoir profiter du terrain, de l'opportunité ou d'autres circonstances ;

6° Notre corps d'état-major, plus habitué aux travaux de bureau qu'à ceux en plein air, généralement monté d'une façon médiocre et peu cavalier, n'était ni par son activité, ni par son initiative, et son esprit de vigilance et de surveillance à la hauteur de la mission que lui avait assignée jadis son créateur le maréchal Gouvion-Saint-Cyr. Il connaissait peu le service des reconnaissances, l'usage des espions, des indices, etc., etc., et ignorait souvent la position et la force de l'ennemi;

7° Le génie n'avait mis en état complet de défense aucune de nos places frontières. Il gardait depuis longues années des places inutiles et coûteuses, où l'on avait commis la faute d'agglomérer des défenseurs qui eussent été employés utilement ailleurs ;

8° L'intendance, plus paperassière et méthodiquement régulière que pratique, n'était pas *débrouillarde ;* elle n'a pas su approvisionner et son service de subsistances a été si mal organisé que presque toujours les troupes ont manqué de vivres, ce qui a empêché ou paralysé les opérations;

9° Enfin la légèreté de la déclaration de guerre et la précipitation de l'envoi des troupes aux frontières nous ont privés d'alliés naturels sur lesquels nous devions compter presqu'à coup sûr.

Si à toutes ces causes principales on ajoute l'inexpérience des généraux en chef et de plusieurs commandants des corps d'armée qui pour la première fois maniaient de nombreuses troupes; si l'on considère le morcellement en huit ou neuf corps d'armée au lieu de trois armées, si l'on réfléchit sur le rideau démesurément étendu et faible partout, établi en face et sous le bras ignoré de trois puissantes armées organisées de vieille date, munies de tout et habilement commandées, on ne se rendra que trop facilement compte des échecs éprouvés! Ceux-ci auraient pu être toutefois, sinon évités, du moins atténués, malgré les fautes ci-dessus détaillées, sans l'immixtion d'éléments étrangers à l'armée (ministres, gouvernement) pesant à Metz et à Châlons, et aussi avec plus d'activité, plus de précision dans les ordres de marche ou de bataille, par l'emploi plus judicieux de la cavalerie et de l'infanterie, et enfin par une plus grande régularisation de ces maudits bagages.

Est-il nécessaire de dire ici que les armées régulières de la France ayant été battues, il était très difficile, pour ne pas dire impossible, d'opposer efficacement à de vieilles troupes aguerries et solides des façons d'armées formées à la hâte d'éléments sans cohésion, presque sans cadre, sans instruction, sans discipline et dans lesquelles le courage individuel et le patriotisme ne pouvaient suppléer aux avantages qu'avaient leurs ennemis. La guerre de guérillas eût peut-être été seule possible, mais à quelles conditions, mais à quel prix !!

(De la main du maréchal Canrobert.) Et cependant malgré les trop graves inconvénients signalés plus haut, les armées françaises eussent peut-être évité les affreux revers si elles avaient pu comme naguère

(avant l'emploi des nouveaux engins) faire usage de l'arme blanche et des colonnes d'attaque qui toujours assuraient et donnaient à la *furia francese* un de ses moyens d'action !!

* * *

Conditions de nos succès futurs.

L'honneur national, comme celui des armes, le patriotisme comme le devoir, réclament que la France prenne un jour plus ou moins prochain une revanche éclatante de ses désastres. Pour que cette revanche soit efficace, il faut travailler avec acharnement et intelligence à faire disparaître les causes de nos revers et à leur substituer les conditions du succès :

1° Le premier moyen est d'avoir beaucoup de forces et pour cela d'appeler la nation tout entière à constituer l'armée. Faire en conséquence une loi dont la base fondamentale sera que tout Français valide doit le service militaire personnel et régler ce service de manière à avoir: 1° une armée active de   hommes ; 2° une première réserve de   hommes; 3° une deuxième réserve de   hommes ; 4° enfin la levée en masse.

Rendre l'instruction militaire et l'usage des armes obligatoires pour tous, depuis le jeune âge, dans les lycées, écoles, jusqu'à l'âge avancé, dans les villes, communes, etc. ;

2° Créer un mode de formation et de recrutement des cadres pour l'armée active, pour les réserves, pour la levée en masse. Etablir en principe qu'aucun emploi, aucune fonction ne pourront être obtenus si l'on n'est pas sorti de l'armée ; qu'on ne pourra même ni s'établir, ni se marier si l'on n'a pas prouvé qu'on a rempli son devoir.

L'instruction des régiments sera simple, pratique et rapide; on la réglera en conséquence. On donnera le plus grand soin à l'éducation militaire dont le patriotisme et l'honneur sont les bases.

L'habillement, l'équipement, l'armement seront des plus simples, des plus commodes et d'un usage naturel en paix comme en guerre.

L'avancement, enlevé au népotisme, sera réglé dans le seul but d'avoir des officiers et sous-officiers capables et énergiques, d'éloigner de lui l'intrigue et l'injustice et de ne se baser que sur des considérations de bien public, sur des titres dûment constatés et réglés suivant les échelons. L'avancement sera enlevé à un seul homme et il sera possible de l'entourer de toutes les garanties par suite de l'organisation en corps d'armée. On fera tout pour éloigner cette source de tant de maux qui bien ou mal servis sont à peu près synonymes.

La discipline devra être resserrée par les lois et règlements, de manière à établir dans le soldat et l'officier l'habitude de plus redouter ses effets que l'ennemi lui-même;

3° L'infanterie qui est toujours la base des armées sera façonnée à la marche, au tir, aux services des tirailleurs, d'éclaireurs et d'avant-postes et habituée à l'attaque ou à la défense de divers obstacles naturels ou artificiels qui s'offrent à la guerre. L'élément compagnie y sera plus solidement organisé et le capitaine aura plus d'importance et de responsabilité ;

4° L'artillerie sera augmentée et mise à la hauteur, sinon plus, de celle des ennemis, tant en nombre de pièces qu'en calibre, portée, justesse et rapidité du tir. Sa mobilité sera augmentée ; on éloignera tout le superflu des batteries de combat, on proscrira impitoyablement la routine tout en se garant des innovations hasardées. Elle se servira davantage pour les engins et les voitures de l'industrie privée convenablement surveillée. L'élément actif dominera dans les comités de personnel bureaucratique ;

5° La cavalerie, recrutée parmi les hommes habitués au cheval, ne renfermera plus de montures douteuses et de cavaliers médiocres. Elle sera partagée en deux catégories : légère, ligne. La première sera rompue à tous les services d'avant-postes, d'éclaireurs, de reconnaissances. L'équitation sera mise en honneur. On ne pourra entrer ou sortir d'un quartier ou d'un champ de manœuvre sans franchir le fossé ou la barrière.

Le harnachement, l'équipement seront allégés et adaptés au service de guerre comme l'armement. Dans cette cavalerie légère, il y aura des corps spéciaux d'éclaireurs (à l'instar des uhlans prussiens), montés, recrutés en conséquence et commandés par des chefs très aptes à ce service, qui connaîtront la carte, l'usage des espions, des renseignements divers, du télégraphe et des chemins de fer. On enseignera à la cavalerie légère à être plus renard que lion, et on apprendra à la cavalerie de ligne à être l'un et surtout l'autre, selon l'occurrence. On élaborera un tout petit règlement spécial pour le service de la cavalerie légère. Tous devront le savoir ;

6° Le génie sera plus habitué qu'il ne l'est aux travaux de campagne, destruction des ponts, voies ferrées, défenses accessoires, chemins de fer, télégraphes, etc. Le nombre des places de guerre sera beaucoup réduit, les petites seront rasées à l'exception de celles qui occupent et défendent les passages importants indiqués et obligés. Une grande place centrale et quatre sur les frontières seront conservées ou créées et établies de façon qu'elles puissent donner asile à une armée, tout en étant faciles à défendre par un réduit nécessitant peu d'hommes pour son occupation ;

7° Le corps de l'intendance sera organisé en vue surtout de la guerre et des nécessités qu'elle impose pour les subsistances et des soins à donner aux blessés et malades. On éloignera de ce corps les paperassiers, les empruntés et les difficultueux. Deux sections bien distinctes en feront partie : l'une, la plus grande, se rapprochant des anciens commissaires des guerres et l'autre des ordonnateurs inspecteurs aux revues. La 1ʳᵉ section sera toujours et invariablement subordonnée au commandement ;

Canrobert 21.

8° Le corps d'état-major sera mis plus en rapport avec les troupes. Ses membres auront fait plus sérieusement le service des régiments. Ils s'occuperont davantage de la partie purement militaire. On évitera de faire exécuter par des officiers des écritures copies que de simples secrétaires peuvent faire aussi bien qu'eux. Ils devront connaître à fond l'emploi particulier et combiné des diverses armes. Ils seront cavaliers, bien montés. Tous seront familiers avec la lecture des cartes d'ensemble et de détail; ils devront dessiner rapidement, sauront l'allemand et la sténographie, ils seront habitués au style concis, net, à l'initiative et à la surveillance de l'exécution des ordres des chefs. La législation militaire, les rapports internationaux devront leur être familiers et on choisira parmi eux ceux spécialement aptes à des services particuliers, tels que justice militaire, correspondance, statistique, renseignements, etc., qu'ils devront faire sans négliger le service général des états-majors;

9° L'état-major général de l'armée pourra, grâce au recrutement dans toutes les intelligences de la nation, n'être composé que d'hommes réellement d'élite, aptes au commandement et en ayant l'autorité voulue. Toute considération d'ancienneté ou de relations de famille devra s'effacer devant l'aptitude réelle au commandement. Inutile de dire que les officiers généraux connaîtront et appliqueront au besoin à fond les trois armes. On exigera qu'ils soient tous bien montés et sachent manier leurs chevaux; combien d'occasions ont été manquées à la guerre, combien d'énergies et d'intelligences ont été paralysées faute de connaître l'équitation! La stratégie, la haute tactique, la connaissance de la carte et des peuples nos voisins seront la base des connaissances militaires exigées des généraux. Les ordres verbaux ou écrits qu'ils donnent seront toujours clairs, aussi concis que possible, et dans les circonstances graves, surtout sur le champ de bataille, ils en feront garder copie et mentionneront toujours l'heure exacte du départ de ces ordres ou communications.

Les généraux, à tel échelon qu'ils se trouvent, n'oublieront jamais et feront que les chefs sous leurs ordres n'oublient pas l'anecdote triviale, mais dont l'utilité efface le ridicule, dite du *Bourgeois de Falaise;*

10° Des corps d'armée, en nombre et en forces variables, seront créés en permanence et munis, autant que possible, de toutes les facilités d'entrer en campagne promptement. Les régiments et brigades qui les composeront seront pris dans la même zone militaire (division territoriale), ils y resteront toujours, mais ils devront être changés de garnison dans l'étendue de leurs zones. Des brigades ou divisions de cavalerie, des batteries d'artillerie, des compagnies du génie leur seront attachées, mais sans nuire à l'instruction spéciale de ces armes.

Les mêmes services administratifs seront toujours attachés aux corps d'armée.

Ces corps, exercés constamment, le seront surtout en automne, après les moissons. aux grandes manœuvres de guerre, et établis soit en plein champ, soit en cantonnements. On y simulera les mouvements de

la guerre en éloignant ceux qui ne sont pas praticables sur les champs
de bataille. On y apprendra et on y appliquera la combinaison des mouvements et l'appréciation rapide des distances et des accidents de terrain. Dans les corps d'armée, un conseil compétent préparera le travail
d'avancement et celui des récompenses; il n'oubliera pas que l'avancement doit être donné en vue surtout des services que le pays est en
droit d'attendre de celui qui l'obtient, et que les récompenses (croix,
etc.) sont, elles, la rémunération des services rendus, campagnes, actions
d'éclat, blessures, etc., qui n'ont rien à démêler avec l'autorité et la
science du commandement. Ainsi, il serait beaucoup plus utile que nuisible de voir dans un régiment de simples chefs de bataillon ou capitaines, commandeurs ou officiers de la Légion d'honneur, tandis que
leurs colonels seraient à peine chevaliers.

La manière d'appliquer les punitions doit être étudiée avec soin et
toutes les précautions les plus religieuses doivent être prises pour
écarter l'injustice, l'arbitraire ou la faiblesse du châtiment, des fautes
par l'application des règlements et des lois.

L'Etat doit pouvoir rejeter les services des indignes ou des inca-
pables. La propriété du grade conféré à l'officier ne saurait être invio-
lable, mais la garantie du grade doit être établie par tous les moyens
à la disposition de la justice humaine;

11° La discipline et l'esprit militaire sont la base de toute armée.....

IX

Acte de décès du maréchal Canrobert.

L'an mil huit cent quatre-vingt-quinze, le vingt-neuf janvier, à deux
heures du soir, acte de décès de François-Certain Canrobert, âgé de
quatre-vingt-cinq ans, maréchal de France, grand'croix de la Légion
d'honneur, décoré de la Médaille militaire, né à Saint-Céré (Lot), décédé
en son domicile, rue de Marignan, 11, le vingt-huit janvier courant, à
quatre heures du soir; fils de Antoine-Certain Canrobert et de Angélique
Niocel, épouse, décédés; veuf de Leila-Flora Macdonald.

Dressé, vérification faite du décès, par nous, Joseph Sansbœuf, adjoint
au maire, officier de l'état civil du huitième arrondissement de Paris,
officier de la Légion d'honneur, officier d'académie, sur la déclaration
de Paul Fabre Roustand de Navacelle, âgé de trente-trois ans, lieutenant
de vaisseau, chevalier de la Légion d'honneur, demeurant, 8, rue Frey-
cinet, gendre du défunt, et de Camille-Chauveau de Quercize, âgé de
trente-neuf ans, capitaine au 5ᵉ régiment de chasseurs, chevalier de la
Légion d'honneur, officier d'ordonnance du maréchal Canrobert, demeurant rue Bassano, 5, non parent, qui ont signé avec nous, après lecture.

TABLE DES MATIÈRES

CHAPITRE VII

CHAPITRE VIII

CHAPITRE IX

CHAPITRE XVI

CHAPITRE XVII

CHAPITRE XVIII

APPENDICE

Paris et Limoges. — Imprimerie militaire Henri CHARLES-LAVAUZELLE